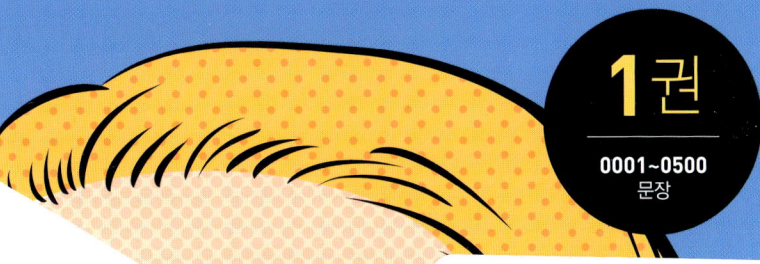

1권

0001~0500
문장

네이티브는
쉬운 영어로
말한다

박수진 저

1000

문장
편

네이티브가 항상 입에 달고 살고, 미드에 꼭 나오는 1000문장을 모았다!

우리말과 영어를 모두 녹음한 mp3 파일 무료 다운로드

길벗
이지:톡

독자의 **1초**를 아껴주는 정성!

세상이 아무리 바쁘게 돌아가더라도

책까지 아무렇게나 빨리 만들 수는 없습니다.

인스턴트 식품 같은 책보다는

오래 익힌 술이나 장맛이 밴 책을 만들고 싶습니다.

길벗이지톡은 독자여러분이 우리를 믿는다고 할 때 가장 행복합니다.

나를 아껴주는 어학도서, 길벗이지톡의 책을 만나보십시오.

독자의 1초를 아껴주는 정성을 만나보십시오.

미리 책을 읽고 따라해본 2만 베타테스터 여러분과 무따기 체험단, 길벗스쿨 엄마 2% 기획단,

시나공 평가단, 토익 배틀, 대학생 기자단까지!

믿을 수 있는 책을 함께 만들어주신 독자 여러분께 감사드립니다.

(주)도서출판 길벗 www.gilbut.co.kr
길벗 이지톡 www.gilbut.co.kr
길벗 스쿨 www.gilbutschool.co.kr

mp3 파일 다운로드 무작정 따라하기

길벗 홈페이지 (www.gilbut.co.kr)로 오시면 mp3 파일 및 관련 자료를 다양하게 이용할 수 있습니다.

1단계　도서명 ▼ [　　　　　　　] 검색　에 찾고자 하는 책이름을 입력하세요.

2단계　검색한 도서로 이동하여 〈자료실〉 탭을 클릭하세요.

3단계　mp3 및 다양한 서비스를 받으세요.

네이티브는 쉬운 영어로 말한다 1000

문장편

1권 | 0001~ 0500 문장

박수진 지음

네이티브는 쉬운 영어로 말한다
- 1000문장 편

The Native Speaks Easily - 1000 Sentences

초판 발행 · 2014년 11월 1일
초판 14쇄 발행 · 2022년 9월 30일

지은이 · 박수진
발행인 · 이종원
발행처 · (주)도서출판 길벗
브랜드 · 길벗이지톡
출판사 등록일 · 1990년 12월 24일
주소 · 서울시 마포구 월드컵로 10길 56(서교동)
대표 전화 · 02)332-0931 | **팩스** · 02)323-0586
홈페이지 · www.gilbut.co.kr | **이메일** · eztok@gilbut.co.kr

기획 및 책임 편집 · 오윤희(tahiti01@gilbut.co.kr) | **디자인** · 황애라 | **제작** · 이준호, 손일순, 이진혁
마케팅 · 이수미, 장봉석, 최소영 | **영업관리** · 심선숙 | **독자지원** · 윤정아, 최희창

편집진행 및 교정 · 이규선 | **전산편집** · 디자인4B | **오디오 녹음** · 와이알미디어
CTP 출력 · 예림인쇄 | **인쇄** · 예림인쇄 | **제본** · 예림바인딩

- 잘못 만든 책은 구입한 서점에서 바꿔 드립니다.
- 이 책은 저작권법에 따라 보호받는 저작물이므로 무단전재와 무단복제를 금합니다.
  이 책의 전부 또는 일부를 이용하려면 반드시 사전에 저작권자와 (주)도서출판 길벗의 서면 동의를 받아야 합니다.
- 책 내용에 대한 문의는 길벗 홈페이지(www.gilbut.co.kr) 고객센터에 올려 주세요.

ISBN 978-89-6047-898-5 03740
(길벗 도서번호 300778)

ⓒ 박수진, 2014

정가 15,000원

독자의 1초까지 아껴주는 정성 길벗출판사
길벗 | IT실용, IT/일반 수험서, IT전문서, 경제경영서, 취미실용서, 건강실용서, 자녀교육서
더퀘스트 | 인문교양서, 비즈니스서
길벗이지톡 | 어학단행본, 어학수험서
길벗스쿨 | 국어학습서, 수학학습서, 유아학습서, 어학학습서, 어린이교양서, 교과서

페이스북 · www.facebook.com/gilbuteztok
네이버 포스트 · http://post.naver.com/gilbuteztok
유튜브 · https://www.youtube.com/gilbuteztok

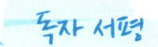
독자 서평

● **정말 실용적인 책이에요!**

간단한 단어로 이루어진 짧은 문장인데, 도통 직역이 되지 않는 표현들이 단순 명료하게 구성되어 있어요. 깔끔한 구성인 만큼 자투리 시간을 유용하게 활용할 수 있어 좋네요. 이 책 덕분에 어렵고 멀게만 느껴지던 영어에 조금 더 다가선 느낌이에요.

이우은

《네이티브는 쉬운 영어로 말한다 – 일상회화 편》 서평 중에서

● **듣기만 해도 공부가 되는 책!**

특별한 학습법이 있는 건 아니지만 버스나 지하철에서도 편하게 mp3를 들으면서 공부할 수 있어요. 미국 영화나 드라마에도 자주 나오는 일상 회화문이 많아서, 외국 친구들한테 써먹으면 센스쟁이로 생각하더라고요.

권수영

《네이티브는 쉬운 영어로 말한다 – 일상회화2 편》 서평 중에서

● **미드로 공부하고 싶은 분에게 강추!**

평소에 미드를 너무 좋아해서 나도 저런 말들을 자유롭게 해봤으면 했는데, 영어회화 책을 뒤지던 중 이 책을 보게 됐어요. 당장 질렀죠! 정말 네이티브는 쉬운 영어를 쓰는구나 싶더군요. 미드를 보는 순간순간 이 책에서 본 내용이 튀어나와요!

박진희

《네이티브는 쉬운 영어로 말한다 – 미국 드라마 편》 서평 중에서

● **부담 없이 공부할 수 있어요!**

입사를 하고 나서 영어 공부를 해야겠다는 마음을 먹고 있던 차에 이 책을 보게 되었습니다. 실제 직장 생활을 하면서 쓸 수 있는 표현이 많이 들어 있고, 분량도 출퇴근 시간에 보기에 적당해요. 저처럼 영어 습관을 들이고픈 직장인에게 추천합니다!

이종찬

《네이티브는 쉬운 영어로 말한다 – 직장인 편》 서평 중에서

● **영어의 매력을 깨닫게 해준 책!**

영어를 아무리 공부해도 입이 안 떨어져서 힘들었는데, '간단한 것부터 시작하자'라는 마음으로 따라하니, 차츰 두려움이 없어지는 것 같아요. 문화와 의식이 살아 있는 관용어구에서 영어의 위트와 매력까지 느끼게 됐어요!

이지은

《네이티브는 쉬운 영어로 말한다 – 관용어구 편》 서평 중에서

머리말

네이티브처럼 말하기, 어렵지 않아요!

영어회화 잘하는 비법?

전생에 한국 사람이었던 건 아닐까 의심이 될 정도로 한국말을 잘하는 외국인들을 보면서 많은 사람들이 어쩌면 저렇게 말을 잘할까 부러워합니다. 그런데 이들이 우리말을 잘하는 비법은 의외로 간단합니다. 바로 한국인이(특히 젊은이들이) 자주 쓰는 표현을 적재적소에 써 주는 거죠. 외국인 친구가 "오늘 불금인데, 칼퇴하고 한잔 어때? 내가 쏠게."라고 말한다면 "이야~ 한국사람 다 됐네."라는 반응이 바로 나올 거예요. 마찬가지로 우리가 영어를 할 때도 원어민들이 자주 쓰는 표현을 상황에 딱 맞게 써 주면 "어라, 이 친구 영어 좀 하네?"라는 감탄과 함께 칭찬을 들을 수 있겠죠?

영어, 쉽고 간단하게 써라!

우리나라에 체류하는 외국인들은 우리의 영어 실력에 놀란다고 합니다. 왜일까요? 같은 표현을 해도 어렵고 복잡한 문장을 쓴다는 거예요. 우리가 영어를 어렵게 느끼는 것은 어렵고 복잡한 것이 제대로 된 영어일 거라는 선입견 때문입니다. 네이티브가 실제로 자주 쓰는 표현은 정말 쉽고 간단합니다. 미국 드라마나 영화에 나오는 대사들을 들어보세요. 어려운 단어보다는 쉬운 단어로 된 문장, 긴 문장보다는 짧고 간단한 문장들이 훨씬 많이 쓰입니다. Go for it!은 무슨 뜻일까요? Humor me.는요? 각각 '해 보는 거야.', '비위 좀 맞춰 줘.'라는 뜻입니다. 이렇게 네이티브들은 자주 쓰지만 우리는 무슨 뜻인지 이해하기 어려운 표현 위주로 골랐습니다. 우리가 아는 쉬운 단어로 표현된 짧은 문장이기 때문에 쉽게 외울 수 있을 거예요.

이렇게 달라졌다!

이 책은 《네이티브는 쉬운 영어로 말한다》 시리즈 중 독자들의 가장 많은 사랑을 받은 5권 중에서 원어민들이 매일 입에 달고 살고, 미드에도 항상 나오는 엑기스 1,000문장만 뽑았습니다. 단순히 문장만 쓱 보고 끝이 아니라, 제대로 익혀서 써먹는 게 중요하겠죠? 문장을 제대로 익혔는지 확인하고 넘어갈 수 있도록 망각방지장치를 끼워 넣어 50문장을 배우고 한 번, 100문장을 배우고 또 한 번, 이렇게 까먹을 만할 때 다시 확인하고 알려 주니까 오래 기억할 수 있습니다. 책을 그대로 따라만 가도 1,000문장이 머릿속에 차곡차곡 쌓일 거예요. 이 쉽고 간단한 1,000문장만 확실하게 내 걸로 만들어 보세요! "외국에서 살다 왔어요?"라는 말을 심심찮게 들을 수 있을 겁니다.

박수진

이 책의 공부법

하루 5분, 5문장 영어 습관법

부담과 욕심은 내려놓고, 하루에 5문장씩만 익혀 보세요. 매일매일의 습관이 쌓여 곧 실력이 됩니다!

1단계 출근길 1분 30초 **영어 표현을 보고 어떤 의미인지 생각해 보세요.**

한 페이지에 5문장의 영어 표현이 정리되어 있습니다. 문장을 보고 어떤 의미인지 생각해 보세요. 다음 페이지를 넘겨 우리말 뜻을 확인합니다. 뜻을 알아맞히지 못했다면 상단 체크박스에 표시하고 다음 문장으로 넘어가세요.

2단계 이동 시 짬짬이 2분 **mp3 파일을 들으며 따라해보세요.**

책으로 공부한 후에는 mp3 파일을 활용해 확실히 내 입에 붙이는 훈련에 돌입합니다. 오디오를 들으면서 큰 소리로 따라해 봅니다. 실제로 그런 상황 속 주인공이 된 것처럼 얼굴 표정까지 살려서 따라 말해 보세요.

3단계 퇴근길 1분 30초 **체크된 표현 중심으로 한번 더 확인합니다.**

이제 영어 표현을 제대로 익혔는지 확인해 볼까요? 책에 체크해 놓은 문장을 중심으로 앞 페이지에서는 영어를 보면서 우리말 뜻을 떠올려 보고, 뒤 페이지에서는 해석을 보면서 영어 문장을 말해봅니다. 5초 이내에 바로 튀어나오게 말할 수 있다면 성공입니다!

망각방지 복습법

인간은 망각의 동물! 채워 넣을 것이 수없이 많은 복잡한 머릿속에서 입에 익숙지 않은 영어 문장은 1순위로 빠져나가겠지요. 그러니 자신 있게 외웠다고 넘어간 표현들도 하루만 지나면 절반 이상 잊어버립니다. 망각이론을 근거로 체계적이고 과학적으로 복습할 수 있는 망각방지시스템을 도입하여 책 순서대로만 따라와도 자연스럽게 복습과 암기가 이루어집니다.

1단계 **망각방지장치 ❶**

50문장을 공부한 후 복습에 들어갑니다. 통문장을 외워서 말해야 한다는 부담 없이 핵심 키워드만 비워 놓아 가볍게 기억을 떠올려 볼 수 있습니다. 문장을 완성하지 못했다면 체크하고 다시 앞으로 돌아가 한 번 더 복습합니다.

2단계 **망각방지장치 ❷**

100문장을 공부할 때마다 복습할 수 있게 10개의 대화문을 넣었습니다. 우리말 부분을 영어 표현으로 바꿔 말해 보세요. 네이티브들이 쓰는 생생한 대화문으로 복습하면 앞에서 배운 문장을 실제 회화에서 어떻게 써먹을 수 있는지 감이 잡힐 거예요.

이 책의 구성

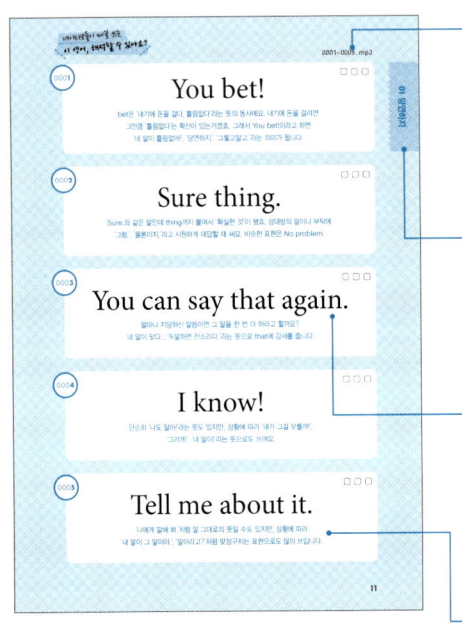

mp3
해당 페이지를 공부할 수 있는 mp3 파일입니다. 오디오만 들어도 충분한 학습이 가능하도록 우리말 해석부터 영문까지 모두 싣고, 성별이나 개인에 따른 속도, 억양 차이 등에도 적응할 수 있도록 네이티브 남녀가 각 한 번씩 읽었습니다.

소주제
다섯 문장은 연관 없는 낱개의 문장이 아닙니다. 다섯 문장이 하나의 주제로 연결되어 있어, 하나의 문장만 읽어도 연관된 나머지 문장이 줄줄이 기억날 수 있도록 구성했습니다.

영어 문장
한 페이지에 5문장을 넣었습니다. 네이티브들이 자주 쓰는 표현들 중에서도 쉬운 단어로 이루어져 있지만 막상 실제 사용하기는 쉽지 않은 문장으로만 가려 뽑았습니다. 처음 보는 단어들이 아니므로 한두 번만 제대로 학습해도 쉽게 기억할 수 있습니다.

핵심 해설
표현에 대한 핵심 설명을 간단하게 정리했습니다. 가볍게 읽고 넘어가세요.

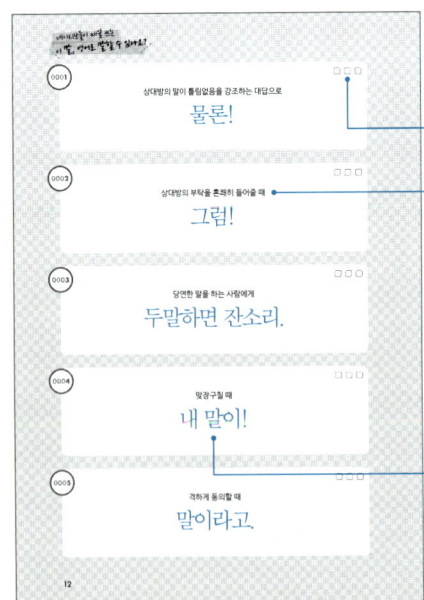

체크 박스
우리말을 보면서 영어로 자연스럽게 말할 수 없을 때 체크하세요. 나중에 체크한 문장만 집중적으로 학습합니다.

상황 설명
어떤 상황에서 주로 활용할 수 있는 말인지 딱 감이 오도록 간결하고 감각적으로 설명했습니다. 내가 그 상황에 처했다고 상상하며 실전처럼 연습해 보세요.

우리말 해석
영문 바로 뒷 페이지에 해석을 넣었습니다. 영어문장의 뜻과 뉘앙스를 100% 살려 가장 자연스러운 우리말로 해석했습니다. 우리말만 보고도 영어가 바로 튀어 나올 수 있게 연습하세요!

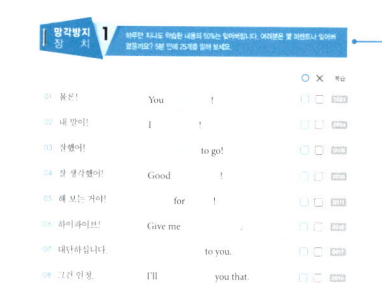

복습 망각방지장치 ❶

표현 50개마다 문장을 복습할 수 있는 연습문제를 넣었습니다. 빈칸에 들어갈 말을 넣어 5초 이내에 문장을 말해 보세요. 틀렸으면 오른쪽의 표현 번호를 참고해 그 표현이 나온 페이지로 돌아가서 다시 한번 확인하고 넘어가세요.

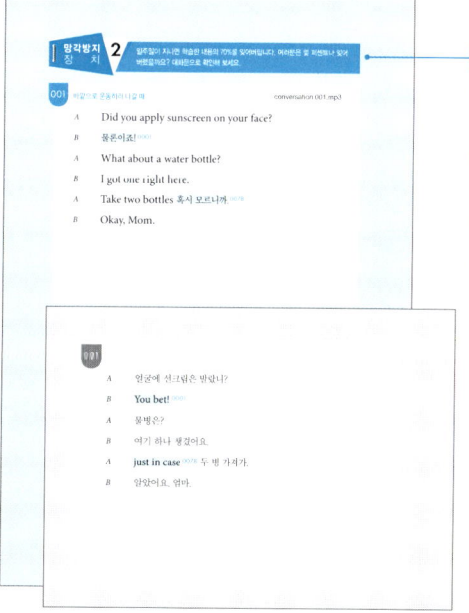

복습 망각방지장치 ❷

이 책에 나오는 문장들이 실생활에서 정말 쓰이는 문장인지 궁금하다고요? 표현 100개를 익힐 때마다 배운 표현을 제대로 활용할 수 있는 대화문을 10개씩 넣었습니다. 대화 상황 속에서 우리말 부분을 영어 표현으로 바꿔 말해 보세요. 뒷장에 나온 정답과 해석을 보면서 바로바로 확인합니다.

mp3 파일 활용법

책에 수록된 모든 예문은 베테랑 성우의 목소리로 직접 녹음했습니다. 오디오만 들어도 이 책의 모든 문장을 외울 수 있도록 영어 문장뿐 아니라 우리말 해석까지 녹음했습니다. 한 페이지에 담긴 5문장을 묶어서 파일을 구성하여 모르는 부분만 골라서 들을 수 있습니다. 영어 문장이 입에 붙을 때까지 듣고 큰 소리로 따라하세요! mp3 파일은 길벗이지톡 홈페이지(www.eztok.co.kr)에서 무료로 다운로드 받을 수 있습니다.

1단계 그냥 들으세요! 상황 설명 ➡ 우리말 해석 ➡ 영어 문장 2회 (남/녀)
2단계 영어로 말해보세요! 우리말 해석 ➡ 답하는 시간 ➡ 영어 문장 1회

차례

1권

Part 1 네이티브가 입에 달고 사는 한마디 100 ⋯ 9
- 망각방지장치 ❶ ⋯ 31, 53
- 망각방지장치 ❷ ⋯ 55

Part 2 네이티브가 리액션 할 때 쓰는 표현 100 ⋯ 65
- 망각방지장치 ❶ ⋯ 87, 109
- 망각방지장치 ❷ ⋯ 111

Part 3 네이티브가 친구끼리 막말할 때 쓰는 표현 100 ⋯ 121
- 망각방지장치 ❶ ⋯ 143, 165
- 망각방지장치 ❷ ⋯ 167

Part 4 네이티브가 감정·상태를 표현할 때 쓰는 표현 100 ⋯ 177
- 망각방지장치 ❶ ⋯ 199, 221
- 망각방지장치 ❷ ⋯ 223

Part 5 네이티브가 일상생활에서 자주 쓰는 표현 100 ⋯ 233
- 망각방지장치 ❶ ⋯ 255, 277
- 망각방지장치 ❷ ⋯ 279

2권

- Part 6 네이티브가 개인사를 말할 때 쓰는 표현 100
- Part 7 네이티브가 취미·관심사를 말할 때 쓰는 표현 100
- Part 8 네이티브가 스마트폰·SNS에서 쓰는 표현 100
- Part 9 네이티브가 연애할 때 쓰는 표현 100
- Part 10 네이티브가 직장에서 쓰는 표현 100

Part 1

네이티브가 입에 달고 사는 한 마디 100

Part 1 전체 듣기

물론이지, 그걸 말이라고, 맞았어, 하이파이브, 진짜라니까, 알아들었지? 등 우리말에도 늘 습관처럼 입에 붙어 자주 쓰는 말들이 있죠? 이번 파트에서는 네이티브들이 일상적으로 입에 달고 사는 표현들을 담았습니다. 자주 쓰는 말인 만큼 외워 두면 활용도가 높답니다. 제대로 익혀서 상황에 맞는 말을 빵빵 날려 줄 수 있는 능력을 키워보세요.

01 당연하지 02 잘했어! 03 파이팅! 04 내가 졌다 05 바로 그거야 06 기대하시라 07 어쩌겠어 08 진짜야 09 말은 쉽지 10 조심해 11 있잖아 12 좀 봐 줘 13 내 말 들어 14 알겠지? 15 다 알아 16 혹시 알아? 17 나만 믿어 18 신경 쓰지 마 19 귀찮아 20 속담

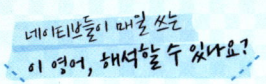

0001~0005. mp3

You bet!

bet은 '내기에 돈을 걸다, 틀림없다'라는 뜻의 동사예요. 내기에 돈을 걸려면 그만큼 '틀림없다'는 확신이 있는거겠죠. 그래서 You bet!이라고 하면 '네 말이 틀림없어!', '당연하지.', '그렇고말고.'라는 의미가 됩니다.

Sure thing.

Sure.와 같은 말인데 thing까지 붙여서 '확실한 것'이 됐죠. 상대방의 말이나 부탁에 '그럼.', '물론이지.'라고 시원하게 대답할 때 써요. 비슷한 표현은 No problem.

You can say that again.

얼마나 지당하신 말씀이면 그 말을 한 번 더 하라고 할까요? '네 말이 맞다.', '두말하면 잔소리다.'라는 뜻으로 that에 강세를 줍니다.

I know!

단순히 '나도 알아!'라는 뜻도 있지만, 상황에 따라 '내가 그걸 모를까!', '그러게!', '내 말이!'라는 뜻으로도 쓰여요.

Tell me about it.

'나에게 말해 봐.'처럼 말 그대로의 뜻일 수도 있지만, 상황에 따라 '내 말이 그 말이야.', '말이라고?'처럼 맞장구치는 표현으로도 많이 쓰입니다.

11

네티즌들이 매일 쓰는
이 말, 영어로 말할 수 있나요?

0001

상대방의 말이 틀림없음을 강조하는 대답으로

물론!

0002

상대방의 부탁을 흔쾌히 들어줄 때

그럼.

0003

당연한 말을 하는 사람에게

두말하면 잔소리.

0004

맞장구칠 때

내 말이!

0005

격하게 동의할 때

말이라고.

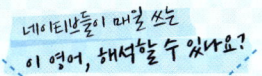

0006~0010. mp3

Way to go!

'잘한다', '아자' 하면서 응원할 때, 다 끝나고 난 후에
'잘했어!'라고 말하며 칭찬할 때도 Way to go!를 쓸 수 있어요.

That's my girl!

아이를 칭찬할 때 '내 새끼 잘했어!' 또는 '역시 우리 딸!'이라고 하죠. 영어로는 That's my girl!이에요.
아들일 때는 girl 대신 boy를 쓰면 되겠죠. 아이가 아니더라도 '옳지', '잘했어'라고 할 때 쓸 수 있어요.

Attaboy!

'옳지!', '그렇지!', '잘한다!', '굉장한데!'처럼 아이나 애완동물을 칭찬할 때 많이 써요.
대상이 여자라면 Attagirl!이라고 합니다.

Good for you!

100점을 맞은 아이에게 '잘했네'라고 칭찬하거나,
좋은 일이 있는 친구에게 '잘됐다!'라며 축하할 때 주로 쓰는 말이에요.

Good call!

여기서 call은 '결정, 판단'이에요. good call은 '잘 내린 결정',
bad call은 '잘못 내린 결정', tough call은 '힘든 결정'이란 뜻으로 쓰이죠.

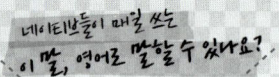

```
0006
```

격려, 응원, 칭찬할 때

잘했어!

```
0007
```

아이를 칭찬할 때

잘한다, 우리 딸!

```
0008
```

격려하거나 칭찬할 때

옳지!

```
0009
```

칭찬하거나 축하할 때

잘됐네!

```
0010
```

잘 내린 결정이라 생각될 때

잘 생각했어!

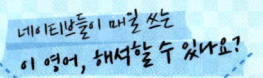

0011~0015. mp3

Go for it!

'자, 해봐!', '힘내!', '덤벼들어 봐!' 혹은 노홍철이 잘하는 말
'좋아, 가는 거야'의 느낌이 나는 표현이에요. 앞에 Let's를 붙이기도 합니다.

Give me five.

여기서 five는 손가락 다섯 개를 말해요. Give me some skin.이라고도 하는데,
하이파이브(high five)를 하거나 힙합 스타일로 주먹을 마주치는 거예요.

Go get 'em, tiger!

'용기를 내라.', '행운을 빈다.'는 뜻이 있습니다. 시합을 앞두고 있거나,
큰 용기를 내 데이트 신청을 하러 가는 사람에게 쓰기 좋은 표현이에요.

Knock 'em dead!

시험이나 면접, 오디션을 앞둔 사람에게 자주 쓰는 표현입니다.
감동으로 쓰러질 지경이 되게 해 버리라는 말로, '본때를 보여 줘!'가 되죠.

Go kick some ass.

kick ass는 '박살내다, 코를 납작하게 하다' 정도의 뜻입니다.
ass가 들어가면 과격한 표현이니 사용은 자제하세요.

0011

시도해 보라고 부추길 때

해 보는 거야!

0012

친한 척하거나 분위기 띄울 때

하이파이브!

0013

'아자, 아자!'가 필요한 사람에게

잘해!

0014

시합에 나가는 사람에게

본때를 보여 줘!

0015

가서 다 깨부수라는 뜻으로

다 보내 버려!

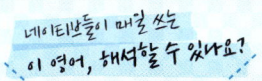

0016~0020. mp3

04 내가 졌다

Touché!

펜싱 용어에서 유래한 표현으로 원래 프랑스어랍니다.
말싸움에서 급소를 찔러 상대에게 1점 내주는 걸 인정하는 표현이죠.

Kudos to you.

kudo는 보통 복수로 쓰이고 '칭찬, 명성, 영예'라는 뜻을 갖습니다.
직역하면 '당신에게 칭찬을.'이 되겠죠.

I've got to admit it.

자존심이 상하거나 기분이 나쁠지라도
인정할 건 인정하자고 말할 때 씁니다.

I'll give you that.

You got a nice body. I'll give you that.(네 몸매가 멋지다는 거, 그건 인정할게.)처럼
앞에서 칭찬을 하고, '그건 인정할게.'라는 식으로 말하면 됩니다.

I gotta hand it to you.

〈hand it to 누구〉는 '~를 칭찬하다, ~에게 항복한다고 말하다'라는 뜻입니다.
따라서 '너한테는 내가 항복해야겠다.', '너는 도저히 못 이기겠다.' 이런 말이죠.

0016

정곡을 찔렸을 때

한 방 먹었네!

0017

물개 박수를 치면서

대단하십니다.

0018

입은 비뚤어졌어도 말은 바로 하랬다고

인정할 건 해야지.

0019

인정할 건 인정할 때

그건 인정.

0020

남의 승리를 인정할 때

네 실력은 알아줘야겠다.

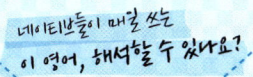

0021~0025. mp3

You got it!

'그렇고말고.', '잘 이해했네.'라는 뜻도 되고
부탁이나 요구에 대한 대답으로 '알겠어.', '그렇게 할게.'라는 뜻도 됩니다.

That's it!

'딩동댕!', '빙고!', '그렇지!'의 뜻이 있지만
때로는 화가 나서 '됐어!', '더는 못 참겠어!'라는 뜻으로도 씁니다.

There you go!

물건을 건네주면서 '자요.', '여기요.'라는 뜻으로도 쓰이지만
정답을 맞혔을 때 '그렇지!', '잘하네!'라는 뜻으로도 쓰이죠.

You got that right.

You're right.과 기본적인 뜻은 같아요. that에 강세를 크게 주고 말하면
'그 말 잘했네.', '다른 건 몰라도 그 말은 맞네.' 같은 느낌을 줄 수도 있어요.

Right on.

'정답이야.', '족집게네.'처럼 상대방의 말이 맞았다고 할 때,
혹은 상대방이 한 말에 맞장구를 칠 때 씁니다.

네이티브들이 매일 쓰는
이 말, 영어로 말할 수 있나요?

0021

상대방이 맞는 말을 했을 때
바로 맞혔어!

0022

내가 원하는 말을 딱 해 줄 때
바로 그거야!

0023

잘한다고 칭찬할 때
그렇지!

0024

상대방의 말에 '옳거니!' 하며
맞았어.

0025

상대방이 정답을 딱 맞혔을 때
정답!

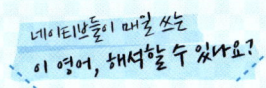

0026

Ta-da.

원가를 소개할 때 '짜잔', '기대하시라.' 하는 말이죠.
'자, 봐.', '어때?'라는 느낌의 Voilà.[vwa:láː]도 있습니다.

0027

Drum roll, please.

긴장되는 순간에 배경음으로 깔리는 드럼 소리가 drum roll이에요.
'두구두구두구…'를 해 달라는 말이죠.

0028

Moment of truth.

오디션 프로그램에서 탈락자를 발표하기 전에 사회자가 단골로 써먹는 표현이죠.
'진실이 드러나는 순간, 결정적인 순간'이라는 뜻으로 쓰여요.

0029

Look what I've got.

'나한테 뭐가 있나 봐.'라며 뭔가 보여 주면서 하는 말이죠.
'내가 뭘 했나 봐.'라고 할 땐 got을 done으로 바꾸면 됩니다.

0030

Here we go.

'자, 찍는다.', '시작한다.', '출발한다.', '간다.'처럼 사진 찍을 때,
여행을 떠날 때, 작업을 시작할 때 등 뭔가를 시작할 때 쓸 수 있어요.

네이티브들이 매일 쓰는
이 말, 영어로 말할 수 있나요?

0026

자랑스럽게 무언가를 보여 주면서

짜잔!

0027

효과음을 넣어 달라고 할 때

두구두구두구두구…

0028

진실을 알려 줄 때

중요한 순간입니다.

0029

상대방의 시선을 나에게 모을 때

내가 뭐 가져왔게?

0030

뭔가를 시작할 때

자, 간다.

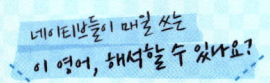

0031~0035. mp3

What can you do?

'넌 뭘 할 수 있니?'처럼 대답이 궁금해서 묻는 게 아니라
여기서는 '그러니 어쩌겠어.'라는 뜻으로 혼잣말처럼 하는 말이에요.

It happens all the time.

'흔히 있는 일이야.'라는 뜻으로 늘 있는 일이니
걱정하지 말라는 뜻으로 하는 말입니다.

Everything happens for a reason.

세상에 벌어지는 모든 일에는 다 이유가 있다고 어른들이 자주 하는 말이죠.

Well, shit happens.

shit은 '똥'인데 여기서는 '개똥 같은 일'이나 '불운'을 뜻하죠.
'살다 보면 개똥 같은 일도 일어나니, 받아들여야지 별 수 있나.'라는 뜻입니다.

Go with the flow.

'대세나 시류를 따르다, 시류에 영합하다'라는 표현입니다.
튀려고 하지 말고 남들 가는 대로 흐름(flow)을 타고 가라는 말이죠.

0031

별다른 방법이 없을 때

어쩌겠어.

0032

늘 있는 일이니 걱정하지 말라 할 때

원래 그래.

0033

왜 나한테 이런 일이 생기는지 불만인 사람에게

세상일에는 다 이유가 있어.

0034

똥 밟았다 생각하고 잊으라고 위로할 때

어쩔 수 없지.

0035

상황을 받아들이라고 할 때

대세에 따라야지.

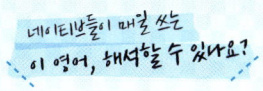

0036~0040. mp3

0036
I swear.

swear는 '욕하다'라는 뜻과 함께 '맹세하다, 단언하다'라는 뜻이 있습니다.
뭔가를 하겠다고 약속할 때는 I promise.라고 하죠.

0037
I mean it.

그냥 한 말이 아니라는 뜻으로 덧붙이는 말이죠.
I'm serious.나 장난이 아니라는 I'm not kidding.과도 같은 뜻입니다.

0038
I'm telling you!

어떤 말의 앞이나 뒤에 써서 그 말이 진짜라는 걸 강조합니다.
I'm telling you I'm not going.이라는 가사는 '나 정말 안 갈 거니까.'라는 뜻이 되죠.

0039
Scout's honor.

직역하면 '보이 스카우트의 명예를 건다.'인데 '정말이야.', '맹세해.'라는 뜻이죠.
보이 스카우트 단원들이 한쪽 손을 들고 선서하는 걸 상상해 보세요.

0040
Cross my heart.

보통 뒤에 and hope to die가 따라 나옵니다.
가슴에 십자가를 그으면서 맹세를 하는 거죠.

0036

사실을 말한다는 걸 맹세할 때

진짜야.

0037

앞에 한 말이 진심인 걸 강조할 때

진심이야.

0038

내 말이 사실임을 강조할 때

진짜라니까!

0039

자신의 말이 틀림없는 사실임을 맹세할 때

거짓말 아니야.

0040

거짓말이 아니란 걸 강조할 때

맹세해.

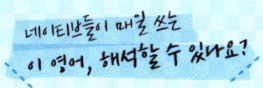

0041~0045. mp3

0041
Talk is cheap.

행동으로는 못 보여 주면서 말로만 백번 잘하면 무슨 소용이냐는 말이죠.
cheap 대신 easy를 써도 됩니다. 말은 행동보다 저렴하고 쉬우니까요.

0042
He's all talk.

뒤에 and no action이란 표현을 덧붙이기도 합니다.
말로만 지껄일 뿐 행동에 옮기는 걸 보진 못했다는 거죠.

0043
Me and my big mouth.

big mouth는 '입이 가볍거나 말이 많은 사람, 허풍쟁이'를 뜻합니다.
'아, 또 내가 입방정을 떨었구나.'라는 느낌으로 쓰면 돼요.

0044
That's easy for you to say.

실연한 친구에게 다시 좋은 사람을 만날 거라는 판에 박힌 말을 건네면
'네가 그런 말을 하는 건 쉽겠지.'라는 소리를 들을 수 있습니다.

0045
It's easier said than done.

done보다는 said가 더 쉽다는 거죠.
말로 하긴 쉽지만 실제로 하긴 어렵다는 거예요.

네티즌들이 매일 쓰는
이 말, 영어로 말할 수 있나요?

0041

직접 행동으로 보이라는 뜻으로

말로는 누가 못 해?

0042

말로만 떠벌이는 사람에게

입만 살았어.

0043

말하면 안 되는 걸 말했을 때

내 입이 방정이지.

0044

영혼 없는 위로를 하는 친구에게

그런 말은 쉽지.

0045

입으로만 다이어트 하는 친구에게

말처럼 쉽나?

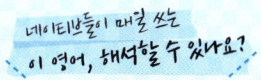

0046~0050. mp3

Watch out!

조심하라고 미리미리 알려 줄 때는 Be careful.
위험한 순간에 '조심해!' 하고 외칠 때는 Watch out!이나 Look out!

Watch your step.

계단이 있다거나 바닥이 평탄하지 않으니 조심하라는 말입니다.
머리를 부딪치지 않게 조심하라는 건 Watch your head.

Watch your language.

말조심이나 입조심 하라는 얘기는 영어로도 그대로 얘기하면 됩니다.
Watch your language. 또는 Watch your mouth.

Watch your back.

누가 너를 등 뒤에서 노릴 수도 있으니 조심하라는 거죠. 군대에서는
Watch your six.라고도 합니다. 내가 시계 한가운데 있다면 6시 방향이 내 등 뒤니까요.

Be careful what you wish for.

혹시 이뤄질 수 있으니 소원을 빌 때는 조심하라는 거예요.
'~했으면 좋겠네, ~나 해라' 이런 소릴 함부로 하지 말란 뜻이죠.

0046

'위험해!' 하고 외칠 때
조심해!

0047

발밑을 조심하라고 주의를 시킬 때
발 조심해.

0048

무례한 표현을 하는 사람에게
말 조심해.

0049

긴장을 늦추지 말라고 할 때
방심하지 마라.

0050

입방정을 떨지 말라는 말
말이 씨가 된다.

망각방지장치 1

하루만 지나도 학습한 내용의 50%는 잊어버립니다. 여러분은 몇 퍼센트나 잊어버렸을까요? 5분 안에 25개를 말해 보세요.

			복습	
01	물론!	You _____ !	☐ ☐	0001
02	내 말이!	I _____ !	☐ ☐	0004
03	잘했어!	_____ to go!	☐ ☐	0006
04	잘 생각했어!	Good _____ !	☐ ☐	0010
05	해 보는 거야!	_____ for _____ !	☐ ☐	0011
06	하이파이브!	Give me _____ .	☐ ☐	0012
07	대단하십니다.	_____ to you.	☐ ☐	0017
08	그건 인정.	I'll _____ you that.	☐ ☐	0019
09	바로 맞혔어!	You _____ it!	☐ ☐	0021
10	맞았어.	You _____ that _____ .	☐ ☐	0024
11	정답!	Right _____ .	☐ ☐	0025
12	중요한 순간입니다.	Moment of _____ .	☐ ☐	0028
13	내가 뭐 가져왔게?	Look what I've _____ .	☐ ☐	0029
14	자, 간다.	_____ we go.	☐ ☐	0030

정답 01 bet 02 know 03 Way 04 call 05 Go, it 06 five 07 Kudos 08 give 09 got
10 got, right 11 on 12 truth 13 got 14 Here

			○	×	복습
15	대세에 따라야지.	Go with the _____.	☐	☐	0035
16	진짜야.	I _____.	☐	☐	0036
17	진심이야.	I _____ it.	☐	☐	0037
18	맹세해.	_____ my heart.	☐	☐	0040
19	말로는 누가 못 해?	Talk is _____.	☐	☐	0041
20	입만 살았어.	He's _____.	☐	☐	0042
21	내 입이 방정이지.	Me and my _____.	☐	☐	0043
22	그런 말은 쉽지.	That's _____ for you to say.	☐	☐	0044
23	조심해!	Watch _____!	☐	☐	0046
24	발 조심해.	Watch your _____.	☐	☐	0047
25	방심하지 마라.	Watch your _____.	☐	☐	0049

맞은 개수: 25개 중 _____ 개

당신은 그동안 _____%를 잊어버렸습니다.

틀린 문장들은 다시 한번 복습하고 넘어가세요.

정답 15 flow 16 swear 17 mean 18 Cross 19 cheap 20 all talk 21 big mouth 22 easy
23 out 24 step 25 back

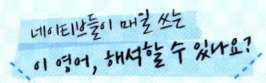

Guess what.

내가 지금 하려는 이야기를 '알아맞혀 봐.'라는 뜻이죠.
대화를 시작할 때 네이티브들이 자주 쓰는 표현이랍니다.

I'll tell you what.

I'll은 생략하기도 해요. 의견이 분분해서 결론이 안 나고 있는 상황에서
괜찮은 의견을 툭 던지기 전에 쓰면 좋습니다.

You know what?

'있잖아, 그거 말이야.' 하고 말문을 여는 표현입니다.
상대방이 모르고 있는 사실을 말해 줄 때 씁니다.

Get this.

'이 이야기 들어 봐.', '이 사진 좀 봐.'처럼
상대방의 주의를 끌면서 하는 말입니다.

Here's the thing.

'그게 말이야.', '그게 뭐냐 하면.', '그런데 말이야.'처럼
내가 하고 싶은 말을 하기 전에 운을 떼면서 시간을 버는 표현입니다.

0051

할 말을 꺼내기 전에 말문을 열며

있잖아.

0052

'이렇게 하자.', '내가 해결해 줄게.'라는 느낌으로

내 말 들어 봐.

0053

말하기 전에 상대방의 호기심을 유도할 때

그거 알아?

0054

내 얘기를 들어 보라고 주의를 끌며

들어 봐.

0055

말을 꺼내기 전에 뜸을 들일 때

그게 말이지…

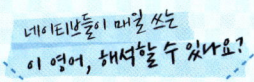

0056~0060. mp3

Give me a break.

믿기지 않는 말을 할 때 '말도 안 돼, 웃기지 마.'라는 뜻도 있지만 여기서처럼 '너무해.', '한 번만 봐줘.'라는 뜻으로도 쓰입니다.

Look the other way.

말 그대로 다른 쪽, 반대편을 보라는 말일 수도 있지만 나쁜 짓을 하다 들킨 사람이 이 말을 하면 못 본 걸로 해 달라는 뜻입니다.

Easy does it.

'부드럽게 다뤄.', '서둘지 마.', '조심조심 해.', '침착하고 신중하게 행동해.' 등 여러 가지 뜻으로 쓰입니다.

Put in a good word for me.

put in a good word for는 '~에 대해 좋게 말하다'라는 뜻입니다. 자신에 관한 칭찬을 슬쩍 흘려 달라는 말이죠.

Humor me.

humor가 동사로 쓰일 때는 '만족하게 하다, 어르다, 달래다'라는 뜻입니다. 날 달래라는 건 내가 하자는 대로 비위 좀 맞춰 달라는 말이죠.

0056

너그럽게 봐 달라는 뜻으로

한 번만 봐줘.

0057

자신의 실수를 눈감아 달라고 부탁할 때

모른 척해 줘.

0058

조심스럽게, 혹은 느긋하게 하라고 할 때

살살 해.

0059

자신에 대해 좋게 말해 달라고 할 때

말 좀 잘해 주세요.

0060

맞장구를 쳐 달라고 할 때

비위 좀 맞춰 줘.

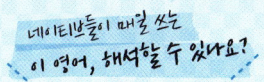

0061~0065. mp3

0061
Hear me out.

hear out은 누구의 이야기를 '끝까지 듣다'라는 뜻입니다.
Let me finish.라고 해도 같은 표현이에요.

0062
I'm not done yet.

상황에 따라 '아직 다 안 했다.', '다 안 먹었다.'는 말도 될 수 있지만
여기선 '내 얘기가 아직 안 끝났다.'라는 뜻으로 내 말 먼저 다 들어 보라는 거죠.

0063
Don't interrupt me.

interrupt는 말이나 행동을 '방해하다'라는 뜻이에요.
누군가가 내 얘기에 끼어들 때 이렇게 말해요.

0064
I can explain.

바람피우는 정황에서 아내에게 딱 걸린 남편이 많이 하는 대사죠.
자초지종을 설명할 테니 일단 내 얘기를 들어 보라는 거예요.

0065
Mark my words.

내가 하는 말에 표시 해두라(mark)는 말로 지금 내가 하는 말을
잊지 말고 꼭 기억해 두라는 말이에요. 경고나 협박성이 짙은 표현이죠.

0061

할 말이 아직 안 끝났을 때

끝까지 들어.

0062

한창 이야기 중인데 내 말을 자를 때

내 말 안 끝났어.

0063

말을 가로막지 말라고 할 때

말 끊지 마.

0064

오해받기 딱 좋은 상황에 부닥친 사람이 하는 말

내가 설명할게.

0065

따끔하게 경고할 때

내 말 잘 들어.

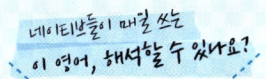

0066~0070. mp3

Are you following me?

여기서 follow는 '설명을 따라오다, 이해하다'라는 뜻입니다.
잘 이해가 안 갈 때는 I don't follow you.라고 하면 돼요.

Is that clear?

확실하게 이해했느냐, 헷갈리는 데가 없느냐는 뜻이죠.
Do you understand? 혹은 Understood?와 같은 뜻입니다.

You hear me?

Can you hear me? 하면 '내 목소리가 들려?'라는 뜻이고,
(Do) You hear me?는 '알았어?', '알아들었어?'라는 뜻입니다.

Have I made myself clear?

make oneself clear는 '상대방에게 자기의 말을 이해시키다'입니다.
직역하면 '내가 내 말을 (너에게) 잘 이해시켰니?'니까 '내 말 이해했니?'가 되죠.

Don't you see?

상황에 따라 '안 보여?'라는 말일 수도 있겠지만 여기서 see는
'이해하다'라는 뜻으로 쓰였습니다. I see. 하면 '아, 그렇구나.'가 되는거죠.

0066

설명을 이해하는지 확인할 때

무슨 말인지 알겠어?

0067

내 말을 알아들었는지 확인할 때

알아들었지?

0068

주로 명령문 다음에 무슨 말인지 알겠느냐고 할 때

알았어?

0069

무슨 얘기인지 알아들었는지 물을 때

내 말 알겠어?

0070

혼자 못 알아듣고 뒷북치는 사람에게

모르겠어?

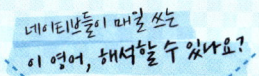

0071~0075. mp3

Been there, done that.

'갈 데 가 봤고, 할 거 해 봤다.'는 거죠. '나도 다 겪어 봐서 안다.'라는 말도 되고, 이것저것 권유하는 말에 '이미 다 해 봐서 흥미가 없다.'라는 얘기도 됩니다.

I know a thing or two.

know a thing or two는 '세상 물정에 밝다'는 뜻이에요.
맨 끝에 〈about+명사〉를 붙이면 '~에 대해 잘 안다'는 뜻이 됩니다.

I've learned my lesson.

불쾌하거나 싫은 경험이었지만 뭔가 교훈을 얻었다는 뜻이죠.
〈teach 누구 a lesson〉이라고 하면 '~에게 한 수 가르치다, ~를 따끔하게 혼내다'가 돼요.

I know him like a book.

누구에 대해 잘 알 때 〈know 누구 like a book〉, 〈know 누구 backwards〉라고 합니다.
그 사람 생각도 꿰뚫어 본다는 뜻으로 〈read 누구 like a book〉이란 표현도 있어요.

He knows all the answers.

경험이나 지식이 풍부해서 뭘 물어도 대답이 막힘없이 나오는 사람을 말합니다.
뭐든 아는 체하고, 자기가 똑똑한 줄 아는 사람을 know-it-all이라 부르기도 해요.

0071
다 해 봤다고 연륜을 티 낼 때
나도 다 해 봤어.

0072
세상 물정을 좀 알 때
내가 좀 알지.

0073
쓰디쓴 경험으로 알게 되었을 때
경험으로 배웠지.

0074
누구에 대해 속속들이 잘 안다는 뜻으로
그 친구는 내가 잘 알아.

0075
걸어 다니는 백과사전이라며
걔는 모르는 게 없어.

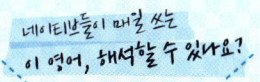

Who knows?

'그 회사에 이력서 보내 봐. 누가 알아? 붙을지?' 이런 상황에서 쓰는 말로 '혹시 알아?', '누가 알겠어?'의 뜻입니다.

You never know.

'전혀 불가능한 일은 아니다. 어떻게 될지 아무도 모르는 거다.'라는 뜻입니다. Nobody knows. 또는 Only God knows.라고도 해요. '아무도 모른다'는 거죠.

Just in case.

어떻게 될지 아무도 모르는 거니까 만약을 대비해서 이렇게 하자고 할 때 씁니다.

Here goes nothing.

'밑져야 본전인데, 에이, 모르겠다. 한번 해 보지 뭐.' 하는 기분으로 던지는 말입니다.

You'll see.

너 두고 보자고 할 때의 '두고 봐.'와는 다릅니다. '두고 보면 안다.', '기다려 봐라.', '내 말 무슨 말인지 알 거다.' 하는 느낌의 '두고 봐.'예요.

0076

한 가닥 희망을 심어 줄 때

혹시 알아?

0077

해 보지도 않고 안 될 거라는 친구에게

그건 모르는 거야.

0078

노파심에서 덧붙이는 말

혹시 모르니까.

0079

안 될 게 뻔하지만 하는 데까지 해 보자는 말

한번 해 보지, 뭐.

0080

나중에 알게 될 거라고 할 때

두고 봐.

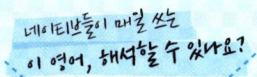

0081~0085. mp3

I got your back.

네 등을 내가 잡았다는 말로 '네 뒤엔 내가 버티고 있으니 안심해라.', '난 언제나 네 편이다.'라는 뜻이에요.

You can count on me.

〈count on 누구〉는 '~에게 기대다, ~를 의지하다'란 뜻이죠. 날 의지해도 된다는 말이니까 나한테 믿고 맡기라는 의미가 됩니다.

Follow my lead.

Follow me.라고 하면 내 뒤를 따라오라는 얘기고, Follow my lead.는 내가 이끄는 대로, 내가 하는 대로 따라오라는 말이에요.

I know what I'm doing.

내가 하는 일에 이러쿵저러쿵 상대방이 간섭하거나 못 미더워할 때 알아서 잘하고 있으니 신경 끄라는 얘기입니다.

I'll take it from here.

인수인계를 하는 과정에서 잘 쓰는 표현이죠. 미국 드라마에서 경찰과 FBI가 관할 다툼을 할 때도 자주 나옵니다.

0081
내가 너의 든든한 후원자라는 말
내가 있잖아.

0082
나만 믿으라고 할 때
나한테 맡겨.

0083
이끌어 줄 테니 믿고 따르라는 말
나만 따라와.

0084
남의 일에 감 놔라 배 놔라 할 때
내가 알아서 할게.

0085
내가 알아서 할 테니 손을 떼라는 뜻으로
이제부터 내가 맡을게.

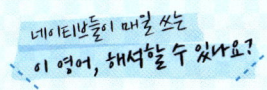

0086~0090. mp3

I don't mind.

여기서 mind는 '마음을 쓰다'라는 뜻이에요. 난 괜찮으니 마음 쓰지 말라는 거죠.
'나는 신경 쓰지 마.'라고 할 때 Don't mind me.라고 해도 돼요.

Don't take it so seriously.

take (it) seriously라고 하면 '심각하게 받아들이다'라는 뜻입니다.
이때 seriously 대신 personally를 넣으면 '기분 나쁘게 받아들이다'가 돼요.

Money is no object.

object는 '목적, 관심대상'이라는 뜻으로 돈이 목적이 아니니 돈은 얼마가 들어도
상관없다는 말이에요. Money is not an issue.라고 하기도 해요.

Size doesn't matter.

몸매나 키, 신체 사이즈는 상관없다는 말이에요.
반대로 사이즈가 중요하긴 하다고 할 때는 Size does matter.라는 표현을 씁니다.

It's just the booze talking.

'술'을 구어체에서는 booze라고 할 때가 많습니다.
내가 하는 말이 아니라 '내가 마신 술'이 하는 말이라는 거죠.

0086

신경 쓰지 말라고 할 때

난 괜찮아.

0087

예능을 다큐로 받지 말라고 할 때

너무 신경 쓰지 마.

0088

비용은 신경 쓰지 말라고 할 때

돈은 문제가 안 돼.

0089

크기는 문제가 되지 않는다고 말할 때

사이즈는 중요하지 않아.

0090

술 먹고 하는 말이니 신경 쓰지 말라고 할 때

술김에 하는 소리야.

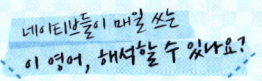

0091~0095. mp3

Leave me alone.

나를 내버려 두라는 건 혼자 있고 싶다는 이야기죠.
말도 시키지 말고 가만히 내버려 두라는 얘기입니다.

Get off my back.

등에 붙은 껌딱지처럼 나를 못살게 굴거나 괴롭히거나
방해하는 것 좀 그만하라고 할 때 씁니다.

Stop bugging me.

bug가 동사로 쓰이면 '귀찮게 하다, 괴롭히다'라는 뜻이에요.
잔소리 좀 그만하라고 할 때에는 bug 대신 nag를 쓰면 됩니다.

Back off!

좋게 말하면 '뒤로 물러서'입니다.
옆에서 귀찮게 하지 말고 좀 꺼져 달라는 말이에요.

Don't mess with me.

mess with가 '~를 화나게 하다, ~를 귀찮게 하다'란 뜻으로 쓰였어요.
Don't mess with him. 하면 '쟤랑 놀지 마라.'는 말도 됩니다. 엮여 봐야 좋을 거 없다는 뜻이에요.

0091

만사가 귀찮거나 말하기 싫을 때

나 좀 가만 내버려 둬.

0092

딱 붙어서 귀찮게 할 때

그만 좀 성가시게 해.

0093

옆에서 계속 들들 볶을 때

그만 좀 괴롭혀.

0094

옆에서 성가시게 구는 사람에게

꺼져!

0095

날 화나게 하지 말라는 뜻으로

나 건드리지 마.

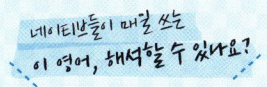

0096~0100. mp3

Speak of the devil.

'양반은 못 되네.'라는 말을 영어에서는 이렇게 표현합니다.
원래는 이 문장 뒤에 And he will appear.까지 이어집니다.

Monkey see, monkey do.

아이들이 어른들의 행동을 그대로 따라 하는 것을
원숭이 새끼가 어미를 보고 그대로 따라 하는 것으로 표현합니다.

Walls have ears.

우리는 낮말은 새가 듣고 밤말은 쥐가 듣는다고 하잖아요.
영어에선 '벽에도 귀가 있다.'는 식으로 표현합니다.

It takes one to know one.

여기서 one은 '(특정한) 사람'으로, 직역하면 '어떤 사람을 알기 위해서는
(그와 똑같은) 사람이 필요하다.'가 됩니다. A가 B를 사기꾼으로 몰고 있을 때
평소 A의 사기행각을 잘 아는 제삼자가 나타나 이렇게 말할 수 있겠죠.

Look before you leap.

leap은 '뛰어넘다'란 뜻이에요. 무슨 일을 벌이기 전에
생길 수 있는 문제점을 충분히 생각해 보라는 말입니다.

0096

본인 얘기를 하는데 마침 등장하는 사람에게

호랑이도 제 말 하면 온다더니.

0097

꼬마들은 따라쟁이라는 뜻으로

애들 앞에선 찬물도 못 마셔.

0098

듣는 사람 없다고 함부로 말하지 말라는 뜻으로

낮말은 새가 듣고 밤말은 쥐가 듣는다.

0099

자신은 생각 못 하고 남의 흠을 들먹이는 사람에게

뭐 눈에는 뭐만 보인다더니.

0100

행동하기 전에 신중하게 생각해 보라고 할 때

돌다리도 두드려 보고 건너라.

망각방지 장치 1

하루만 지나도 학습한 내용의 50%는 잊어버립니다. 여러분은 몇 퍼센트나 잊어버렸을까요? 5분 안에 25개를 말해 보세요.

			○ × 복습
01	있잖아.	_____ what.	0051
02	내 말 들어 봐.	I'll tell you _____.	0052
03	한 번만 봐 줘.	Give me a _____.	0056
04	살살 해.	_____ does it.	0058
05	비위 좀 맞춰 줘.	_____ me.	0060
06	끝까지 들어.	Hear me _____.	0061
07	말 끊지 마.	Don't _____ me.	0063
08	내 말 잘 들어.	_____ my words.	0065
09	무슨 말인지 알겠어?	Are you _____ me?	0066
10	알았어?	You _____ me?	0068
11	모르겠어?	Don't you _____?	0070
12	나도 다 해 봤어.	_____ there, _____ that.	0071
13	경험으로 배웠지.	I've learned my _____.	0073
14	그 친구는 내가 잘 알아.	I know him like a _____.	0074

정답 01 Guess 02 what 03 break 04 Easy 05 Humor 06 out 07 interrupt 08 Mark
09 following 10 hear 11 see 12 Been, done 13 lesson 14 book

15 걔는 모르는 게 없어.	He knows all the _____.	0075
16 혹시 알아?	Who _____?	0076
17 혹시 모르니까.	Just _____.	0078
18 내가 있잖아.	I got your _____.	0081
19 나한테 맡겨.	You can _____ me.	0082
20 나만 따라와.	Follow my _____.	0083
21 난 괜찮아.	I don't _____.	0086
22 돈은 문제가 안 돼.	Money is no _____.	0088
23 술김에 하는 소리야.	It's just the _____ talking.	0090
24 그만 좀 성가시게 해.	Get off my _____.	0092
25 그만 좀 괴롭혀.	Stop _____ me.	0093

맞은 개수: 25개 중 _____ 개

당신은 그동안 _____%를 잊어버렸습니다.
틀린 문장들은 다시 한번 복습하고 넘어가세요.

정답 15 answers 16 knows 17 in case 18 back 19 count on 20 lead 21 mind 22 object
23 booze 24 back 25 bugging

망각방지 장치 2

일주일이 지나면 학습한 내용의 70%를 잊어버립니다. 여러분은 몇 퍼센트나 잊어버렸을까요? 대화문으로 확인해 보세요.

001 바깥으로 운동하러 나갈 때
conversation 001.mp3

A   Did you apply sunscreen on your face?

B   물론이죠! 0001

A   What about a water bottle?

B   I got one right here.

A   Take two bottles 혹시 모르니까. 0078

B   Okay, Mom.

002 오디션 앞둔 친구를 응원할 때
conversation 002.mp3

A   How are you feeling?

B   I'm a little nervous. My heart is pounding.

A   Take it easy. You've worked so hard for today. You'll be fine.

B   Thank you. That's my name. I have to go now.

A   Here, 하이파이브! 0012 Just go out there and 본때를 보여 줘. 0014

B   You got it. You're the best!

001

A   얼굴에 선크림은 발랐니?

B   **You bet!** 0001

A   물병은?

B   여기 하나 챙겼어요.

A   **just in case** 0078 두 병 가져가.

B   알았어요, 엄마.

002

A   기분이 어때?

B   좀 떨려. 가슴이 콩닥콩닥 뛰어.

A   진정해. 오늘을 위해 열심히 했잖아. 넌 잘할 거야.

B   고맙다. 내 이름 부른다. 이제 가야겠어.

A   자, **give me five.** 0012 이제 나가서 **knock 'em dead.** 0014

B   알았어. 네가 최고야!

Words   pound (심장이) 두근거리다

003 짠! 하고 결혼 10주년 선물을 할 때   conversation 003.mp3

A You know what I got you for our 10th anniversary?

B I have no idea but it'd better be special.

A 두구두구두구두구… 0027 We're going to the beach!

B What is so special about the beach?

A 내 말 안 끝났어. 0062 That beach is in Hawaii!

B Oh, my! I love you, Vincent!

Words had better (~하는 것이) 좋을 것이다   anniversary 기념일   Oh, my! 이런! 어머나!

004 반 아이들의 운동 열풍이 놀라울 때   conversation 004.mp3

A I can't believe this. I'm the only girl in my class who's not working out.

B Really?

A Do you think I should join the gym?

B Sure. 대세에 따라야지. 0035 Join the gym, take Pilates class, and practice yoga…

A 말처럼 쉽나? 0045

B I know, right?

Words work out 운동하다

57

003

A   결혼 10주년 선물로 내가 뭘 준비했는지 알아?

B   전혀 모르겠는데, 특별한 거겠지?

A   **Drum roll, please.** 0027 우린 해변으로 갈 거야!

B   해변이 뭐 그리 특별하다고?

A   **I'm not done yet.** 0062 그 해변은 하와이에 있다고!

B   어머나! 사랑해, 빈센트!

004

A   믿을 수가 없네. 우리 반에 운동 안 하는 여자애가 나밖에 없다니.

B   정말이야?

A   나도 헬스 등록해야 할까?

B   물론이지. **Go with the flow.** 0035 헬스 등록하고, 필라테스 수강하고, 요가도 하고…

A   **It's easier said than done.** 0045

B   하긴 그래.

005 캠프장에서 곰을 보고 엄청 놀랐을 때

conversation 005.mp3

A   Hey, you look like you've seen a ghost.

B   맞았어. 0024 I just saw a bear outside!

A   What are you talking about? There are no bears around here. Are you sure it wasn't a big dog or something?

B   진짜라니까! 0038 it really was a bear. 맹세해. 0040

A   Okay, then let's go talk to the camp ranger.

Words ranger 공원 관리원

006 친구가 마라톤 대회에 나간다는 걸 알았을 때

conversation 006.mp3

A   있잖아. 0051

B   What?

A   I'm participating in a half marathon this weekend.

B   I don't buy it. I know you don't even like walking.

A   I've been practicing for a while. I was hoping to finish a full marathon by the end of the year.

B   Is that right? 대단하십니다. 0017

Words participate 참가하다   half marathon 하프 마라톤   full marathon 풀코스 마라톤

005

A   야, 너 귀신이라도 본 사람 같다.

B   **You got that right.** 0024 방금 밖에서 곰을 봤거든!

A   무슨 소리야? 이 근처에 곰은 없어. 덩치 큰 개나 뭐 그런 걸 본 거 아니야?

B   **I'm telling you,** 0038 정말 곰이었어. **Cross my heart.** 0040

A   알았어. 그럼 캠프 관리인한테 가서 말하자.

006

A   **Guess what!** 0051

B   뭐가?

A   나 이번 주말에 하프 마라톤에 참가할 거야.

B   못 믿겠는데. 걷는 것도 안 좋아하는 거 내기 아는데.

A   연습한 지 꽤 됐어. 연말까지는 마라톤 풀코스를 완주하길 바라고 있지.

B   진짜? **Kudos to you.** 0017

007 딴 친구 남편감 뒷담화할 때

conversation 007.mp3

A   Do you know Amy's marrying Sam?

B   Yeah, I know. Shocking, isn't it?

A   두말하면 잔소리. 0003 Shouldn't I do something about it? You know about Sam, right?

B   어쩌겠어? 0031 Amy says she loves him.

A   I'm going to tell her Sam is a player!

B   내 말 잘 들어. 0065 I don't think that's the smart thing to do.

Words   player 바람둥이

008 친구끼리 대화하다 다툴 때

conversation 008.mp3

A   I don't know what you're saying.

B   You know what I'm saying and you know I'm right.

A   Oh, yeah? You're an idiot.

B   No, you are an idiot. 뭐 눈에는 뭐만 보인다더니, 0099 loser. Wait, that means I'm a loser, too. I'll take that back.

A   잘 생각했어. 0010

Words   idiot 바보, 천치   loser 패배자, 찌질이   take ~ back (자기가 한 말을) 취소하다

007

A   에이미가 샘하고 결혼하는 거 알아?

B   알아. 충격적이지?

A   **You can say that again.** 0003 뭐라도 해야 하지 않아? 너도 샘 어떤지 알잖아.

B   **What can you do?** 0031 에이미가 사랑한다는데.

A   샘이 바람둥이라고 에이미한테 말해야겠어!

B   **Mark my words.** 0065 그건 현명한 일이 아닌 것 같다.

Words   mark 유의해서 듣다

008

A   네가 무슨 말 하는지 모르겠어.

B   무슨 말인지 알잖아. 내가 맞단 것도 알고.

A   아, 그래? 너 바보구나.

B   아니, 네가 바보지. **It takes one to know one,** 0099 이 찌질아. 잠깐, 그럼 나도 찌질이란 얘긴데. 그 말 취소다.

A   **Good call.** 0010

009 합작 프로젝트 소문을 들었을 때

conversation 009.mp3

- *A* Are you excited about this joint project with TOP company?
- *B* Not really.
- *A* Rumor has it that they have lots of handsome guys there.
- *B* Don't get your hopes up too high.
- *A* 혹시 알아? 0076 Maybe I'll meet someone.
- *B* Yeah, right.

Words Rumor has it that ~ ~라는 소문이다

010 룸메이트끼리 다투고 난 후에

conversation 010.mp3

- *A* Jason, open the door.
- *B* I don't want to talk. 나 좀 가만 내버려 둬. 0091
- *A* We need to talk about this.
- *B* There's nothing to talk about.
- *A* I'll be pounding on this door until you open it.
- *B* You're not listening to me. 그만 좀 성가시게 하라고! 0092

Words pound (문 등을) 마구 두드리다

009

A   이번에 TOP 사하고 합작 프로젝트 하게 돼서 신나?

B   별로.

A   거기 잘생긴 남자들이 많다는 소문이야.

B   너무 큰 기대는 하지 마.

A   **Who knows?** 0076 누군가를 만날 수도 있잖아.

B   웃기시네.

010

A   제이슨, 문 열어.

B   말하기 싫어. **Leave me alone.** 0091

A   우리 얘기 좀 해야 되잖아.

B   할 얘기 없다니까.

A   네가 열 때까지 이 문 계속 두드릴 거야.

B   내 말 못 알아들어? **Get off my back!** 0092

Part 2

네이티브가 리액션할 때 쓰는 표현 100

Part 2 전체 듣기

영어를 유창하게 못 하지만 영어를 잘하는 것처럼 보이고 싶다면, 이번 파트를 열심히 공부하세요. 설마!, 진짜?, 말도 안 돼!, 뻥이지?, 어쩐지! 등 상대의 말을 잠자코 듣고 있다가 툭툭 대꾸할 때 쓰는 표현이 가득 담겨 있으니까요. 짧고 간단한 표현이지만 대화할 때 섞어 쓰면 좀 더 네이티브 같은 느낌을 줄 수 있을 거예요.

01 진짜야?   02 안 속아   03 안 돼   04 넌 상관 마   05 나도 그래   06 왜?   07 어쩌라고?   08 그럴 줄 알았어   09 뭐라고?   10 무슨 일이야?   11 알았어   12 옳으신 말씀   13 그건 아닌데   14 괜찮아   15 좋네   16 나도 몰라   17 어쩐지…   18 이상하네   19 너무 그러지 마   20 속담

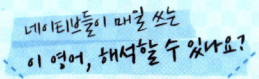

0101~0105. mp3

0101
Don't tell me.

Don't tell me you failed.처럼 이 표현 다음에 문장이 오면 '설마'를 넣어
'설마 실패한 건 아니겠지?'처럼 번역하면 자연스러워요.

0102
Is that right?

Is that so?라고 해도 됩니다. '그랬어?', '그렇구나.'처럼 말을 받는 거죠.
'설마'처럼 강한 느낌으로 말할 때는 that에 강하게 강세를 넣으세요.

0103
Get outta here!

'여기서 나가!'라는 뜻도 있지만, 깜짝 놀라서 말할 때는 '말도 안 된다, 못 믿겠다'는 의미가 됩니다.
Shut up! 혹은 Get out!을 쓸 수도 있습니다. outta는 out of를 빨리 말한 거예요.

0104
Yeah, right.

우리말로 '참나, 웃기시네.' 할 때의 억양으로 말해야 합니다.
그냥 착하게 말하면 '그래, 맞아.'라고 긍정하는 말이 된답니다.

0105
That's ridiculous.

ridiculous는 '우스운'이지만 재미있어서 우스운 게 아니라
말도 안 되고 터무니없어서 웃긴다고 할 때의 느낌입니다.

0101

차마 믿고 싶지 않은 사실을 확인할 때

설마!

0102

'정말이야?', '그랬어?' 하고 말을 받을 때

진짜?

0103

거의 상대방을 밀치는 동작을 하면서

말도 안 돼!

0104

상대방의 말이 어처구니없을 때

웃기시네.

0105

어이없다는 느낌으로

웃기지 마.

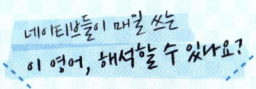

0106~0110. mp3

Nice try.

'시도는 좋았다.'는 말이지만 반어적으로
'그런다고 속을 줄 알아?'라는 뜻으로 쓰는 말이에요.

I don't buy it.

buy는 '사다'지만 believe, 즉 '받아들이다, 믿다'의 뜻으로도 쓰입니다.
내 거짓말에 그 사람이 속아 넘어갔다면 He bought it.이라고도 하죠.

You're bluffing.

bluff는 포커에서 패가 센 것처럼 '허세'를 부리는 거죠.
'너 지금 뻥이지?'처럼 bluff를 받아칠 때는 I'm calling your bluff.

I'm not falling for it again.

거짓말이나 사기, 허풍 등에 속아 넘어갈 때 fall for라고 합니다.
〈fall for 누구〉는 '~에게 반하다'라는 뜻도 됩니다.

You're faking it, aren't you?

fake는 '꾸미다, ~인 척하다'라는 뜻이죠.
안 아픈데 아픈 척하는 '꾀병을 부리다'라는 뜻으로도 쓰고요.

0106

얄팍한 속임수에 안 넘어간다는 뜻으로

안 속아.

0107

속아 넘어가지 않겠다는 뜻으로

못 믿겠는데.

0108

속임수를 쓰거나 허세를 부리는 것 같을 때

뻥이지?

0109

속임수에 말려들지 않겠다는 말

다신 안 속아.

0110

연기하지 말라는 뜻으로

너 꾀병이지?

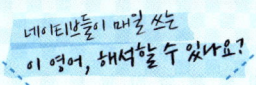

0111~0115. mp3

No means no.

한 번 no라고 했으면 끝까지 no라는 말이에요.
싫다는데 자꾸 뭘 부탁하는 친구에게 따끔하게 거절할 때 쓰세요.

Over my dead body.

죽었다 깨어난다 해도 안 되는 일이라고 할 때
내 시체를 밟고 가서 하라는 뜻으로 이런 표현을 씁니다.

Not in a million years!

백만 년 동안은 안 될 일이라니
'절대 안 돼!', '죽었다 깨어나도 안 돼!'란 뜻이죠.

No can do.

'그건 불가능해.', '그럴 수 없어.', '난 못 해.'처럼 단호하게 말할 때 씁니다.
해 주고 싶어도 해 줄 수가 없다는 거죠.

0115

I'm not a quitter.

'난 한다면 하는 사람이다.',
'절대 포기 같은 건 안 하는 사람이다.'라는 뜻이에요.

0111

거절했는데도 계속 들이댈 때

안 된다면 안 되는 줄 알아.

0112

절대로 허락할 수 없을 때

내 눈에 흙 들어가기 전엔 안 돼!

0113

단호하게 거절할 때

택도 없는 소리!

0114

절대로 해 줄 수 없다고 할 때

절대 못 해.

0115

내 사전에 포기란 없다고 말할 때

포기는 절대 못 해.

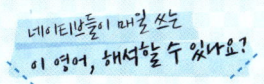

0116~0120. mp3

Stay out of this.

'넌 이 일에서 손 떼.', '상관하지 마.'라고 할 때 쓰는 표현입니다.
this 대신 trouble을 넣으면 '말썽부리지 마.'라는 말이 돼요.

None of your business.

'네가 상관할 일이 아니야.', '네 일이나 신경 써.'라는 말입니다.
Mind your own business.라고도 하죠.

You don't wanna know.

'넌 알고 싶지 않아.'라고 번역하면 어색하죠. 충고하는 상황에서
You don't wanna...는 '~하지 않는 게 좋을 거야'로 번역하면 자연스럽습니다.

Butt out.

butt in은 엉덩이를 들이밀며 '남의 일에 참견하다'라는 뜻입니다.
'참견하지 않다'는 in을 out으로 바꿔 주면 되겠죠.

Don't even go there.

여기서는 그냥 단순히 '거기 가지 마.'라는 뜻이 아니에요.
민감한 얘길 꺼내려고 할 때 아예 싹을 뚝 자르면서, 이렇게 말해 보세요.

0116

네가 상관할 일이 아니라고 말할 때

넌 빠져.

0117

남의 일에 끼어들지 말라고 할 때

넌 몰라도 돼.

0118

안 듣는 게 건강에 좋을 거라는 뜻으로

모르는 게 나아.

0119

남의 일에 자꾸 끼어드는 사람에게

참견 마.

0120

감정이 상할 수 있는 문제를 건드리려고 할 때

그 얘긴 꺼내지도 마.

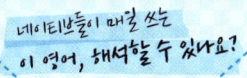

0121~0125. mp3

Same here.

'나도 그래.'라고 할 때 Me too.만 쓰지 말고
Same here.도 한 번씩 날리는 센스쟁이가 돼 보세요.

That makes two of us.

직역하면 '그게 우리 두 사람을 만든다.'인데 무슨 말인지 잘 모르겠죠?
'네 의견에 찬성해.' 또는 '나도 그래.'라고 말할 때 자주 쓰는 말이니 통으로 외워 두세요.

Join the club.

뭔가 불만이 있어 징징거리는 사람에게 '나도 마찬가지거든.'처럼 말할 때 씁니다.
직역하면 '클럽에 가입해.'인데, 그런 사람이 한두 명이 아니라는 거죠.

Get in line.

결국 '나도 그래.'란 소리지만 그런 사람이 많아 줄을 서야 할 지경이란 거죠.
Pick up the number.라고도 해요. 은행에서 줄을 서는 대신 번호표를 뽑는 것처럼요.

You and me both.

'너나 나나 같은 처지이다.',
'같은 상황에 있다.'라는 뜻으로 쓸 수 있습니다.

0121

상대방의 말에 동조할 때

나도.

0122

동의할 때나 맞장구칠 때

나도 마찬가지야.

0123

너나 나나 마찬가지 처지라고 할 때

너만 그런 거 아니야.

0124

'줄을 서시오.'라는 말로

다 그래.

0125

너랑 나랑 같은 신세라는 말

너나 나나.

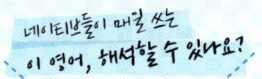

0126~0130. mp3

06 왜?

What's with you?

What's up with you?나 What's wrong with you?처럼 '무슨 일 있어?', '왜 그래?'란 뜻인데 뭔가 수상쩍은 행동을 할 때 '너 뭐 있지?' 하는 느낌으로 씁니다.

What's up with that?

What's up?은 '별일 없어?'라는 인사인데 What's up with that?이라고 하면 '무슨 일이 벌어지는 거지?', '왜 저래?', '말이 돼?'라는 의미가 됩니다.

What are you up to?

be up to는 구어체에서 '(뭔가 못된 짓을) 하고 있다'는 뜻으로 씁니다. 자기 방도 안 치우던 애가 집안을 청소하면 '뭔가 원하는 게 있구나.' 냄새를 맡고 엄마가 이렇게 묻겠죠.

What for?

이유를 묻는 건 Why?와 같지만 단순한 '왜?'가 아니라 '어째서?', '무엇 때문에?', '무엇을 하려고?'의 느낌입니다.

Why should I?

Why should I do that?처럼 '내가 왜 그렇게 해야 하는데?'라고 구체적으로 따질 수도 있습니다.

0126

안 하던 짓을 하는 친구에게

너 왜 그래?

0127

이해가 안 가는 상황에서

왜 저런대?

0128

상대방의 말이나 행동이 뭔가 수상할 때

무슨 꿍꿍이야?

0129

이유를 물을 때

뭐 때문에?

0130

'내가 왜?'라고 따질 때

내가 왜 그래야 해?

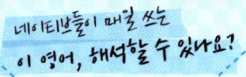

0131~0135. mp3

So what?

'그래서 나보고 어쩌라고?', '그런 이야길 하는 의도가 뭔데?'라는 의미입니다.
그냥 '그래서?'는 And?라고 말하면 됩니다.

Who cares?

'누가 상관이나 한다고 그런 소릴 해?'라는 뜻으로
Nobody cares.(아무도 상관 안 해.)라고도 합니다.

Whatever.

말투에 따라서 무관심의 최고봉을 표현하는 말입니다.
'넌 계속 떠들어라, 난 모르겠다.'처럼 전혀 관심 없다는 말이에요.

I don't give a damn.

not give a damn은 전혀 관심도 없고 상관도 안 한다는 의미입니다.
영화 〈바람과 함께 사라지다〉에서 나왔던 대사예요.

I couldn't care less.

직역하면 '이보다 덜 상관할 수는 없을 거다.'라는 말이니까
최대한 상관 안 한다는 거죠. 정말 무관심하다는 말입니다.

0131

상대방의 의도가 뭔지 물을 때

그래서 어쩌라고?

0132

나와는 전혀 상관없다는 듯이

알 게 뭐야?

0133

관심이 손톱만큼도 없을 때

그러거나 말거나.

0134

내 알 바 아니라고 할 때

전혀 상관 안 해.

0135

관심이 조금도 없을 때

난 신경도 안 써.

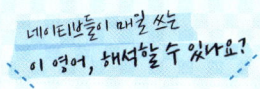

0136~0140. mp3

I knew it.

'저 배우 뜰 줄 알았다니까.' 혹은 '내가 걔들 헤어질 줄 알았어.'처럼 '그것 봐!', '그럴 것 같더라니!'라고 말할 때 쓰는 표현이에요.

I thought so.

I think so.는 '나도 그렇게 생각해.'인데, 과거형으로 말하니까 '나도 그렇게 생각했어.', '그럴 것 같더라.'처럼 살짝 느낌이 달라졌죠.

I told you so.

'내가 그럴 거라고 했잖아.', '내 말 안 듣더니, 잘했다.'처럼 말할 때 써요.
What did I tell you?, Didn't I tell you?도 비슷한 표현이에요.

I can tell.

여기서 tell은 '보니까 알겠다, 티가 난다'입니다.
똑같이 생긴 쌍둥이를 엄마는 '알아본다, 구별한다'고 할 때도 tell을 씁니다.

Great minds think alike.

생각이 서로 통했거나 잠깐 같은 생각을 했을 때
농담조로 '위인(great minds)끼리는 비슷한 생각을 하지.'처럼 말합니다.

0136
그렇게 될 걸 나는 이미 알고 있었다고 잘난 척할 때
그럴 줄 알았어.

0137
나도 그렇게 생각했다는 말
그럴 거 같더라.

0138
내 말 안 듣다가 망한 친구에게
그러게 내가 뭐랬어?

0139
딱 보니까 알겠다는 뜻으로
척 보면 알아.

0140
친구끼리 텔레파시가 통했을 때
역시 우리는 통한다니까.

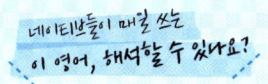

0141~0145. mp3

0141
Come again?
다시 말해 달라고 부탁하는 표현으로, '또 오나?'로 해석하면 안 되겠죠.
끝을 올려서 I'm sorry? 또는 Sorry?라고 해도 같은 뜻입니다.

0142
Pardon me?
Excuse me.처럼 '실례합니다.'란 뜻인데 끝을 올려 말하면
잘 못 들었으니 다시 말해 달라는 뜻입니다. I beg your pardon?이라고도 해요.

0143
What was that?
I'm sorry.나 Excuse me. 끝에 물음표를 붙이고 끝을 올려 말해도
'뭐라고?', '방금 뭐라고 했어?'라는 뜻이 됩니다.

0144
Meaning?
'그런 말을 하는 의도가 뭐야?', '무슨 뜻으로 하는 말이야?'라는 뜻입니다.
정말로 의미를 모를 때는 What do you mean by that?(그게 무슨 뜻이야?)

0145
What's that supposed to mean?
화가 나거나 당황했을 때 주로 하는 말입니다.
방금 들은 말을 이해 못 했거나, 그걸 듣고 화가 난 거죠.

네이티브들이 매일 쓰는
이 말, 영어로 말할 수 있나요?

0141

다시 말해 달라는 뜻으로

뭐라고요?

0142

상대방의 말을 못 알아들었을 때

뭐라고 하셨어요?

0143

다시 말해 달라고 할 때

방금 뭐라고 했어?

0144

상대방이 말하려고 하는 의도를 모르겠을 때

무슨 뜻이야?

0145

그게 대체 무슨 소리냐는 말

그건 또 무슨 소리야?

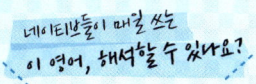

0146~0150. mp3

10 무슨 일이야?

What's up?

상황에 따라 '어이.' 하는 인사가 될 수도 있고 What's the matter?,
What's going on?처럼 '무슨 일인데? 얘기해 봐.' 같은 뜻이 될 수도 있어요.

Walk me through it.

어떤 일의 과정을 처음부터 끝까지 차례대로 말해 달라는 거죠.
하나도 빼놓지 말고 차근차근 순서대로요.

What did I miss?

자리를 비웠다가 돌아와 보니 분위기가 싸할 때 내가 놓친(miss) 게 뭔지 묻는 말입니다.
드라마를 보다 화장실에 다녀와서 '어떻게 됐어?'라고 묻는 표현이기도 해요.

What brings you here?

Why are you here? 혹은 Why did you come here?라고 물으면
'넌 왜 왔어?'처럼 반갑지 않다는 식으로 들릴 수 있으니 조심하세요.

Keep me posted.

무슨 일이 생기거나 무슨 연락이 오거나 새로운 사실이 있을 때마다
나에게도 업데이트해 달라는 말입니다.

0146

안부, 근황, 문제 등을 물을 때

무슨 일이야?

0147

자세하게 설명해 달라고 할 때

차근차근 말해 줄래?

0148

내가 자리를 비운 사이에 무슨 일이 있었는지 물을 때

무슨 일 있었어?

0149

우연히 아는 사람을 만났을 때

여긴 무슨 일로 왔어?

0150

새로운 소식이 있을 때 자기에게도 알려 달라는 뜻으로

상황을 계속 알려 줘.

망각방지 장치 1

하루만 지나도 학습한 내용의 50%는 잊어버립니다. 여러분은 몇 퍼센트나 잊어버렸을까요? 5분 안에 25개를 말해 보세요.

			○ ✕ 복습
01	설마!	Don't ____ me.	0101
02	말도 안 돼!	Get ____ here!	0103
03	웃기지 마.	That's ____.	0105
04	안 속아.	Nice ____.	0106
05	못 믿겠는데.	I don't ____ it.	0107
06	뻥이지?	You're ____.	0108
07	너 꾀병이지?	You're ____ it, aren't you?	0110
08	안 된다면 안 되는 줄 알아.	No ____ no.	0111
09	택도 없는 소리!	Not in a ____ years!	0113
10	포기는 절대 못 해.	I'm not a ____.	0115
11	넌 빠져.	____ out of this.	0116
12	넌 몰라도 돼.	None of your ____.	0117
13	참견 마.	____ out.	0119
14	나도.	Same ____.	0121

정답 01 tell 02 outta 03 ridiculous 04 try 05 buy 06 bluffing 07 faking 08 means
09 million 10 quitter 11 Stay 12 business 13 Butt 14 here

			○	×	복습
15	너만 그런 거 아니야.	Join the _____ .	☐	☐	0123
16	다 그래.	Get in _____ .	☐	☐	0124
17	무슨 꿍꿍이야?	What are you _____ _____ ?	☐	☐	0128
18	뭐 때문에?	What _____ ?	☐	☐	0129
19	알 게 뭐야?	Who _____ ?	☐	☐	0132
20	그러게 내가 뭐랬어?	I told you _____ .	☐	☐	0138
21	뭐라고요?	_____ again?	☐	☐	0141
22	차근차근 말해 줄래?	_____ me through it.	☐	☐	0147
23	무슨 일 있었어?	What did I _____ ?	☐	☐	0148
24	여긴 무슨 일로 왔어?	What _____ you here?	☐	☐	0149
25	상황을 계속 알려 줘.	Keep me _____ .	☐	☐	0150

맞은 개수: 25개 중 _____ 개

당신은 그동안 _____ %를 잊어버렸습니다.
틀린 문장들은 다시 한번 복습하고 넘어가세요.

정답 15 club   16 line   17 up to   18 for   19 cares   20 so   21 Come   22 Walk   23 miss
24 brings   25 posted

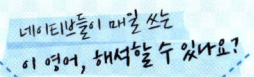

0151~0155. mp3

Crystal clear.

'알겠지?' 또는 '확실해?'에 대한 대답으로 무슨 말인지 알아들었다는 말이에요.
그냥 확실한(clear) 것도 아니고 100% 확실하다는 대답이 되는 거죠.

I get it.

'알았다.', '알겠다.', '이해했다.'는 뜻이에요. Do you get it?이라고 물으면
무슨 말인지 알겠느냐고 묻는 거죠.

I got it.

I get it.처럼 무슨 말인지 알아들었다는 뜻이기도 하고
'그렇게 할게.'처럼 OK.의 뜻으로도 씁니다. I를 빼고 그냥 Got it.이라고도 해요.

I totally understand.

totally는 '전적으로'라는 뜻인데 우리나라 10대들이 '완전'을 자주 쓰는 것처럼
미국의 젊은이들은 totally를 입에 달고 삽니다.

I'm on it.

직역하면 '그 일 위에 내가 달라붙어 있다.'는 뜻인데요.
무슨 일을 시켰을 때 '바로 달려들어 하겠다.'는 뜻으로 하는 말이에요.

0151

확실히 알아들었다고 할 때

잘 알았습니다.

0152

의미나 상황을 이해했을 때

무슨 말인지 알겠어.

0153

상대방이 한 부탁을 들어주겠다고 할 때

알았어.

0154

다~ 이해하니까 걱정도 말라고 할 때

완전 이해해.

0155

지시에 대해 알겠다고 답할 때

바로 할게요.

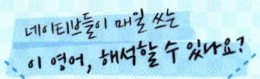

0156~0160. mp3

You're right on the money.

You're right.이라고만 해도 '당신 말이 옳다.'인데
on the money(정확한)까지 덧붙이면 exactly right(정확히 맞다)의 느낌이 강해집니다.

You've got a point there.

'네 말에 일리가 있다.'라고 동의하는 말이지만 맨 끝에 but을 붙이면서
자신의 주장을 좀 더 펴는 발언이 이어지기도 하죠.

Hear! Hear!

다른 사람 말에 박수를 치며 '옳소!', '찬성'이라고 말할 때 씁니다.
원래 Hear him! Hear him!(저 사람 말 좀 들어 봐요!)처럼 주의를 집중시키는 말이었다고 하네요.

My point exactly.

이렇게 동의하는 다른 표현으로는 That's my point. That's what I meant.
You read my mind.(당신이 내 마음을 읽었군.) 등이 있어요.

Back me up here.

back up은 '후원하다, 지원하다'라는 뜻이죠.
내 이야기에 뒤에서 맞장구를 쳐 달라, 지지해 달라는 이야깁니다.

0156

백번 지당한 말이라고 할 때

옳으신 말씀입니다.

0157

상대방의 의견을 인정할 때

그 말도 일리는 있어요.

0158

상대방의 말에 적극적으로 공감할 때

옳소!

0159

앞서 말한 사람의 말에 동의할 때

내 말이 그 말이야.

0160

호응을 안 하고 먼 산만 보는 상대방에게

맞장구 좀 쳐 줘.

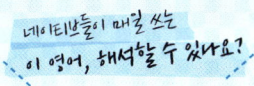

0161~0165. mp3

I doubt it.

doubt은 '의심스럽게 생각하다'라는 뜻입니다. 그래서 '난 의심이 간다.', '난 그렇게 생각하지 않는다.'는 의미가 되는 거죠.

Not even close.

맞는 말과 거리가 멀다는 거죠. 공을 찼는데 골대 근처에도 안 갔을 때, 그런 실력으로는 '넌 아직 멀었다.'고 말할 때에도 씁니다.

It's the other way around.

A가 B를 찼는데, B가 A를 찼다고 알고 있는 사람에게 '아니, 네가 알고 있는 그 반대야.'라는 뜻으로 씁니다.

That's what you think.

너나 그렇게 생각하지 남들은 안 그렇다는 말이죠. 넌 그걸 바라지만 어림없다는 뜻으로 You wish!라고도 합니다.

You missed by a mile.

1마일이면 1.6km니까 겨냥이 크게 빗나갔다는 말이죠. win by a mile이라고 하면 비교도 안 될 만큼 큰 차이로 이긴 걸 말합니다.

0161

뭐가 수상하고 의심이 갈 때

아닌 것 같은데.

0162

정답 근처에도 못 갔을 때

전혀 아니야.

0163

정반대로 알고 있는 사람에게

정반대야.

0164

상대방의 생각을 무시할 때

그건 네 생각이고.

0165

예상이나 기대치와 크게 차이 날 때

한참 빗나갔어.

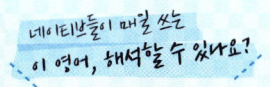

No biggies.

biggie는 구어체에서 '중요한 일'이란 뜻으로 쓰입니다.
No biggies.라고 하면 '별일 아니야.', '걱정할 것 없어.'

Any time.

'언제든 말만 해. 들어줄게.'라는 뜻이죠. Thank you.에 대한 답으로
You're welcome.만 하지 말고 Any time.도 써 보세요.

No sweat.

sweat은 '땀'이죠. 땀이 안 난다는 말은 그만큼 간단하다는 뜻도 되고
No problem.처럼 '걱정하지 마.', '괜찮아.', '됐어.' 등의 뜻으로도 쓰여요.

No harm done.

발을 밟고 미안하다는 사람에게 '괜찮다.', '손해 본 것 없다.',
'어디 다친 데도 없는데, 뭘요.' 같은 느낌으로 하는 말입니다.

Not much.

What's up?, What's going on?(어떻게 지내?) 같은 인사말에
대답으로 자주 쓰는 말입니다. 별일 없다는 거죠.

0166

마음 쓰지 말라며

별 거 아니야.

0167

언제든 또 해 주겠다는 뜻으로

천만에.

0168

어려운 일이 아니라는 뜻으로

괜찮아.

0169

이상 없고 무사하다는 걸 전할 때

다친 데는 없어요.

0170

이렇다 할 건수가 없다는 말

별일 없어.

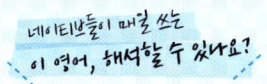

0171~0175. mp3

Not bad.

'나쁘지 않다.'라는 말이니까 '그럭저럭 괜찮다.' 정도로 해석합니다.
'제법인데.', '괜찮네.' 정도 느낌이지만 Excellent.까지 갈 길은 먼 거죠.

Fair enough.

제안이나 설명을 듣고 괜찮다고 동의하는 말이기도 하고,
말을 듣고 보니 일리가 있다며 수긍하는 표현이기도 합니다.

I can live with that.

live with는 '~와 함께 살다, ~를 감수하다'라는 뜻입니다.
'그 정도는 참을 만하겠네.'라며 기꺼이 받아들일 때 씁니다.

That'll do.

'그거면 됐어.', '그 정도면 적당할 거야.'라는 뜻이지만
상황에 따라, 그 정도면 충분하니 그만하라는 뜻으로도 쓰입니다.

Anything goes.

뭘 하든 상관없다고 말할 때 써요. "내가 한턱낼 테니
먹고 싶은 거 다 시켜. 짜장면, 탕수육, 팔보채⋯ Anything goes."

0171

훌륭하지도 않지만 형편없지도 않을 때

괜찮네.

0172

상대방의 말이 일리가 있어서 동의할 때

그렇다면 뭐.

0173

그 정도는 받아들일 수 있다는 뜻으로

그 정도는 괜찮아.

0174

그 정도면 충분하다고 할 때

그거면 돼.

0175

뭐든지 해도 괜찮을 때

다 돼.

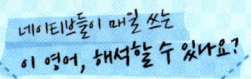

0176
Beats me.

앞에 It이 생략돼 있어서 직역하면 '그게 나를 때리다.' 혹은 '나를 이기다.'가 될 텐데 '나도 모르겠는데.'라는 뜻입니다. 구어체에서 자주 쓰는 표현이에요.

0177
You lost me.

네가 날 잃어버렸다?, 난 너 때문에 길을 잃었다? 누군가의 얘기를 듣다가 어느 순간 뭔 소린지 감을 못 잡을 때 이렇게 말합니다.

0178
You got me there!

'너한테 잡혔네.'처럼 보이지만 전혀 모르겠다는 말입니다. 네 주장에는 이기지 못하겠다는 뜻으로 쓰기도 해요.

0179
Your guess is as good as mine.

as good as는 '~나 다름없다, 마찬가지다'라는 뜻이에요. 네 추측이나 내 추측이나 마찬가지다, 즉 너나 나나 모르긴 마찬가지라는 거예요.

0180
No clue.

여기서 clue는 '단서, 실마리'예요. I have no clue/idea.도 같은 뜻입니다. I haven't got a clue.라고도 해요.

0176

전혀 모르겠거나 금시초문일 때

난들 아나?

0177

상대방이 하는 말이 이해가 안 갈 때

무슨 말인지 모르겠다.

0178

상대방의 질문에 대해 정답을 모를 때

나야 모르지.

0179

나 또한 너만큼 모른다는 말

모르기는 나도 마찬가지야.

0180

뭔지 전혀 감이 안 올 때

전혀 모르겠어.

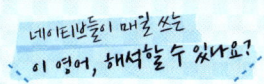

0181~0185. mp3

No wonder!

wonder는 '놀랄 만한 것, 이상한 것'이라는 뜻이잖아요. No wonder she's upset.처럼
no wonder 뒤에 문장을 이어 '어쩐지 화가 났다 했어.'라고 해석합니다.

That explains it.

그 말을 듣고 보니 이제까지의 일들이 다 설명이 된다는 뜻이죠.
생각해 보니까 앞뒤가 딱딱 맞는다고 할 때 씁니다.

I'm not surprised.

그 얘기를 들었어도 '놀랍지 않다'는 건
'놀랄 일이 아니다.', '무리도 아니다.'라는 뜻이겠죠.

It all makes sense now.

make sense는 '이해가 되다, 이치에 맞다'라는 뜻입니다.
그 말을 듣고 보니 이제야 모든 게 이해가 된다는 말이에요.

It figures.

figure가 동사일 때는 '생각하다, 판단하다'란 뜻이 있는데 It figures.라고 하면
'놀랄 일도 아니네.', '뭐, 그렇군. 당연하지.' 정도의 반응입니다.

0181

전혀 놀랄 일이 아닐 때

어쩐지!

0182

미스터리가 풀렸을 때

그래서 그랬구나.

0183

그런다 해도 무리가 아니라고 할 때

놀랍지도 않아.

0184

뭔가 미심쩍었던 부분이 풀렸을 때

이제야 말이 되네.

0185

예상 가능한 답변이 나왔을 때

그렇겠지.

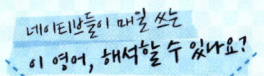

0186~0190. mp3

0186

That's funny.

funny는 '웃기는' 말고 '이상한, 수상한'이란 뜻으로도 많이 씁니다.
기분이 께름칙하고 이상할 때는 weird, 낯설고 이상할 때는 strange를 쓰고요.

0187

It doesn't add up.

add는 '더하다, 보태다'라는 의미인데, 다 보태 보니까
뭔가 앞뒤가 안 맞고 이해가 안 갈 때 이렇게 말해요.

0188

Something's not right.

콕 집어 말할 수는 없지만 '뭔가 잘못됐다.'라고 할 때 쓸 수 있죠.
Something's wrong.이라고도 해요.

0189

You're acting weird.

오늘따라 안 하던 짓을 하며 이상하게 구는 사람에게 하는 말입니다.
Why are you being so weird?라고도 해요.

0190

I'm not myself today.

'내가 생각해도 오늘 나 너무 이상해.',
'정신을 어디 빼놓고 온 것 같네.'라고 할 때 자주 써요.

0186

수상쩍고 의심스러울 때

이상하네.

0187

고개를 갸우뚱하면서

앞뒤가 안 맞잖아.

0188

뭔가 이상하다는 생각이 들 때

뭔가 잘못됐어.

0189

친구가 생전 안 하던 짓을 할 때

너 오늘 이상하다.

0190

어이없는 실수를 많이 한 날에

오늘 내 정신이 아니네.

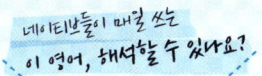

0191~0195. mp3

Go easy on him.

go easy는 '서두르지 않고 태평하게 하다'라는 말인데, on 뒤에 사람이 오면 '~에게 너무 심하게 그러지 마라' 담배, 커피, 술 등이 오면 '~ 좀 적당히 해라'라는 뜻이 됩니다.

Don't be so hard on me.

〈be hard on 사람〉은 '~를 심하게 대하다, 나무라다, 매정하게 굴다'라는 뜻이에요. go easy on과 반대되는 표현이네요.

Cut me some slack.

slack은 '느슨한 부분'인데 〈cut 누구 some slack〉이라고 하면 '~에게 기회를 주다, 여유를 주다'라는 뜻이 돼요. 딱딱하게 자로 잰 듯 그러지 말고 느슨하게 해 달라는 거죠.

Have a little faith in me.

have a faith는 '믿음이 있다'예요. '오빠 한번 믿어 봐~' 하는 노래 가사를 영어로 하면 이렇게 될 것 같네요.

You can't blame yourself.

blame oneself는 자기를 탓하는 거니까 '자책하다'란 표현이에요. You can't blame me for that.이라고 하면 내 탓으로 돌리지 말아 달라는 게 되고요.

0191

상대방이 누군가를 너무 심하게 몰아붙일 때

너무 그러지 마.

0192

심하게 대하지 말아 달라고 할 때

나 좀 구박하지 마.

0193

너무 그러지 말고 봐달라거나 이해해 달라고 할 때

사정 좀 봐줘요.

0194

사람을 좀 믿어 달라고 할 때

날 좀 믿어 봐.

0195

네 잘못이 아니라고 말할 때

자책하지 마.

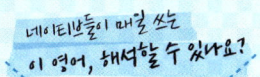

Every cloud has a silver lining.

모든 구름에는 은빛 안감, 즉 환한 언저리가 있다는 말인데요.
지금 상황은 구름이 낀 것처럼 안 좋지만 언제든 좋은 일이 일어날 수 있다는 말이에요.

Every dog has its day.

'모든 개들도 자기들의 날이 있다.', '전성기가 있다.'라는 말이니
누구에게나 기회가 온다는 뜻입니다.

0198

Beggars can't be choosers.

구걸하는 사람이 이것저것 가리며 선택할 수 없죠. choose에 -y를 붙인 choosy는
이것저것 가리는 게 많은 거니 '까다로운, 가리는'이란 뜻으로 쓰입니다.

You only live once.

어차피 한 번 사는 인생이니 즐기라는 말입니다.
'죽기 아니면 까무러치기다'처럼 어떤 일에 덤벼들면서도 쓸 수 있는 표현입니다.

0200

I've got bigger fish to fry.

직역하면 '난 튀겨야 할 더 큰 생선이 있다.'로
나한테는 이것보다 더 중요한 일이 있다는 뜻으로 하는 말이죠.

네티즌들이 매일 쓰는
이 말, 영어로 말할 수 있나요?

0196

좋은 일이 있을 것이라는 뜻으로

하늘이 무너져도 솟아날 구멍은 있다.

0197

쨍하고 해 뜰 날이 찾아올 거라고 할 때

쥐구멍에도 볕 들 날 있다.

0198

선택의 여지가 없다는 뜻으로

찬밥 더운밥 가리랴.

0199

번지 점프에서 뛰어내리기 전에 하는 말

한 번 죽지 두 번 죽나.

0200

지금 이게 문제가 아니라는 말

내 코가 석 자다.

망각방지 장치 1

하루만 지나도 학습한 내용의 50%는 잊어버립니다. 여러분은 몇 퍼센트나 잊어버렸을까요? 5분 안에 25개를 말해 보세요.

			○	×	복습
01	잘 알았습니다.	clear.	☐	☐	0151
02	알았어.	I ___ it.	☐	☐	0153
03	바로 할게요.	I'm ___ it.	☐	☐	0155
04	옳으신 말씀입니다.	You're right on the ___.	☐	☐	0156
05	옳소!	___! ___!	☐	☐	0158
06	내 말이 그 말이야.	My ___ exactly.	☐	☐	0159
07	맞장구 좀 쳐 줘.	___ me up here.	☐	☐	0160
08	아닌 것 같은데.	I ___ it.	☐	☐	0161
09	전혀 아니야.	Not even ___.	☐	☐	0162
10	한참 빗나갔어.	You missed by a ___.	☐	☐	0165
11	별 거 아니야.	No ___.	☐	☐	0166
12	괜찮아.	No ___.	☐	☐	0168
13	괜찮네.	Not ___.	☐	☐	0171
14	다 돼.	Anything ___.	☐	☐	0175

정답 01 Crystal 02 got 03 on 04 money 05 Hear, Hear 06 point 07 Back 08 doubt
09 close 10 mile 11 biggies 12 sweat 13 bad 14 goes

		○ × 복습
15 난들 아나?	_____ me.	☐ ☐ 0176
16 무슨 말인지 모르겠다.	You _____ me.	☐ ☐ 0177
17 어쩐지!	No _____ !	☐ ☐ 0181
18 이제야 말이 되네.	It all _____ _____ now.	☐ ☐ 0184
19 그렇겠지.	It _____ .	☐ ☐ 0185
20 앞뒤가 안 맞잖아.	It doesn't _____ up.	☐ ☐ 0187
21 너 오늘 이상하다.	You're acting _____ .	☐ ☐ 0189
22 오늘 내 정신이 아니네.	I'm not _____ today.	☐ ☐ 0190
23 사정 좀 봐줘요.	Cut me some _____ .	☐ ☐ 0193
24 자책하지 마.	You can't _____ yourself.	☐ ☐ 0195
25 내 코가 석 자다.	I've got bigger _____ to _____ .	☐ ☐ 0200

맞은 개수: 25개 중 _____ 개

당신은 그동안 _____ %를 잊어버렸습니다.

틀린 문장들은 다시 한번 복습하고 넘어가세요.

정답 15 Beats 16 lost 17 wonder 18 makes sense 19 figures 20 add 21 weird 22 myself
23 slack 24 blame 25 fish, fry

망각방지 장치 2

일주일이 지나면 학습한 내용의 70%를 잊어버립니다. 여러분은 몇 퍼센트나 잊어버렸을까요? 대화문으로 확인해 보세요.

011 복권 당첨된 걸 알았을 때

conversation 011.mp3

A 그거 알아? 0053 I won the lottery!

B 웃기지 마. 0104 And there's a Ferrari in our garage.

A No, really. You see these numbers? I won!

B 말도 안 돼! 0103 You really won!

A Yes. Now we can buy our dream house.

B Yay!

Words lottery 복권 Ferrari 페라리(이탈리아 고급 스포츠카) garage 차고

012 엄마가 딸의 쇼핑 부추김을 피할 때

conversation 012.mp3

A Mom, you should totally buy this perfume. It's perfect for you.

B Ha ha, 안 속아. 0106 Once I buy it, you're going to borrow it all the time, right?

A Just try this sample. Smells so gorgeous.

B No, thank you.

A It's 50% off. That's a good buy.

B 안 된다면 안 되는 줄 알아. 0111

Words perfect for ~에 안성맞춤인 good buy 싸게 잘 산 물건

111

011

A   **You know what?** 0053 나 복권에 당첨됐어!

B   **Yeah, right.** 0104 그럼 우리 차고 안에 페라리도 있겠네.

A   아니, 진짜야. 이 번호 보여? 내가 됐다니까!

B   **Get outta here!** 0103 정말 당첨됐구나!

A   응. 이제 우리가 꿈에 그리던 집을 살 수 있어.

B   만세!

012

A   엄마, 이 향수는 정말 꼭 사야 해. 엄마한테 딱이야.

B   하하, **nice try.** 0106 엄마가 사면 네가 만날 빌려다가 쓰려고?

A   이 샘플 좀 뿌려 봐. 향이 아주 멋져.

B   됐거든.

A   50% 할인이야. 잘 사는 거지.

B   **No means no.** 0111

013 남고생들이 나름 센 척할 때

conversation 013.mp3

A   What happened to your eye?

B   넌 몰라도 돼. 0117

A   It's all black and blue.

B   그래서 어쩌라고? 0131

A   I have some ointment that will…

B   Go away!

Words black and blue (얻어맞아) 검푸르게 된, 멍이 든   ointment 연고

014 여자들끼리 딴 친구 결혼 소문 얘기할 때

conversation 014.mp3

A   Guess what I heard.

B   What?

A   Emily is getting married.

B   알 게 뭐야? 0132

A   You know what else? Her fiancé is a lawyer.

B   그러거나 말거나. 0133

Words fiancé 약혼자

013

A　　너 눈이 왜 그래?

B　　**None of your business.** 0117

A　　시퍼렇게 멍이 들었잖아.

B　　**So what?** 0131

A　　나한테 연고가 있는데…

B　　저리 가!

014

A　　내가 무슨 소리를 들은 줄 알아?

B　　뭔데?

A　　에밀리가 결혼한대.

B　　**Who cares?** 0132

A　　또 있어. 약혼자가 변호사래.

B　　**Whatever.** 0133

015 친구가 애인한테 차였다고 털어놓을 때   conversation 015.mp3

A 무슨 일이야? 0146

B I got dumped.

A 그럴 줄 알았어. 0136

B What? What makes you say that?

A Well, you sent a Valentine's card with your ex's name on it. What did you expect?

B Yeah, you're right.

Words dumped 실연당한   ex 전 애인

016 이름 때문에 오해 받을 때   conversation 016.mp3

A 여긴 무슨 일로 오셨나요? 0149

B I'm here to see Moon.

A 뭐라고요? 0141

B Sorry, I meant Mr. Moon.

A I see. And you are?

B I'm Sun. James Sun.

Words I'm here to... ~하려고 왔습니다

115

015

A   **What's up?** 0146

B   나 차였어.

A   **I knew it.** 0136

B   뭐라고? 왜 그렇게 말해?

A   음, 발렌타인데이 카드에 네 전 애인 이름을 써서 보냈잖아. 뭘 기대한 거야?

B   아, 맞다.

016

A   **What brings you here?** 0149

B   문을 만나러 왔어요.

A   **Come again?** 0141

B   죄송해요. 문 선생님이요.

A   그렇군요. 그런데 누구시죠?

B   저는 선이라고 해요. 제임스 선.

017 반지를 잃어버리고 경찰에 신고할 때 conversation 017.mp3

A　I must find this ring.

B　Was it special to you?

A　It was my mom's. She gave it to me right before she passed away.

B　무슨 말인지 알겠어요. 0152

A　Please, find that ring for me.

B　완전 이해해요. 0154 I'll do my best, ma'am.

Words pass away 돌아가시다

018 갑자기 소개팅에 목맬 때 conversation 018.mp3

A　I can't set you up with him.

B　Why not?

A　He snores.

B　그 정도는 괜찮아. 0173 I snore too.

A　Besides, he's going bald and he swears a lot.

B　너 오늘 이상하다. 0189 What is it really?

Words bald 대머리의, 머리가 벗겨진　snore 코를 골다　swear 욕하다, 맹세하다

017

A   전 이 반지를 꼭 찾아야 해요.

B   특별한 반지였나요?

A   제 어머니 반지였어요. 돌아가시기 직전에 제게 주셨죠.

B   **I get it.** 0152

A   제발 반지를 찾아 주세요.

B   **I totally understand.** 0154 최선을 다할게요.

018

A   그 남자는 소개 못 시켜 주겠다.

B   왜?

A   코를 골거든.

B   **I can live with that.** 0173 나도 코 고는데.

A   게다가, 머리도 벗겨지고 욕도 많이 해.

B   **You're acting weird.** 0189 진짜 왜 그러는 거야?

019 약속 펑크 낸 친구가 애인과 헤어진 걸 알았을 때

conversation 019.mp3

A   Danny's not coming.

B   Why not? He never misses a football game.

A   He broke up with Nancy.

B   Oh, 그래서 그랬구나. 0182 Why did they break up?

A   난들 아나? 0176

B   What a shame. I always thought they looked good together.

Words break up with ~와 결별하다

---

020 남친이 차를 직접 수리하겠다고 덤빌 때

conversation 020.mp3

A   You want to fix this car by yourself? Just to save money?

B   Yeah, it's a no brainer.

A   놀랍지도 않다, 0183 you cheapskate.

B   Don't worry. I'm a good mechanic.

A   Don't set my car on fire or anything, okay?

B   Hey, 나한테 맡겨. 0082

Words by oneself 혼자, 다른 사람 없이   cheapskate 구두쇠   mechanic (차량) 정비공

019

A 대니는 안 온대.

B 왜? 풋볼 경기는 꼭 보는 앤데.

A 낸시랑 헤어졌대.

B 아, **that explains it.** 0182 왜 헤어졌대?

A **Beats me.** 0176

B 안됐네. 늘 둘이 잘 어울린다고 생각했는데.

020

A 차를 직접 고치겠다고? 단지 돈을 아끼려고?

B 응, 그 정도는 껌이야.

A **I'm not surprised,** 0183 이 구두쇠야.

B 걱정하지 마. 나 차 잘 고쳐.

A 내 차에 불나게 하거나 하면 안 돼. 알았지?

B 야, **you can count on me.** 0082

Part 3

네이티브가 친구끼리 막말할 때 쓰는 표현 100

Part 3 전체 듣기

우리도 친구끼리는 말도 한결 짧아지고, 표현도 거칠어지곤 하죠? 너 짱이다!, 배 째, 누굴 바보로 아나?, 왕짜증이야, 너 미쳤어?, 나 완전히 새 됐어, 철 좀 들어라, 나잇값 좀 해, 꺼져!, 한번 붙어 볼래?처럼요. 이번 파트에서는 허물없는 친구들끼리 편하게 쓸 수 있는 표현들을 담았습니다. 좀 거칠거나 속어 느낌 나는 표현들은 이해해 줄 만한 친구에게만 써먹으세요.

01 짱이다 02 어라? 03 그건 껌이지 04 꿈 깨! 05 마음대로 하셔 06 됐어 07 날 뭘로 보고 08 그만해 09 짜증나 10 왜 그래? 11 미쳤어? 12 내가 어떻게 알아? 13 망했다 14 철 좀 들어 15 한판 붙자 16 잘났어 17 비켜 18 입 다물어 19 꺼져 20 속담

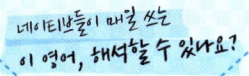

0201~0205. mp3

 0201

You rule!

rule은 동사로 '통치하다, 다스리다'이지만
구어체에서 OOO rules!라고 할 때는 'OOO가 짱이다!'라는 뜻이에요.

 0202

You're the best boss ever.

최상급 표현 끝에 ever를 붙이면 '세상에서 최고'라는 느낌을 줍니다.
the best boss ever란 세상 모든 사장님 중에서 최고라는 말이죠.

0203

Nothing beats beer with chicken.

beat은 '이기다'죠. Nothing beats ~는 '아무것도 ~는 못 이겨'죠.
뭐니 뭐니 해도 치맥이 최고라는 얘기죠.

0204

There's no place like home.

누가 뭐라고 해도 역시 집이 최고죠. 'A만 한 B 없다.'라고 할 때
There's no B like A.라는 패턴을 알아 두세요.

0205

You're the king of PowerPoint.

be good at도 좋지만 the king of라고 하면 더 생생한 느낌을 줍니다.
the king of typos(오타 대마왕)처럼 장난스러운 표현이니 격식 있는 자리에서는 피하세요.

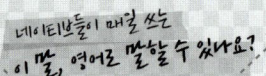

0201
네가 갑이라는 뜻으로
너 짱이다.

0202
사장님에게 아부할 때
사장님이 최고예요.

0203
비할 바가 못 된다는 말
치맥보다 더 좋은 건 없어.

0204
집이 제일 좋다고 할 때
집만 한 곳이 없지.

0205
'~의 황제'라고 추켜세울 때
파워포인트는 네가 갑이지.

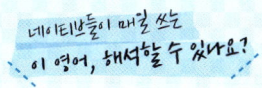

0206
What do you know!

깜짝 놀랐을 때 감탄사처럼 하는 말입니다.
'별일 다 봤네!', '이럴 줄 몰랐네' 하는 느낌이에요.

0207
I'll be damned!

직역하면 '난 저주받을 거야'라는 무시무시한 뜻이 됩니다.
하지만 '이런! 놀라운데?' 정도의 뜻으로 미국인들이 많이 쓰는 표현이랍니다.

0208
Oh, shoot!

'이런! 젠장 빌어먹을!'처럼 내뱉는 말 중에 Shit!이 있죠.
shit은 함부로 쓸 수 없는 표현이라 대신 shoot으로 순화시켜 쓰기도 합니다.

0209
What the heck.

원래 hell이라고도 하지만 순화해서 heck으로도 씁니다.
잠깐 고민하다가 '에라, 모르겠다, 아무러면 어때?' 이럴 때 쓰는 표현이에요.

0210
Did hell just freeze over?

직역하면 '방금 지옥이 얼어붙었나?' 불구덩이인 지옥이 얼어 버리는 건
일어나기 힘든 일이겠죠. 누가 생전 안 하던 짓을 할 때 이렇게 말해요.

0206

예기치 않은 결말을 보고

어라?

0207

놀랐을 때

뜻밖인데?

0208

아끼던 컵을 실수로 떨어뜨렸을 때

이런!

0209

될 대로 되라는 심정으로 말할 때

에라, 모르겠다.

0210

생전 안 하던 행동을 하는 사람에게

오늘 해가 서쪽에서 떴나?

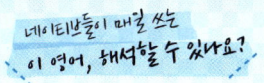

It's a no-brainer.

머리(brain)를 전혀 쓰지 않아도 되는 일이라는 겁니다.
그만큼 쉽다는 거죠.

Piece of cake.

우리말로는 '누워서 떡 먹기'라고 하죠. 영어에서는 쉽다고 할 때
'케이크 한 조각'이라고만 하면 됩니다.

That I can do.

That에 강세를 두고 말합니다.
다른 건 몰라도 그거라면 해 줄 수 있다는 말이에요.

What's the big deal?

그게 뭐 큰 문제라도 되느냐는 말이죠. 그냥 What's the deal?이라고 하면
'뭐가 문제입니까?', '어떻게 된 일입니까?'라는 뜻이에요.

You can't miss it.

길을 묻는 사람에게 설명해 준 후에 주로 덧붙이는 말이에요.
뜻은 It's easy to find.(찾기 쉽다.)이지만 영어에선 '놓칠 수 없다.'처럼 표현하죠.

0211

엄청나게 쉬운 일이라고 할 때

그 정도는 껌이지.

0212

눈 감고도 할 수 있는 간단한 일일 때

식은 죽 먹기.

0213

그 정도는 얼마든 해 줄 수 있을 때

그거라면 할 수 있지.

0214

별일 아닌 일로 호들갑 떨 때

뭐 대단한 거라고.

0215

못 보고 지나칠 리가 없다는 뜻으로

찾기 쉬워.

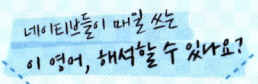

0216~0220. mp3

Dream on.

'꿈을 백번 꿔 봐라, 그렇게 되나.'라는 의미를 담고 있어요.
상대방의 말이 현실성이 없으니 꿈이나 계속 꾸라는 거죠.

In your dreams.

'그런 일은 네 꿈에서나 가능하다.', '꿈같은 얘기다.'라는 뜻으로 하는 말이에요.
마음에 들지 않는 제안을 딱 잘라 거절할 때 쓸 수 있겠죠.

0218

Don't even think about it.

거기에 대해선 생각도 하지 말라는 얘기니 '꿈도 꾸지 마.'라고 해석해요.
it 대신 동사에 -ing를 붙여 '~할 꿈도 꾸지 마.'라고 할 수 있어요.

Get real.

돈벼락을 맞겠다며 매주 복권을 사는 남편에게 '현실적이 되어라.',
'정신 차리고 현실을 좀 봐라.'라는 뜻으로 말할 수 있어요.

Wake up!

잠에서 깨어나라는 건 결국 정신 차리라는 말이에요. 뒤에 and smell the coffee를
붙이기도 합니다. 커피 냄새나 맡고 정신 차리라는 거죠.

0216

말도 안 되는 소리를 하는 친구에게

어림도 없지.

0217

가망 없는 꿈을 꾸고 있을 때

꿈같은 소리네.

0218

행여 그런 건 할 생각도 말라는 말

꿈도 꾸지 마.

0219

일확천금을 꿈꾸는 사람에게

꿈 깨라, 꿈 깨.

0220

현실을 직시하라는 뜻으로

정신 차려!

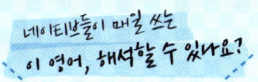

0221~0225. mp3

Suit yourself.

내 생각엔 네가 이렇게 하는 게 낫다고 생각하지만
네가 하고 싶지 않다면 '너 하고 싶은 대로 해.'라고 할 때 씁니다.

Whatever you say.

네가 뭐라고 하든 그대로 하겠다는 의지의 표현이죠.
다 들어줄 테니 뭐든 말하라는 뜻입니다.

It's your funeral.

내가 볼 때 그렇게 하면 안 될 것 같은데, '네 장례식'이라는 건
망해도 네가 망할 테니 마음대로 하라는 식으로 하는 말입니다.

Bite me.

직역하면 '날 물어뜯어.'가 되지만 '시끄러워.(Shut up.)',
'됐으니까 꺼져.(Get the hell out of here.)' 이런 느낌으로 하는 말입니다.

So sue me.

직역하면 '그럼 나를 고소해라.'인데,
'마음대로 해.', '난 몰라.', '배 째.' 이런 느낌으로 하는 말입니다.

0221

너 좋을 대로 하라고 말할 때

맘대로 하셔.

0222

상대방의 말에 무조건 따르겠다고 할 때

좋으실 대로.

0223

상대방이 자기 무덤을 파는 것으로 보일 때

망해도 네가 망하지.

0224

재수 없게 무시할 때

됐네요.

0225

'그래서 어쩔 건데?'라는 느낌으로

배 째.

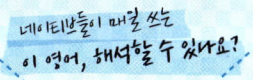

0226~0230. mp3

Don't bother.

bother는 '성가시게 하다'인데 '일부러 ~하는 수고를 하다'라는 뜻으로도 쓰여요.
뭐 그런 수고씩이나 하려고 하느냐고 비꼬는 식으로도 씁니다.

Forget it.

'별로 중요한 거 아니야, 잊어버려.'라는 말입니다. Never mind.도 비슷한 표현이에요.
Thank you.의 대답으로 '됐어.'라고 할 때도 씁니다.

Save it.

지금 하는 이야기를 그만하라는 뜻이에요.
더 들을 것도 없다는 듯 상대방 입을 막아 버리는 느낌이죠.

Cut the crap.

여기서 crap은 '허튼소리, 헛소리'의 뜻으로 쓰였어요. 허튼소리 그만하라는 말이죠.
무례한 표현이 될 수도 있으니 주의하세요.

Take it or leave it.

마지막 제안이라며 결정을 내리라고 할 때 자주 쓰는 표현이에요.
물건 값을 흥정할 때 얼마까지 줄 테니 사려면 사고 아니면 관두라는 식이죠.

네이티브들이 매일 쓰는
이 말, 영어로 말할 수 있나요?

0226

애써 하지 않아도 된다고 할 때

굳이 그럴 거 없어.

0227

별거 아니라고 할 때

됐어.

0228

상대방의 말을 더는 듣고 싶지 않을 때

그런 소린 됐고.

0229

허튼소리는 집어치우라는 말

헛소리하지 마.

0230

하려면 하고 말려면 말라고 할 때

싫으면 말고.

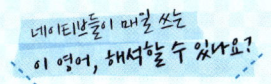

0231~0235. mp3

I wasn't born yesterday.

직역하면 '나는 어제 태어난 게 아니다.'라는 표현으로
'내가 한두 살 먹은 어린애냐?'라는 우리말과 잘 맞아떨어지네요.

Don't I know it!

당연한 건데 내가 그걸 어떻게 모르겠느냐고 따지듯 묻는 거죠.
애석해하거나 분해하면서 '안타깝지만 이미 알고 있다.'는 뉘앙스도 되고요.

Tell me something I don't know.

직역하면 '내가 모르는 것 좀 말해 봐.'인데
'새삼스럽게 그런 당연한 소리, 다 아는 얘긴 왜 하고 그래?'라는 식의 표현이에요.

What do you take me for?

take for는 '~라고 생각하다'라는 뜻입니다.
'날 어떤 사람이라고 생각하는 거야?', '날 대체 어떻게 본 거야?'라는 말이에요.

Give me some credit.

credit은 '신용, 칭찬, 인정'의 뜻이 있어요.
나도 할 만큼 했으니 인정 좀 해 달라는 말이죠.

0231

호락호락한 사람이 아니라고 말할 때

누굴 바보로 아나?

0232

이미 알고 있다는 말

그걸 누가 몰라?

0233

개나 소나 다 아는 얘길 할 때

무슨 그런 당연한 소릴.

0234

사람을 띄엄띄엄 볼 때

날 뭘로 보는 거야?

0235

자신을 인정해 달라고 할 때

나 못 믿어?

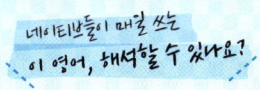

0236
For crying out loud!

짜증이나 불만이 섞인 어조로 문장의 끝에 붙이면 됩니다.
'제발!', '좀!' 이런 느낌의 표현이에요.

0237
Enough is enough!

도가 너무 지나쳤을 때 '이제 됐다.', '그쯤 해 둬라.',
'그거면 충분하다.'라는 의미입니다.

0238
Just let it go.

그냥 가도록 내버려 두라는 거니 '잊어라.', '흘려보내라.', '그쯤 해 두자.'라는 뜻입니다.
'그 얘기는 그만 좀 하자.' 또는 상황에 따라 네가 참으라는 말도 되죠.

0239
Cut it out.

결국엔 못 참고 화를 버럭 내면서 '그만 좀 하라고' 하는 말이죠.
어떤 말이나 행동을 그만하라고 할 때 쓰면 됩니다.

0240
You've gone too far.

'아무리 그래도 그건 너무 심했다, 지나쳤다,
네가 오버한 거다' 등으로 이야기할 때 쓸 수 있는 표현입니다.

0236

기가 막히고 코가 막힐 때

아, 진짜!

0237

그만큼 했으면 됐다고 할 때

인제 그만!

0238

더 이상 언급하지 말자고 할 때

그쯤 해 두지.

0239

상대방의 언짢은 말이나 행동을 멈추게 할 때

그만해.

0240

도가 지나쳤다고 이야기할 때

너무 심했어.

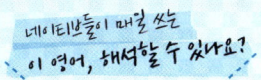

0241~0245. mp3

0241
That sucks.

~ sucks.라고 하면 '엉망이다.', '형편없다.'라는 뜻의 속어입니다.
짜증 나는 상황에서 It sucks. That sucks.처럼 표현할 수 있죠.

0242
There you go again.

입만 열면 자기 자랑인 애가 또 자기 자랑을 시작할 때
'또 시작이네, 정말 짜증 나.' 이런 느낌으로 하는 말이에요.

0243
She's a pain in the neck.

a pain in the neck은 '골칫거리, 눈엣가시, 지겹게 하는 사람' 등의 뜻이에요.
neck 대신 비속어인 ass나 butt을 넣기도 합니다.

0244
I'm sick of it.

'~라면 지겹다'는 sick of나 sick and tired of라는 표현을 씁니다.
지긋지긋하다는 감정을 담아, 얼굴을 찡그리면서 말해 보세요.

0245
I'm fed up with it.

be fed up with는 '~에 진저리가 나다'라는 뜻입니다.
상대방의 거짓말에 신물이 난다면 I'm fed up with your lies.라고 하죠.

0241
뭣 같은 상황일 때
짜증 나네.

0242
또 그러는 거냐고 짜증 낼 때
또 시작이네.

0243
불쾌하거나 짜증 나는 사람이라는 말로
왕짜증이야.

0244
뭔가에 질렸다는 걸 표현할 때
지긋지긋해.

0245
진절머리가 난다고 할 때
지겨워 죽겠어.

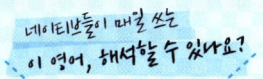

0246~0250. mp3

0246
What was that all about?

사장님이 갑자기 나타나서 별것 아닌 일에 고래고래 소리를 지르고 나가면
황당한 직원들이 '방금 그거 뭐야?', '왜 저러는 거야?'라면서 고개를 갸우뚱하죠.

0247
What took you so long?

왜 그렇게 오래 걸렸느냐는 뜻이죠. '왜 이렇게 늦었어?',
'어디서 뭐 했어?', '뭐 하다 이제 와?' 등으로 해석합니다.

0248
Cat got your tongue?

고양이가 혀를 가져갔냐는 재미있는 표현이네요. 뭔가 혼날 짓을 저지른 후
입을 꾹 다물고 있는 아이를 어른들이 혼낼 때 자주 하는 말이죠.

0249
Why the change of heart?

change of heart는 간단히 말해 '변심'이죠.
갑자기 변했다는 걸 강조하려면 change 앞에 sudden을 넣으면 돼요.

0250
What's the world coming to?

직역하면 '세상이 뭐가 되려고 이러는 거지?'입니다.
'말세다.'라는 뜻으로 It's the end of the world.라고도 할 수 있어요.

0246

무슨 상황인지 알 수 없을 때

왜 그런 거래?

0247

늦게 나타난 상대에게

뭐 하다 이제 와?

0248

말을 안 하고 입을 꾹 다물고 있을 때

왜 꿀 먹은 벙어리야?

0249

고무신을 거꾸로 신은 사람에게

왜 마음이 변했어?

0250

'세상 말세다.'라는 뜻으로

세상이 왜 이러지?

망각방지장치 1

하루만 지나도 학습한 내용의 50%는 잊어버립니다. 여러분은 몇 퍼센트나 잊어버렸을까요? 5분 안에 25개를 말해 보세요.

			〇 ✕ 복습	
01	너 짱이다.	You ____ !	☐ ☐	0201
02	치맥보다 더 좋은 건 없어.	Nothing ____ beer with chicken.	☐ ☐	0203
03	파워포인트는 네가 갑이지.	You're the ____ of PowerPoint.	☐ ☐	0205
04	그 정도는 껌이지.	It's a ____ .	☐ ☐	0211
05	뭐 대단한 거라고.	What's the ____ ?	☐ ☐	0214
06	어림도 없지.	____ on.	☐ ☐	0216
07	꿈 깨라, 꿈 깨.	Get ____ .	☐ ☐	0219
08	맘대로 하셔.	____ yourself.	☐ ☐	0221
09	망해도 네가 망하지.	It's your ____ .	☐ ☐	0223
10	됐네요.	____ me.	☐ ☐	0224
11	배 째.	So ____ me.	☐ ☐	0225
12	굳이 그럴 거 없어.	Don't ____ .	☐ ☐	0226
13	됐어.	____ it.	☐ ☐	0227
14	그런 소린 됐고.	____ it.	☐ ☐	0228

정답 01 rule 02 beats 03 king 04 no-brainer 05 big deal 06 Dream 07 real 08 Suit 09 funeral 10 Bite 11 sue 12 bother 13 Forget 14 Save

15 누굴 바보로 아나?	I wasn't _____ yesterday.		0231
16 나 못 믿어?	Give me some _____.		0235
17 아, 진짜!	For _____ out loud!		0236
18 그쯤 해 두지.	Just _____ it go.		0238
19 그만해.	_____ it out.		0239
20 또 시작이네.	There you _____ again.		0242
21 왕짜증이야.	She's a _____ in the _____.		0243
22 지긋지긋해.	I'm _____ of it.		0244
23 지겨워 죽겠어.	I'm _____ _____ with it.		0245
24 뭐 하다 이제 와?	What _____ you so long?		0247
25 왜 꿀 먹은 벙어리야?	_____ got your _____?		0248

맞은 개수: 25개 중 _____개

당신은 그동안 _____%를 잊어버렸습니다.
틀린 문장들은 다시 한번 복습하고 넘어가세요.

정답 15 born 16 credit 17 crying 18 let 19 Cut 20 go 21 pain, neck 22 sick
23 fed up 24 took 25 Cat, tongue

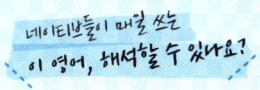

0251~0255. mp3

Are you nuts?

사람에게 미쳤다고 할 때 crazy가 대표적인 표현이지만
구어체에서는 nuts나 cuckoo도 많이 씁니다.

Are you out of your mind?

정신이 나갔다는 말은 out of one's mind를 씁니다.
제정신을 잃어버렸느냐는 식으로 Have you lost your mind?라고도 하죠.

What's gotten into you?

상대방이 생전 안 하던 행동을 하거나 이해가 안 가는 태도를 보일 때
'너 뭐에 씌었냐?', '뭐 잘못 먹었냐?'라는 의미로 이렇게 씁니다.

What do you think you're doing?

직역하면 '네가 뭘 하고 있다고 생각하니?'이지만 그냥 뭐하는지 묻는 말이 아니라
'대체 이게 무슨 짓이니? 미친 거 아니야?'처럼 꾸짖는 느낌의 표현입니다.

What the hell's the matter with you?

What is the matter?는 '무슨 일이야?'인데 what이 what the hell이 되면서
표현이 많이 험악하고 거칠어졌습니다.

0251

제정신이냐고 물을 때
너 미쳤어?

0252

정신이 나갔느냐는 말로
제정신이야?

0253

상대방이 이상한 행동을 할 때
뭐 잘못 먹었어?

0254

생각이 있는 애인지 없는 애인지 모르겠다는 표정으로
무슨 짓이야?

0255

미치지 않고서야 할 수 없는 행동을 하고 있을 때
미친 거 아니야?

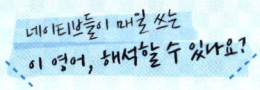

I don't know jack.

jack은 부정문에서 '전혀 ~도 아닌 것'이란 뜻의 속어 표현입니다.
I don't know jack about politics.는 정치에 대해선 전혀 모른다는 말이에요.

How should I know?

내가 그런 걸 알고 있을 리가 없고, 그걸 너도 잘 알 텐데
'나한테 왜 물어?'라고 하는 듯 살짝 까칠한 느낌이에요.

I wish I knew.

'내가 알면 너에게 말을 해 줄 텐데.', '나도 알고 싶은 마음이 굴뚝같다.'라는
뜻으로 결국은 '나도 모른다.'는 거죠.

It's all Greek to me.

분명 영어인데도 그리스어처럼 들린다니, 알아들을 수 없다는 뜻이죠.
셰익스피어의 희곡에서 줄리어스 시저가 한 대사입니다.

In English, please.

직역하면 '영어로' 말해 달라는 거지만, 상대방이 전문용어를 남발하거나
어려운 얘기를 할 때 농담 식으로 이렇게 말할 때가 많아요.

0256

문외한이라고 할 때

쥐뿔도 몰라.

0257

모르는 게 당연하다고 큰소리칠 때

내가 어떻게 알아?

0258

난들 알겠냐고 할 때

나도 알고 싶어.

0259

도대체 무슨 소린지 생소하기만 할 때

뭐가 뭔지 하나도 모르겠어.

0260

알아들을 수 있게 말하라고 할 때

쉬운 말로 좀 해 줘.

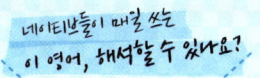

0261~0265. mp3

I blew it.

자신이 바보 같은 짓을 해서 다 날려버렸다는 뜻이에요.
시험을 망쳤을 때도 흔히 쓰는 표현입니다.

I'm screwed.

screwed는 속어로 '곤란해진 상황이다, 망했다'라는 뜻이에요.
be screwed up이라고 표현하기도 합니다.

I'm in trouble.

'문제가 생겼다.', '혼나게 생겼다.'라는 말이에요. 엄마가 심각한 얼굴로 부를 때
Am I in trouble?(나 혼나는 거야?)처럼 해맑게 묻기도 하죠.

What have I done?

혼잣말로 할 때는 '내가 뭘 한 거지?'라며 내 실수를 자책하는 말이지만 남에게 물으면
'내가 뭘 잘못했는데?', '내가 뭘 했다고 그래?'의 뜻이 될 수도 있습니다.

My bad.

문법적으로 틀린 말 같아 보이지만 구어체에서 많이 쓰입니다.
'내 실수야.', '내 잘못이야.'라는 뜻으로 It's my fault.라고도 하지요.

0261

자신의 실수로 기회를 망쳤을 때

망했다.

0262

일이 자꾸 꼬일 때

나 완전히 새 됐어.

0263

문제가 생겼을 때

큰일 났네.

0264

실수한 걸 깨닫고 혼잣말로

내가 무슨 짓을 한 거지?

0265

자신의 실수를 인정할 때

내 잘못이야.

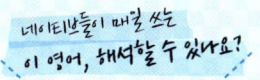

0266~0270. mp3

Grow up.

이미 다 큰 어른한테 Grow up.(어른이 되어라.)이라고 말하는 건
철 좀 들라는 말이에요.

Act your age.

뒤에 not your shoe size를 붙이기도 합니다. 신발 사이즈가 270mm라면 미국 사이즈로 9입니다.
남자 발이 커 봐야 11 정도니, 9살, 10살 또래 애들처럼 굴지 말라는 말이겠죠.

You should know better.

know better는 '분별력이 있다'는 뜻이에요. '그런 짓을 할 만큼
어리석지는 않겠지.', '그 정도 분별력은 있겠지.'라는 뜻으로 씁니다.

You're so spoiled.

spoiled는 '망친, 못쓰게 된'이란 뜻인데 사람에게 이렇게 말하면
'응석받이로 큰, 버릇없는'이라는 뜻이에요.

Don't be so immature.

immature는 mature(어른스러운)의 반대말로 '미성숙한'이란 뜻입니다.
어린애같이 군다고 해서 childish라고도 해요.

0266

상대방이 어른스럽지 못한 행동을 할 때

철 좀 들어라.

0267

나이에 맞는 행동을 하라고 할 때

나잇값 좀 해.

0268

배울 만큼 배웠고 나이도 먹을 만큼 먹었는데

그 정도는 알아야지.

0269

버르장머리가 없어 보일 때

넌 정말 제멋대로구나.

0270

초딩처럼 구는 어른에게

유치하기는.

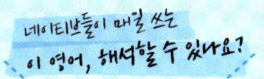

0271~0275. mp3

Take that back.

방금 한 말(that)을 다시 가져가래(take back)는 거니 취소하란 뜻이 되죠.
'그 말 취소할게.'는 I take that back.

You want a piece of me?

'나랑 한번 해보겠다는 거냐?' 이런 뜻이죠. 권투 선수처럼 폼을 잡고
'덤빌 테면 덤벼 봐.'라는 느낌으로 말하면 됩니다.

Let's see what you're made of.

'네가 뭘로 만들어져(made of) 있는지 보자.'라는 건 네 실력이 얼마나 좋은지
한번 보자며 덤빌 때 하는 말입니다. Show me what you've got.도 비슷해요.

Let's take this outside.

여기서 이러지 말고 밖에 나가서 한바탕 해보자는 거죠.
Step outside! '너 나와!'라고 큰 소리로 불러내기도 해요.

You started it!

애들끼리 싸울 때 네가 먼저 했네, 아니네 하면서 자주 나오는 말이죠.
엄마한테 '쟤가 먼저 싸움 걸었어요!' 하고 이를 때 He started it!처럼 쓰기도 하고요.

0271

말다툼하다 상대가 언짢은 말을 했을 때

그 말 취소해.

0272

한번 싸워 보자고 할 때

한번 붙어 볼래?

0273

능력을 보여 달라는 말

어디 실력 한번 보자.

0274

나가서 한 판 붙자는 말

여기서 이러지 말고 나가자.

0275

원인 제공을 한 건 너라는 뜻으로

네가 시비 걸었잖아!

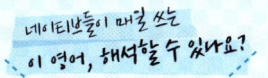

0276~0280. mp3

Who do you think you are?

직역하면 '넌 네가 누구라고 생각하니?'인데 '너 뭐야?', '네가 뭔데?', '네가 그렇게 잘났어?' 정도의 느낌으로 쓸 수 있습니다.

Don't be a wise guy.

wise guy는 '똑똑한 체하는 녀석, 건방진 놈'이란 뜻입니다. smart-ass라고도 하는데 ass가 들어가는 표현은 알아듣긴 해야겠지만 웬만하면 쓰지 않는 게 좋아요.

He's full of himself.

full of oneself는 '자기 생각만 하거나 자만하는'이라는 뜻입니다. '자신만만하다'고 할 때는 full of confidence라고 해요.

Don't flatter yourself.

flatter는 '칭찬하다, 추켜세우다'인데 flatter oneself라고 하면 자신을 칭찬하는 거니 '자만하다, 우쭐거리다'라는 뜻이 됩니다.

Look who's talking.

직역하면 '누가 말하고 있는지 봐.'가 되니까 대충 감이 오죠? '네가 그런 말을 할 처지가 되냐?'라는 말을 하고 싶을 때 사용하면 됩니다.

0276

뭘 믿고 까부는지 궁금할 때

네가 그렇게 잘났어?

0277

사사건건 아는 체하는 사람에게

잘난 척하지 마.

0278

자만에 빠진 사람이란 뜻으로

자기가 잘난 줄 알아.

0279

상대방이 너무 잘난 척할 때

자만하지 마.

0280

자기 잘못은 생각하지 않는 사람에게

사돈 남 말 하네.

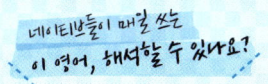

0281~0285. mp3

0281
Coming through.

사람들 사이의 비좁은 틈을 뚫고 가야 할 때
미국인들이 자주 쓰는 표현입니다.

0282
Make way!

지나가게 길을 좀 열어 달라는 뜻이죠. 누가 지나갈 테니
좀 비켜 달라고 할 때는 뒤에 〈for 누구〉를 넣으면 됩니다.

0283
Get out of my way!

공손하게 비켜 달라고 하는 표현은 아닙니다.
당신이 내 앞길을 막고 있으니 비키라는 내용이죠.

0284
Step aside.

step aside는 '옆으로 비키다, 물러서다, 자리에서 물러나다' 등의 뜻이 있어요.
누가 지나가도록 길을 비켜 달라고 할 때 Step aside.나 Let him through.라고 합니다.

0285
Could you excuse us?

Excuse me.는 '실례합니다.'인데 me 대신 us를 넣으면
얘랑 나랑 긴히 할 얘기가 있으니 '자리를 비켜 줄래?'라는 뜻으로 쓸 수 있어요.

0281

좀 지나가자고 양해를 구할 때

지나갈게요.

0282

비좁은 길을 헤쳐 나갈 때

비켜요!

0283

내 앞을 가로막고 있는 사람에게

비켜!

0284

한쪽으로 비켜 달라고 할 때

옆으로 비켜 봐.

0285

두 사람 이상이 양해를 구할 때

자리 좀 비켜 줄래요?

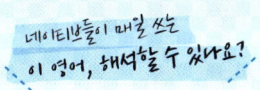

0286~0290. mp3

 0286

Give it a rest.

입에 쉴 시간을 주라는 거니 '입 다물어.', '시끄러워.', '그만해 둬.'라는 뜻이죠.
어떤 말이나 행동을 그만 좀 하라는 말입니다.

0287

Zip it.

입에 지퍼가 있다면 그 지퍼를 잠그라는 말입니다.
코르크 마개를 막으라는 표현도 있어요. Put a cork in it.

0288

Shut up and listen.

자기주장만 내세우지 말고 내 말도 들으라는 뜻입니다.
아예 입을 닫아 놓으라고 할 때 Keep your mouth shut.이라고도 해요.

0289

Say no more.

무슨 말인지 알겠으니 이제 더 말하지 말라는 의미입니다.
'알았거든?', '됐거든?' 이런 느낌이에요.

0290

Don't rub it in.

자세히 표현하면 Don't rub salt in the wound.(상처에 소금을 문지르지 마라.)입니다.
아픈 곳을 쑤시거나 염장 지르는 얘기를 자꾸 할 때 쓰죠.

0286

상대방의 말을 더 듣고 싶지 않을 때

그만 좀 해.

0287

입을 다물라는 말

시끄러워.

0288

다른 사람의 말을 들으라고 할 때

닥치고 내 말 들어.

0289

알았다고, 그만 이야기하라고 할 때

아무 말 마.

0290

민망한 얘기를 눈치 없이 자꾸 꺼낼 때

알았으니까 그만해.

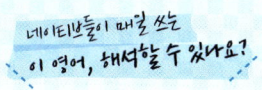

0291~0295. mp3

Get lost.

get lost는 '길을 잃다'란 뜻인데 명령문으로 쓰면 꺼지라는 말입니다.
부탁에 대한 대답이었다면 '어림도 없어.'라고 거절하는 말이겠죠.

Get out of my sight.

내 시야가 닿는 곳에서 나가 달라는 말이니까 내 눈앞에서
썩 꺼지라는 말입니다. sight 대신 face를 넣어도 비슷한 말이에요.

Get away from me.

〈get away from 누구/어디〉는 '~에게서/에서 벗어나다, 탈출하다'라는 뜻입니다.
'나한테서 떨어져.', '저리 가.'라는 말이죠.

Beat it.

팝송 제목이기도 하죠. '저리 가.', '꺼져.'란 말이에요. 비슷한 표현으로
Take a hike.도 있는데 '집에 가서 발 닦고 잠이나 자.' 같은 느낌의 과격한 표현입니다.

I'll be out of your hair.

out of one's hair는 '~에게 폐를 끼치지 않고'라는 뜻입니다.
'이제는 그만 귀찮게 할게.', '폐 그만 끼치고 사라져 줄게.'라는 말이에요.

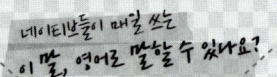

0291

내 앞에서 없어지라는 뜻으로

넌 꺼져.

0292

꼴도 보기 싫은 사람에게

알짱거리지 말고 꺼져.

0293

저 멀리 가 버리라는 말

나한테서 꺼져.

0294

사라져 버리라는 말

저리 꺼져.

0295

귀찮게 안 할 테니 걱정하지 말라는 뜻으로

내가 꺼져 줄게.

0296
Barking dogs never bite.

심하게 짖는 개나 큰 소리를 지르는 사람을 무서워하지 말라는 말입니다.
말만 험하게 하지 해치지는 않는단 거죠.

0297
Even Homer sometimes nods.

Homer는 고대 그리스의 서사시인인 호머이고, nod는 '졸다, 깜박 실수하다'입니다.
아무리 훌륭한 사람이라도 실수할 때가 있다는 말이에요.

0298
It takes two to tango.

직역하면 '탱고를 추려면 두 사람이 필요하다.'
서로 상대 잘못이라는 사람들에게 둘이 똑같다고 말해 줄 때 씁니다.

0299
Chickens come home to roost.

닭이 해가 지면 보금자리로 돌아오듯 과거에 저지른 실수나 나쁜 짓도
본인에게 고스란히 돌아온다는 뜻입니다.

0300
What goes around comes around.

지금 네가 하는 말이나 행동이 나중에
그대로 너에게 돌아올 수 있다는 말입니다.

0296

말만 험악하지 사람은 험악하지 않다고 할 때

짖는 개는 물지 않는다.

0297

누구도 언제나 잘할 순 없다고 말할 때

원숭이도 나무에서 떨어질 때가 있다.

0298

잘잘못을 서로에게 미루는 사람들에게

둘 다 잘못이다.

0299

과거에 했던 실수가 문제가 되기 시작할 때

자업자득이다.

0300

인과응보라는 뜻으로

뿌린 대로 거둔다.

망각방지 장치 1

하루만 지나도 학습한 내용의 50%는 잊어버립니다. 여러분은 몇 퍼센트나 잊어버렸을까요? 5분 안에 25개를 말해 보세요.

	한국어	영어
01	너 미쳤어?	Are you _____ ?
02	제정신이야?	Are you out of your _____ ?
03	쥐뿔도 몰라.	I don't know _____ .
04	뭐가 뭔지 하나도 모르겠어.	It's all _____ to me.
05	쉬운 말로 좀 해 줘.	In _____ , please.
06	망했다.	I _____ it.
07	나 완전히 새 됐어.	I'm _____ .
08	큰일 났네.	I'm in _____ .
09	내 잘못이야.	My _____ .
10	철 좀 들어라.	_____ up.
11	나잇값 좀 해.	Act your _____ .
12	넌 정말 제멋대로구나.	You're so _____ .
13	유치하기는.	Don't be so _____ .
14	그 말 취소해.	_____ that back.

정답 01 nuts 02 mind 03 jack 04 Greek 05 English 06 blew 07 screwed 08 trouble 09 bad 10 Grow 11 age 12 spoiled 13 immature 14 Take

			○ × 복습
15	한번 붙어 볼래?	You want a _____ of me?	0272
16	네가 시비 걸었잖아!	You _____ it!	0275
17	자기가 잘난 줄 알아.	He's _____ of himself.	0278
18	자만하지 마.	Don't _____ yourself.	0279
19	지나갈게요.	Coming _____ .	0281
20	옆으로 비켜 봐.	_____ aside.	0284
21	시끄러워.	_____ it.	0287
22	알았으니까 그만해.	Don't _____ it in.	0290
23	넌 꺼져.	Get _____ .	0291
24	저리 꺼져.	_____ it.	0294
25	내가 꺼져 줄게.	I'll be out of your _____ .	0295

맞은 개수: 25개 중 _____ 개

당신은 그동안 _____%를 잊어버렸습니다.
틀린 문장들은 다시 한번 복습하고 넘어가세요.

정답 15 piece 16 started 17 full 18 flatter 19 through 20 Step 21 Zip 22 rub 23 lost 24 Beat
25 hair

망각방지 장치 2

일주일이 지나면 학습한 내용의 70%를 잊어버립니다. 여러분은 몇 퍼센트나 잊어 버렸을까요? 대화문으로 확인해 보세요.

021 친구 책에 커피 쏟은 걸 들켰을 때

conversation 021.mp3

A   Kelly, you spilt coffee on my book, didn't you?

B   이런! 0208 How did you know it was me?

A   You always drink coffee in the morning, and yet you still look sleepy. So that means you didn't drink coffee. So probably you spilt it.

B   Wow, you sound like a real detective. 너 짱이다! 0201

A   Thank you.

B   Sorry about the book, by the way.

Words spill (액체를) 쏟다, 흘리다   detective 형사

022 이것도 하고 저것도 한다고 잘난 척할 때

conversation 022.mp3

A   Can you ride a bike with one hand?

B   그거라면 할 수 있지. 0213

A   How about standing on your hands like this?

B   식은 죽 먹기야. 0212

A   I bet you can't do this.

B   Wow, you're doing push-ups with one hand? I'm afraid I can't do that.

Words stand on one's hands 물구나무를 서다   do push-ups 팔굽혀펴기를 하다

021

- A 켈리, 네가 내 책에 커피 쏟았지?
- B **Oh, shoot!** 0208 내가 그런 거 어떻게 알았어?
- A 넌 아침에 항상 커피를 마시는데 아직 졸려 보이잖아. 그러니 커피를 안 마셨다는 뜻이고. 그러니까 아마도 커피를 쏟았을 테고.
- B 와, 너 꼭 진짜 형사 같다. **You rule!** 0201
- A 고마워.
- B 그런데, 책은 미안하게 됐어.

022

- A 너 한 손으로 자전거 탈 수 있어?
- B **That I can do.** 0213
- A 이렇게 물구나무 서는 거는?
- B **Piece of cake.** 0212
- A 설마 이건 못 하겠지.
- B 와, 한 손으로 팔굽혀펴기를 하네? 그건 못하겠다.

023 데이트에 차 좀 빌려달라고 조를 때

conversation 023.mp3

A   Can I borrow your car?

B   꿈같은 소리 하네. 0217

A   Come on. I'll drive carefully.

B   정신 차려! 0220 I don't allow anyone to drive my car.

A   I have a date tomorrow. I want to impress the girl!

B   Well, you could impress her with your bike or something.

Words impress 감동을 주다, 깊은 인상을 주다

024 돈 꿔 갈 땐 언제고 안 갚고 버틸 때

conversation 024.mp3

A   You owe me $50. When are you going to pay me back?

B   I'll give it to you tomorrow.

A   You've been saying that all week. Give it to me now.

B   I don't have any money now. 배 째. 0225

A   Okay, I'm going to tell Mom.

B   맘대로 하셔. 0221

Words pay ~ back 갚다, 돌려주다

023

A 차 좀 빌려도 돼?

B **In your dreams.** 0217

A 부탁하자. 조심해서 운전할게.

B **Wake up!** 0220 난 아무한테도 내 차는 허락 안 하거든.

A 내일 데이트가 있어. 여자애한테 감동을 주고 싶단 말이야!

B 네 자전거나 뭐 그런 걸로 감동을 주면 되겠네.

024

A 나한테 50달러 줄 거 있잖아. 언제 갚을 거야?

B 내일 줄게.

A 일주일 내내 그렇게 말했잖아. 지금 갚아.

B 지금은 돈이 하나도 없어. **So sue me.** 0225

A 알았어. 엄마한테 이를 거야.

B **Suit yourself.** 0221

025 혼자 처음 멀리 간다고 잔소리 들을 때

conversation 025.mp3

A   This is your first time in Seoul and you'll take the bus by yourself?

B   Yes, I hear it takes 4 hours.

A   Don't buy anything on the bus. I heard some stories about bad people.

B   Don't worry. 누굴 바보로 아나? 0231

A   Never leave your bag unguarded.

B   나 못 믿어? 0235 I'm not a kid any more.

Words unguarded 부주의한, 방심한

---

026 친구가 담배 끊을까? 말까? 이랬다저랬다 할 때

conversation 026.mp3

A   Should I quit smoking?

B   또 시작이네. 0242 You sound like a broken record.

A   I'm serious this time. It's not good for my health.

B   I told you a thousand times. Stop talking about quitting. Just quit it.

A   But people say you'll get fat after you quit smoking.

B   아, 진짜! 0236 just quit it.

Words sound like a broken record 같은 말을 되풀이하다

025

A   서울에 처음 가는데, 혼자 버스 타고 간다고?

B   응, 4시간 걸린대.

A   버스에서 아무것도 사지 마. 나쁜 사람들 얘기 들었어.

B   걱정하지 마. **I wasn't born yesterday.** 0231

A   가방을 부주의하게 놓고 다니지도 말고.

B   **Give me some credit.** 0235 난 더 이상 어린애가 아니라고.

026

A   나 담배 끊을까?

B   **There you go again.** 0242 대체 같은 말을 몇 번씩 하는 거야?

A   이번엔 진지해. 내 건강에 안 좋단 말이야.

B   내가 천 번은 말했겠다. 말로만 끊는 거 그만 하고, 그냥 끊어.

A   근데 담배 끊고 나면 살찐다고 하더라고.

B   **For crying out loud,** 0236 그냥 끊으라니까.

027 몸짱 되려는 친구 다이어트시킬 때

conversation 027.mp3

A   Chicken breast again?

B   Yup, it's your favorite lunch.

A   지긋지긋해. 0244

B   Don't forget that you're on a strict diet.

A   I'm begging you, can I have something else? 지겨워 죽겠어. 0245

B   Do you think it's easy to have a killer body?

Words   strict 엄격한, 엄한

028 친구 따라 동아리에 가입할 때

conversation 028.mp3

A   Can I still try out for your Drama Club?

B   왜 마음이 변했어? 0249

A   Uh... that's...

B   왜 꿀 먹은 벙어리야? 0248

A   Victoria said she'd join this club so I wanted to give it a try.

B   So you're following her?

Words   try out for (팀원, 배역 선발 등에) 지원하다

027

- A 또 닭가슴살이야?
- B 그래. 네가 좋아하는 점심 메뉴잖아.
- A **I'm sick of it.** 0244
- B 넌 엄격한 다이어트 중이란 걸 명심해.
- A 내가 이렇게 빌게, 다른 거 먹으면 안 돼? **I'm fed up with it.** 0245
- B 몸짱 되기가 쉬운 줄 알아?

028

- A 너희 드라마 클럽에 아직 지원해도 돼?
- B **Why the change of heart?** 0249
- A 음… 그건…
- B **Cat got your tongue?** 0248
- A 빅토리아가 이 클럽에 들 거라고 해서, 나도 한번 해 보려고.
- B 그럼 빅토리아를 따라하는 거야?

029 질투쟁이 남편이 떼 부릴 때

conversation 029.mp3

A   Stay away from me.

B   What do you think you're doing? Put them down.

A   I'm going to smash them.

B   너 미쳤어? 0251 You know how much I cherish them.

A   Yes, I know. I know all too well. You love these stupid dishes more than you love me.

B   뭐 잘못 먹었어? 0253 How can I love them more than you?

Words stay away from ~에서 떨어져 있다 cherish 소중히 여기다

030 시험 범위를 잘못 알아서 시험을 망쳤을 때

conversation 030.mp3

A   What's the matter?

B   The final exam. 망했어. 0261

A   I don't get it. You studied so hard.

B   It turned out I studied all the wrong pages. When I got the questions, 외국말 같고 하나도 모르겠더라. 0259

A   Wasn't it a French test?

B   You know what I mean.

Words final exam 기말고사

029

A 저리 가.

B 뭐 하는 거야? 그거 내려 놔.

A 다 깨 버릴 거야.

B **Are you nuts?** 0251 내가 얼마나 아끼는 건지 알잖아.

A 그래, 알아. 너무 잘 알지. 나보다 이런 빌어먹을 접시들을 더 사랑하지.

B **What's gotten into you?** 0253 어떻게 자기보다 접시들을 더 사랑해?

030

A 왜 그래?

B 기말고사 말이야. **I blew it.** 0261

A 이해가 안 가네. 너 공부 열심히 했잖아.

B 알고 보니 내가 엉뚱한 페이지를 공부했더라고. 시험지를 받았는데 **it was all Greek to me.** 0259

A 불어 시험 아니었어?

B 무슨 말인지 알잖아.

Words blow it 실수하다, 망치다

Part 4

네이티브가 감정·상태를 표현할 때
쓰는 표현 100

Part 4 전체 듣기

기분 좋고 흥분되고 감동스럽고 고마운 느낌부터 미안하고 우울하고 슬프고 놀랍고 안타깝고 위로하고 싶고 화나는 심정까지 우리가 느낄 수 있는 갖가지 감정이나 기분·상태를 그때그때 딱 들어맞게 나타낼 수 있는 표현들을 담았습니다. 나의 기분이 어떤지, 나의 상태가 어떤지 영어로 제대로 표현하는 방법을 이 파트를 통해 익혀 보세요.

01 고마울 때   02 미안할 때   03 기분 좋을 때   04 우울할 때   05 슬플 때   06 피곤할 때   07 부러울 때   08 놀랐을 때   09 흥분할 때   10 진정하라고 할 때   11 힘들 때   12 감동일 때   13 겁낼 때   14 안도할 때   15 안타까울 때   16 배려할 때(오해 방지)   17 위로할 때   18 격려할 때   19 화가 날 때   20 속담

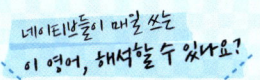

Thank you for the heads up.

heads up은 정보를 주는 건데, 특히 미리 알려 주는 걸 말해요.
Heads up!만 따로 쓰면 '조심해', '비켜'라는 뜻이에요.

I appreciate it.

그냥 Thank you.보다는 감사의 마음이 두세 배는 더 전달되는 표현입니다.
'그렇게 해 주시면 정말 고맙겠습니다.'처럼 말이죠.

I don't know how to thank you.

어떻게 감사 인사를 해야 할지 모를 때 이렇게 말하죠.
'아무리 감사해도 지나치지 않다.'라며 I can't thank you enough.라고 하기도 해요.

That means a lot to me.

'나에게 큰 의미가 있다, 소중하다'라고 할 때 mean a lot (to me),
mean the world to me 등의 표현을 씁니다.

You shouldn't have.

'~하지 말았어야 했는데'라는 뜻의 〈you shouldn't have + 과거분사〉에서
과거분사 부분이 생략됐네요.

0301

누가 위험한 상황을 미리 일러 줄 때

귀띔해 줘서 고마워.

0302

Thank you.만으로 부족할 때

고맙게 생각해요.

0303

얼마나 고마운지 모른다고 말할 때

어떻게 감사드려야 할지.

0304

큰 도움이 됐다고 할 때

큰 힘이 됐어요.

0305

'안 그러셔도 되는데' 하면서 선물을 받을 때

뭐 이런 걸 다…

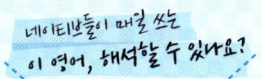

0306~0310. mp3

0306
My apologies.

apologize는 '사과하다', apology는 '사과, 사죄'입니다.
정말 죄송할 때는 A thousand apologies.라는 표현도 씁니다.

0307
Apology accepted.

Will you accept my apology?(사과를 받아 줘.), Please forgive me.(용서해 줘.)라며
상대방이 사과할 때 그 사과를 받아들인다는 말입니다.

0308
Sorry to keep you waiting.

〈keep 누구 waiting〉은 '~를 계속 기다리게 하다'라는 표현입니다.
기다리게 해서 미안하다는 거니까 앞에 sorry가 붙었죠.

0309
I'm sorry about the mess.

mess는 '지저분하고 엉망인 상태'를 말합니다.
어질러진 방을 보고 What a mess! 하면 '정말 난장판이네'라는 뜻이에요.

0310
I'm sorry to bother you.

bother는 '귀찮게 하다, 괴롭히다'라는 뜻입니다.
뒤에 but을 붙이고, '성가시게 해서 미안하지만…' 하면서 본론을 말하죠.

0306

Sorry.로 부족할 때

사과드립니다.

0307

진심으로 사과하는 친구에게

사과 받아 줄게.

0308

약속 시간에 늦었을 때

기다리게 해서 미안해.

0309

갑자기 손님을 데리고 들어가면서

집이 지저분해서 미안하네.

0310

폐 끼치는 내용을 말하기 전에

성가시게 해서 미안해.

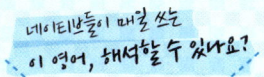

0311~0315. mp3

0311
I feel like a million bucks.

buck은 dollar의 속어 표현입니다. 얼마나 기분이 좋으면 백만 달러 같다고 표현했을까요? 몸 상태가 좋거나 기분이 최고로 좋을 때 이렇게 말하죠.

0312
I'm walking on air.

기뻐서 어쩔 줄 모르겠을 때 '공중을 걸어 다닌다'고 표현해요.
비슷한 말로 I'm on cloud nine.이라고도 합니다.

0313
You made my day.

'덕분에 오늘 기분 좋을 것 같다.'는 뜻이에요. You 없이 Make my day.라고 하면 어서 뭔가를 해서 날 기분 좋게 해 달라는 거지만, 주로 싸울 때 '덤벼.'라는 뜻으로 쓴답니다.

0314
I feel much better now.

지금은 기분이 much better, 훨씬 더 좋아졌다는 거죠.
아픈 사람한테 빨리 나으라고 할 때는 Get/Feel better soon.이라고 해요.

0315
I'm jumping up and down.

jump up and down은 말 그대로 '펄쩍펄쩍 뛰다'인데
좋아서 발을 동동 구를 때 자주 쓰는 표현이에요.

0311

기분이 아주 좋을 때

좋아 죽겠어.

0312

기분이 좋아서 붕 떠 있을 때

날아갈 것 같아.

0313

생각지도 않은 칭찬이나 선물을 받고

덕분에 기분 좋아졌어.

0314

기분이나 몸 상태가 좋아졌을 때

기분이 훨씬 나아졌어.

0315

복권에 당첨됐을 때

좋아서 팔짝팔짝 뛰겠네.

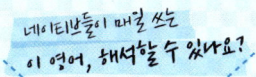

0316~0320. mp3

0316
Why the long face?

잔뜩 찌푸리고 입을 쭉 내밀고 있으면 얼굴이 더 길어지죠?
그래서 long face는 '시무룩한 표정'이에요.

0317
Why are you so depressed?

depressed는 의기소침하고 침울한 걸 말합니다.
feel blue라고 표현하기도 하죠.

0318
Today I'm feeling blue.

blue에 '우울한'이라는 뜻이 있어서 feel blue라고 하면
'기분이 별로 안 좋다, 울적하다'라는 뜻이 됩니다.

0319
I'm not in the mood.

영화 보자거나 어디 가자는 말에 이렇게 대답하기도 하고,
친구의 농담을 받아 줄 기분이 아닐 때 쓰기도 합니다.

0320
I've been down in the dumps.

down에도 '우울한'이란 뜻이 있는데, '우울, 의기소침'이란 뜻의 dumps까지 써서
의기소침하거나 저기압인 상태를 나타냅니다.

0316

상대방이 시무룩한 얼굴을 하고 있을 때

왜 울상이야?

0317

우울해하는 사람에게

왜 그렇게 풀이 죽었어?

0318

울적한 기분일 때

오늘 좀 꿀꿀하네.

0319

나는 심각한데 친구가 와서 까불 때

그럴 기분 아니야.

0320

울적한 마음일 때

요즘 저기압이었어.

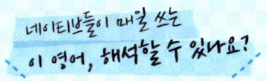

I feel like crying.

feel like -ing는 '~할 것 같다, ~ 생각난다'라는 말입니다.
feel like crying이니까 '울고 싶은 기분이다, 울 것 같다'가 된 거죠.

I cried my eyes out.

얼마나 많이 울었으면 눈이 튀어나왔다고 표현했을까요?
eyes 대신 heart를 넣으면 가슴이 터지도록 울었다는 말입니다.

I got misty-eyed.

원래 misty는 '안개가 낀'이란 뜻인데 misty-eyed라고 하면
금방이라도 눈물을 흘릴 것처럼 '눈가가 촉촉한'이라는 뜻이에요.

I burst into tears.

burst into는 '갑자기 ~을 터트리다, 내뿜다'란 뜻이에요.
뒤에 tears가 와서 '와락 울음을 터트리다'가 됐어요.

You need a shoulder to cry on?

직역하면 '기대어 울 수 있는 어깨가 필요하니?'죠.
자기가 고민을 들어 주고 위로해 주겠다는 말이에요.

네이티브들이 매일 쓰는
이 말, 영어로 말할 수 있나요?

0321

실컷 울고 싶어질 때

울고 싶다.

0322

눈이 붓도록 울었을 때

펑펑 울었어.

0323

눈가에 이슬이 맺혔을 때

눈가가 촉촉해졌어.

0324

왈칵 눈물이 나올 때

울음이 터졌어.

0325

내 어깨에 기대라는 뜻으로

어깨 빌려 줘?

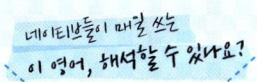

0326~0330. mp3

0326

I'm totally beat.

beat은 '지쳤다'는 뜻의 구어체 표현이에요.
피곤해 죽을 지경이라고 할 때 I'm dead beat.이라고도 합니다.

0327

I'm just exhausted.

exhausted는 '기진맥진하다, 진이 다 빠지다'라는 뜻입니다.
굳이 피곤한 정도로 순위를 매기면 exhausted > beat > tired 정도가 되겠네요.

0328

You look pretty wiped out.

wiped out은 속어로 '녹초가 된, 술 취한, 파산한' 등 다양한 뜻으로 쓰이니
피곤하다는 말을 술 취했다는 말로 오해하는 일이 없으시길.

0329

I could really use some sleep.

could use는 need와 같은 뜻으로 '필요하다'로 해석하면 됩니다.
잠이 좀 필요하다는 거니 '잠 좀 자고 싶다.'는 말이겠죠.

0330

I'd better catch some Z's.

만화책 주인공들이 잘 때 그려져 있던 ZZZ를 좀 잡겠다는 거니,
잠깐 자야겠다는 뜻이죠. I'd better는 I had better를 줄여 쓴 거예요.

0326

기진맥진 힘이 다 빠졌을 때

정말 지친다.

0327

완전히 지쳐 버렸을 때

너무 피곤해.

0328

기진맥진한 모습을 보고

넌 녹초가 된 것 같네.

0329

눈꺼풀이 자꾸 감길 때

잠 좀 자고 싶다.

0330

한숨 자야겠다고 할 때

눈 좀 붙여야겠어.

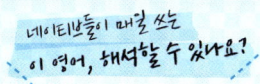

0331~0335. mp3

Lucky you.

'넌 복도 많다.', '운이 좋구나.'라는 말입니다. you를 me로 바꾸면 '내가 복이 많다.'가 되는데, 복이 지지리도 없다고 할 때 반어적으로 쓸 수도 있습니다.

I envy you.

네가 부럽다는 얘기죠. 부러워 죽을 지경일 때 be green with envy라고도 합니다. 얼마나 부러웠으면 얼굴이 초록색이 됐다고 표현했을까요?

Jealous much?

Are you very jealous?와 같은 뜻으로 미국인들이 구어체에서 많이 써요. '샘나?', '부럽지?'가 되겠죠.

You're acting like a jealous boyfriend.

애인도 아니면서 필요 이상의 반응을 보일 때 쓰는 말이겠죠. '네가 무슨 애인이라도 돼? 웬 질투?' 이런 뜻으로요.

I'm not the jealous type.

애인이 다른 남자한테 문자만 받아도 버럭 흥분하는 남자들이 jealous type이겠죠.

0331

상대방이 부러울 때

넌 좋겠다.

0332

그 사람처럼 되고 싶을 때

부럽다.

0333

질투의 시선이 느껴질 때

샘나?

0334

썸 타던 이성이 애인처럼 질투할 때

네가 내 애인이라도 돼?

0335

질투가 심한 편이 아니라는 말로

난 질투 같은 거 안 해.

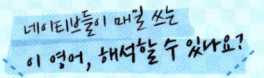

0336~0340. mp3

You scared me!

아무도 없는 줄 알았는데 누가 확 나타나서 놀랐을 때 쓰죠.
정말 깜짝 놀랐을 때는 You scared the hell out of me!

I freaked out.

freak out은 '흥분하다, 자제력을 잃다'라는 뜻이에요.
흔히 '식겁하다, 질겁하다'라고 하는 그런 느낌으로 많이 써요.

I was shocked.

shocked는 '충격을 받은, 얼떨떨한'이란 뜻인데
앞에 be동사와 함께 쓴다는 걸 잊지 마세요.

I almost fainted.

almost는 '거의', faint는 '기절하다'입니다.
〈almost + 동사의 과거형〉은 '~할 뻔했다'로 해석하면 됩니다.

It was a real eye opener.

eye opener는 '두 눈을 뜨게 해 주는 놀라운 사건이나 경험'입니다.
눈이 휘둥그레질 만한 일이었다는 거죠.

0336

누가 갑자기 나타나서 깜짝 놀랐을 때

깜짝이야!

0337

눈앞이 캄캄하고 정신이 하나도 없었을 때

식겁했잖아.

0338

어안이 벙벙했을 때

충격이었어.

0339

하늘이 노래졌을 때

기절할 뻔했어.

0340

〈세상에 이런 일이〉에 나올 법한

정말 대박이었어.

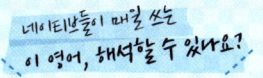

0341~0345. mp3

I really lost it.

lose it은 '자제력을 잃다, 감정에 못 이겨 폭발하다'란 뜻으로 쓰입니다.
이성을 잃고 감정적이 된다는 lose one's cool이란 표현도 있어요.

I got carried away.

흥분해서 잠시 자제력을 잃을 때 get carried away라고 합니다.
갑자기 신나서 과도하게 넋을 잃었을 때 쓰는 표현이에요.

I can't wait!

무척 기다려진다는 말을 '기다릴 수 없다.', '못 기다리겠다.'로 표현한 거예요.
I can't wait for my birthday.는 '생일이 너무 기다려진다.'가 되죠.

I've had it!

have had는 '이제 충분하다'라는 뜻이에요. I've had it up to here.라고 하며
손으로 이마 근처를 가리키기도 합니다. 화가 여기까지 올라왔으니 잘못하면 폭발한다는 거죠.

That's the last straw!

the last straw라는 표현은 짐을 잔뜩 지고 있는 낙타의 등에 지푸라기를
하나만 올려도 낙타의 등이 부러진다는 속담에서 나왔습니다.

0341

감정 조절을 못 하고 폭발했을 때
내가 이성을 잃었어.

0342

잠시 정신줄을 놓았다는 말
내가 좀 흥분했나 봐.

0343

달력에 표시해 가며 기다릴 때
너무 기대돼!

0344

'忍' 자를 열두 번 그려도 못 참을 때
더는 못 참겠다!

0345

폭발하기 직전인 사람을 건드렸을 때
이젠 못 참아!

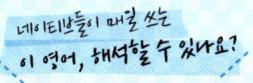

0346~0350. mp3

0346
Take it easy.

Calm down.과 마찬가지로 진정하라는 뜻이지만
Take it easy.는 헤어질 때 '잘 가.'라는 인사로도 쓰입니다.

0347
Chill out.

chill out은 속어로 '냉정해지다, 침착해지다'라는 뜻이에요.
열 받지 말고 냉정하고 느긋하게 있으라는 말이죠.

0348
Sit back and relax.

Sit tight. 하면 자세를 똑바로 하고 앉으라는 말이고,
Sit back.이라고 하면 등을 기대고 편안한 자세로 앉으란 겁니다.

0349
Lighten up.

'기분을 풀어라.', '느긋하게 있어라.'라는 뜻으로 하는 말이에요.
Relax.와 비슷하지만, 너무 심각하게 생각하지 말라는 뜻이 더 들어 있죠.

0350
Just be yourself.

Be yourself.는 '너답게 행동해.', '자연스럽게 처신해.',
'평소에 너 하던 대로 똑같이 해.'라는 말이죠.

0346
흥분을 가라앉히라고 할 때
진정해.

0347
마음 편히 갖자는 말
침착해.

0348
긴장을 풀고 쉬라고 할 때
편하게 앉아 있어.

0349
상대방이 너무 심각하거나 어깨에 힘을 잔뜩 주고 있을 때
긴장 풀어.

0350
긴장하지 말고 평소대로 하라고 할 때
그냥 하던 대로 해.

망각방지장치 1

하루만 지나도 학습한 내용의 50%는 잊어버립니다. 여러분은 몇 퍼센트나 잊어버렸을까요? 5분 안에 25개를 말해 보세요.

			O	X	복습
01	귀띔해 줘서 고마워.	Thank you for the _____ up.	☐	☐	0301
02	고맙게 생각해요.	I _____ it.	☐	☐	0302
03	사과드립니다.	My _____.	☐	☐	0306
04	사과 받아 줄게.	Apology _____.	☐	☐	0307
05	성가시게 해서 미안해.	I'm sorry to _____ you.	☐	☐	0310
06	날아갈 것 같아.	I'm walking on _____.	☐	☐	0312
07	왜 울상이야?	Why the _____?	☐	☐	0316
08	오늘 좀 꿀꿀하네.	Today I'm feeling _____.	☐	☐	0318
09	그럴 기분 아니야.	I'm not in the _____.	☐	☐	0319
10	펑펑 울었어.	I cried my _____.	☐	☐	0322
11	눈가가 촉촉해졌어.	I got _____.	☐	☐	0323
12	정말 지친다.	I'm totally _____.	☐	☐	0326
13	너무 피곤해.	I'm just _____.	☐	☐	0327
14	잠 좀 자고 싶다.	I could really _____ some sleep.	☐	☐	0329

정답 01 heads 02 appreciate 03 apologies 04 accepted 05 bother 06 air 07 long face
08 blue 09 mood 10 eyes, out 11 misty-eyed 12 beat 13 exhausted 14 use

15	넌 좋겠다.	_____ you.	0331
16	깜짝이야!	You _____ me!	0336
17	식겁했잖아.	I _____ out.	0337
18	기절할 뻔했어.	I almost _____.	0339
19	정말 대박이었어.	It was a real _____.	0340
20	내가 이성을 잃었어.	I really _____ it.	0341
21	내가 좀 흥분했나 봐.	I got _____ away.	0342
22	너무 기대돼!	I can't _____!	0343
23	이젠 못 참아!	That's the last _____!	0345
24	침착해.	_____ out.	0347
25	긴장 풀어.	_____ up.	0349

맞은 개수: 25개 중 _____ 개

당신은 그동안 _____ %를 잊어버렸습니다.
틀린 문장들은 다시 한번 복습하고 넘어가세요.

정답 15 Lucky 16 scared 17 freaked 18 fainted 19 eye opener 20 lost 21 carried 22 wait
23 straw 24 Chill 25 Lighten

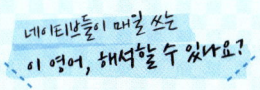

That's life.

'인생이 다 그런 거지.'라고 할 때 이 표현 외에도
프랑스어인 C'est la vie.[se la vi:]를 그대로 쓰기도 합니다.

Life sucks.

사는 것 자체가 짜증나거나 구리다는 거죠.
suck 대신 '냄새가 고약하다'는 의미로 stink를 쓰기도 해요.

Just my luck.

늘 재수가 없었던 사람이 이제는 그러려니 하면서
'또 운이 없었구나.'라고 자조적으로 말할 때 쓰는 표현입니다.

Story of my life.

앞에 That's the를 붙여도 됩니다. 불운이 겹치는 사람이
'어쩌겠어. 내 인생이 그렇지.' 하며 한탄하는 표현입니다.

Life is no bed of roses.

bed of roses는 '안락한 생활'을 의미합니다.
삶이란 결코 쉽고 즐겁고 행복하지만은 않은 것이라는 뜻이죠.

0351

인생 별거 있느냐고 할 때

사는 게 다 그렇지.

0352

되는 일이 없을 때

사는 게 뭔지.

0353

역시나 재수가 없었을 때

내 팔자지.

0354

늘 그렇듯이 일이 잘 안 풀릴 때

내 인생이 그렇지.

0355

인생이 호락호락하지 않다는 뜻으로

인생이 그런 장밋빛은 아니야.

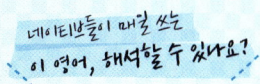

0356~0360. mp3

I'm speechless.

기가 막혀서 말이 안 나올 때나 너무 감동해서
뭐라 말해야 할지 모를 때 씁니다.

I was so moved.

move는 '감동을 주다'라는 뜻이고, 수동태로 be moved라고 하면
'감동을 했다'가 됩니다. impressed나 touched를 써도 같은 뜻이에요.

I'm impressed!

impress가 '깊은 인상을 주다'인데 I'm impressed.라고 하면
내가 깊은 인상을 받은 게 되니 '감동을 받았다.'는 뜻이에요.

Your speech was so touching.

touching은 '감동을 주는, 마음에 와 닿는'이란 뜻이에요.
연설이나 강연 등 사람들 앞에서 얘기하는 건 다 speech입니다.

Her performance blew me away.

blow away는 '날려 보내다'인데 '뿅 가게 하다'라는 뜻이 있어요.
여기서 performance는 노래나 연기, 연주, 공연 등이겠죠.

0356

말문이 막혔을 때

말이 안 나오네요.

0357

뭔가에 감동받았을 때

감동이었어.

0358

정말 멋졌다고 칭찬할 때

대단하네요!

0359

마음을 움직였다는 뜻으로

강연이 감동적이었어요.

0360

김연아의 무대를 보고 했을 법한 얘기죠

그녀의 무대에 감동받았어요.

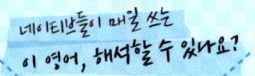

0361~0365. mp3

0361
Don't be such a crybaby.

crybaby는 '울보'나 '겁쟁이'를 말합니다.
불평불만이 심하고 우는 소리를 잘하는 사람이죠.

0362
Be a man.

'남자답게 굴어라.', '당당하게 굴어라.' 이런 뜻입니다.
아예 man을 동사처럼 써서 Man up.이라고 해도 비슷한 뜻이에요.

0363
Take it like a man.

겁나고 무서워도 남자답게 받아들이라는 말입니다.
반대로 깨갱 꼬리 내리고 도망치는 행동은 chicken out이라고 하죠.

0364
You chicken?

앞에 Are가 생략되었죠. chicken을 형용사로 쓰면 '겁쟁이인'이란 뜻이 있어요.
영화에서 보면 겁쟁이라 놀리면서 닭 소리를 내기도 하죠.

0365
Grow a pair.

'남자다움'이나 '배짱'을 표현한 단어 중에 balls가 있는데
넌 그게 없는 것 같으니 좀 기르라(?)는 뜻으로 Grow a pair (of balls).라고 해요.

0361

엄살이 심한 사람에게

우는 소리 좀 하지 마.

0362

우물쭈물하고 있는 소심남들에게

남자답게 좀 해 봐.

0363

비겁하게 도망가지 말라고 할 때

남자답게 받아들여.

0364

놀이기구를 못 타겠다는 친구에게

너 겁쟁이야?

0365

그렇게 배짱이 없어서 어쩌냐는 뜻으로

네가 그러고도 남자냐.

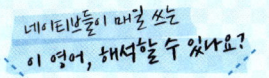

0366~0370. mp3

You're a lifesaver.

lifesaver는 '인명 구조원, 생명의 은인'입니다.
자신을 곤경에서 건져 준 사람에게 이렇게 말하죠.

That was close.

자동차 사고가 날 뻔한 직후 한숨을 내쉬면서
'아슬아슬했다.', '하마터면 큰일 날 뻔했네.'라고 말할 때 쓰는 표현입니다.

What a relief!

relief는 걱정이나 근심이 없어지는 겁니다.
'그 말을 들으니 안심이다.', '이제 한 시름 놨다.'라는 뜻이죠.

Thank god.

I thank god.(신에게 감사해.)라는 문장에서 주어 I가 생략된 겁니다.
신에게 '감사합니다.'라고 말하는 거라면 Thank you, god.이라고 했겠죠.

Saved by the bell.

종이 울려 KO를 면한 권투 선수에게 하던 말에서 유래되었습니다.
곤경에 빠지기 직전에 돌발 사건으로 아슬아슬하게 벗어난 것을 표현합니다.

0366

곤경에서 건져 준 사람에게
네가 생명의 은인이다.

0367

위기일발의 순간이 지난 후에
큰일 날 뻔했네.

0368

걱정 끝에 안도의 한숨을 쉬며
정말 다행이다!

0369

하늘이 도왔다 싶을 때
천만다행이야.

0370

간발의 차이로 위기를 벗어났을 때
간신히 살았네.

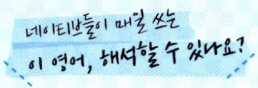

0371~0375. mp3

Bummer.

미국인들은 '안됐다.'라고 할 때 That's too bad.보다 (That's a) Bummer.를 많이 써요.
굳이 단어 뜻을 따지면 '게으름뱅이'인데 구어체에선 '실망스러운 일'이란 뜻이 되죠.

Poor thing.

우리말로 '쯧쯧, 불쌍한 것.' 이런 느낌의 말을 영어로는
Poor thing.이라고 해요. 우리말처럼 '~한 것(thing)'이 들어갔죠.

What a shame!

shame은 있는 그대로 '부끄러운 일'이라고 번역하지 않습니다.
'안됐다.', '유감이다.', '아깝다.'란 뜻이죠. That's a shame.이라고 해도 됩니다.

You're pathetic.

'안됐다'는 느낌에 '한심하다'는 느낌까지 가미된 '불쌍하다'는
영어로 pathetic을 써요.

I feel sorry for him.

불쌍하다고 해서 He's poor.라고 하면 '그 사람은 가난해.'라는 말이 됩니다.
누군가가 불쌍하다는 생각이 들 땐 〈feel sorry for 누구〉를 쓰세요.

0371

안됐다고 할 때

저런…

0372

불쌍해 죽겠다는 표정으로

가엾어라.

0373

유감을 표시할 때

안됐네.

0374

한심하고 딱해 보일 때

너도 참 한심하다.

0375

안됐다는 생각이 들 때

쟤 불쌍하다.

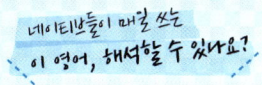

Don't get me wrong.

누구를 오해한다고 할 때 〈get 누구 wrong〉을 씁니다.
내가 이런 말을 해도 '날 오해하지는 마.'라는 뜻이죠.

No hard feelings.

분노나 원망 등 나쁜 감정은 없기를 바란다는 뜻입니다.
'내가 화가 났거나 감정이 있는 건 아니다.'라는 뜻으로 쓰기도 해요.

Nothing personal.

'개인적인 게 아니다.'라는 뜻이 아니라
'개인적인 감정이 있어서 하는 말은 아니다.'라는 뜻입니다.

No offense.

이런 말 한다고 불쾌하거나 기분 상하지 말라는 뜻으로 씁니다.
No offense but... 뒤에 진짜 하고 싶은 말을 하면 됩니다.

He means well.

걔가 잘하려다가 그런 거지, 악의가 있었던 건 아니니까
네가 이해를 하라는 뜻으로 하는 말입니다.

211

0376

상대방이 내 말을 오해한 것 같을 때

오해하지 말고 들어.

0377

나쁜 감정 갖지 말자고 할 때

언짢게 생각하지 마.

0378

기분 나쁘게 받아들이지 말라는 뜻으로

유감은 없어.

0379

상대방이 기분 나쁠 수도 있는 말을 하기 전에

기분 나쁘라고 하는 말 아니야.

0380

의도는 좋았지만 남에게 해를 끼쳤을 때

나쁜 애는 아니야.

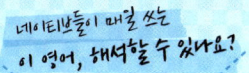

0381~0385. mp3

How are you holding up?

hold up은 '지탱하다, 견디어 내다'라는 뜻으로
'좀 어때? 참을 만해?', '잘 견디고 있어?'라는 말이 됩니다.

Look on the bright side.

처한 상황에서 밝은 면을 보려고 노력하라는 말이죠.
긍정적인 태도를 가지라는 뜻입니다.

It's better than nothing.

뭐라도 있는 게 아무것도 없는 것보단 낫다는 뜻이죠.
it 대신 something을 넣기도 해요.

No news is good news.

영어 표현도 우리말 '무소식이 희소식이다.'와 똑같네요.
무소식 no news = 희소식 good news

Time heals all wounds.

'시간이 모든 상처를 치유한다.'는 거죠. 여기서 wounds는
몸이나 마음의 상처, 슬픔, 증오, 갈등을 모두 포함합니다.

0381

힘든 상황을 겪고 있는 사람에게

좀 괜찮아?

0382

좋은 쪽으로 생각하라고 할 때

긍정적으로 생각해.

0383

아무것도 없는 것보다는 낫다는 뜻으로

그거라도 어디야.

0384

소식을 못 들어 걱정하는 사람에게

무소식이 희소식이야.

0385

시간이 지나면 다 괜찮아진다는 의미로

시간이 약이야.

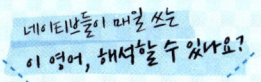

Cheer up.

'기운 내라.', '힘내라.'입니다. Keep your chin up.이라고도 해요.
고개를 푹 숙이지 말고 자신 있게 턱을 위로 들란 말이죠.

Snap out of it.

snap은 '툭 부러지다, 감정이 갑자기 폭발하다'라는 뜻이죠.
슬픔이나 우울함을 툭 털고 빠져 나오라는 뜻으로 씁니다.

Pull yourself together.

pull oneself together는 '병에서 회복되다, 정신 차리다'라는
뜻이 있습니다. 자신을 추스르고 일어나라는 뜻이죠.

Hang in there.

거기 계속 매달려 있으라는 말이니까 힘들지만 조금만 참고
'버텨라.', '견뎌라.' 하고 응원하는 표현입니다.

You're better off this way.

be better off는 '한결 낫다, 더 잘 산다'는 의미입니다. '걔랑 헤어지는 게
백번 잘한 거야.'라고 말하려면 this way 대신 without him이라고 하세요.

0386

기운 내라고 격려할 때

기운 내.

0387

어깨가 처져 있거나 우울해하는 사람에게

털고 일어나.

0388

훌훌 털어 버리고 일어나라고 할 때

기운 차려.

0389

힘든 상황에 있는 친구를 격려할 때

조금만 참아.

0390

이렇게 되길 잘했다고 위로할 때

오히려 잘됐어.

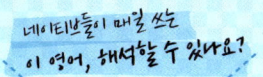

0391~0395. mp3

Don't take it out on me.

화풀이의 '화'를 it이라고 생각해서 그걸 꺼내 나한테 쏟아붓지 말라는 말입니다.
'~에게 화풀이하다'를 〈take it out on 누구〉라고 통째로 외워 버리세요.

Of all the people, why me?

of all 다음에 복수명사가 오면 '수많은 ~ 중에 하필이면'이란 말입니다.
하고 많은 사람 중에 '왜 하필 나야?'라면서 화를 버럭 내는 거죠.

Do I look that easy?

내가 그렇게 쉬워 보이냐는 거죠. easy는 '헤프다'는 뜻도 될 수 있어요.
easy는 여자에게 쓰면 비하하는 것으로 비칠 수 있으니 주의하세요.

You've got some nerve.

have a nerve라고 하면 '대담함, 뻔뻔함을 가졌다'는 거죠. have a nerve lying to me처럼
〈have a nerve -ing〉 형태로 '나한테 거짓말을 하다니 참 뻔뻔하네'라고 쓰세요.

How dare you!

dare는 '감히 ~하다'라는 뜻이에요. '이게 어디서 감히!', '내가 누군 줄 알고!',
'눈에 뵈는 게 없네!'라는 뜻으로 쓸 수 있습니다.

0391
종로에서 뺨 맞고 나한테 화풀이할 때
왜 나한테 화풀이야?

0392
다른 사람 다 놔두고 왜 나한테 그러냐는 말
왜 하필 나야?

0393
사사건건 나만 걸고넘어질 때
내가 그렇게 만만해 보여?

0394
창피한 줄 모르는 사람에게
너 참 뻔뻔하구나.

0395
하룻강아지가 범 무서운 줄 모르고 달려들 때
네가 눈에 뵈는 게 없구나?

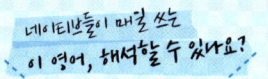

0396~0400. mp3

 0396
Laughter is the best medicine.
자주 웃는 게 정신 건강이나 신체 건강에
좋다는 뜻으로 하는 말이죠.

 0397
Once bitten, twice shy.
큰일로 놀라고 난 후 대수롭지 않은 일에도 놀랄 때 쓰는 말이에요.
shy는 '숫기 없는'이지만 여기서는 '조심하여 꺼리는'이란 뜻이에요.

 0398
Better safe than sorry.
여기서 sorry는 '후회하는'입니다.
나중에 후회하는 것보다는 미리 조심하는 게 좋다는 거죠.

 0399
Curiosity killed the cat.
직역하면 '호기심이 고양이를 죽였다.'인데
너무 많은 걸 꼬치꼬치 묻는 사람에게 이렇게 말합니다.

 0400
Still waters run deep.
말수가 적은 사람들이 겉으로 보이진 않지만 박식하거나
정열적인 성격의 소유자일 수도 있다는 뜻으로 하는 말입니다.

0396

웃는 게 건강에 좋다고 할 때

웃음이 명약이다.

0397

큰일로 놀라고 난 후 대수롭지 않은 일에도 놀랄 때

자라 보고 놀란 가슴 솥뚜껑 보고 놀란다.

0398

미리 조심하면 재난을 막을 수 있다는 뜻으로

후회하는 것보다 안전한 게 낫다.

0399

자꾸 캐묻지 말라는 뜻으로

너무 알려고 하면 다친다.

0400

조용한 사람들이 생각이 깊다고 할 때

잔잔한 물이 깊다.

망각방지 장치 1

하루만 지나도 학습한 내용의 50%는 잊어버립니다. 여러분은 몇 퍼센트나 잊어버렸을까요? 5분 안에 25개를 말해 보세요.

○ ✕ 복습

01	사는 게 다 그렇지.	That's _____.	0351
02	내 팔자지.	Just my _____.	0353
03	내 인생이 그렇지.	_____ of my life.	0354
04	감동이었어.	I was so _____.	0357
05	우는 소리 좀 하지 마.	Don't be such a _____.	0361
06	남자답게 좀 해 봐.	Be a _____.	0362
07	너 겁쟁이야?	You _____?	0364
08	네가 그러고도 남자냐.	Grow a _____.	0365
09	큰일 날 뻔했네.	That was _____.	0367
10	정말 다행이다!	What a _____!	0368
11	간신히 살았네.	Saved by the _____.	0370
12	안됐네.	What a _____!	0373
13	너도 참 한심하다.	You're _____.	0374
14	오해하지 말고 들어.	Don't get me _____.	0376

정답 01 life 02 luck 03 Story 04 moved 05 crybaby 06 man 07 chicken 08 pair 09 close
10 relief 11 bell 12 shame 13 pathetic 14 wrong

15	언짢게 생각하지 마.	No _____ feelings.	☐ ☐	0377
16	유감은 없어.	Nothing _____.	☐ ☐	0378
17	기분 나쁘라고 하는 말 아니야.	No _____.	☐ ☐	0379
18	기운 내.	_____ up.	☐ ☐	0386
19	털고 일어나.	_____ out of it.	☐ ☐	0387
20	기운 차려.	_____ yourself together.	☐ ☐	0388
21	조금만 참아.	_____ in there.	☐ ☐	0389
22	내가 그렇게 만만해 보여?	Do I look that _____?	☐ ☐	0393
23	너 참 뻔뻔하구나.	You've got some _____.	☐ ☐	0394
24	네가 눈에 뵈는게 없구나?	How _____ you!	☐ ☐	0395
25	잔잔한 물이 깊다.	_____ waters run deep.	☐ ☐	0400

맞은 개수: 25개 중 _____개

당신은 그동안 _____%를 잊어버렸습니다.
틀린 문장들은 다시 한번 복습하고 넘어가세요.

정답 15 hard 16 personal 17 offense 18 Cheer 19 Snap 20 Pull 21 Hang 22 easy
23 nerve 24 dare 25 Still

망각방지 장치 2

일주일이 지나면 학습한 내용의 70%를 잊어버립니다. 여러분은 몇 퍼센트나 잊어버렸을까요? 대화문으로 확인해 보세요.

031 친구의 귀띔 덕에 수업 시간에 안 쫓겨났을 때   conversation 031.mp3

A Did you bring your tennis shoes for the class?
B Yes. 귀띔해 줘서 고마워. 0301
A That coach is very strict.
B I know. He threw out all the students who had regular sneakers.
A I'm glad you weren't one of them.
B Thanks to you. 고맙게 생각해. 0302

Words throw ~ out ~를 내쫓다

032 옆 사람에게 커피를 쏟았을 때   conversation 032.mp3

A Oops. I'm sorry. Are you okay?
B It's a good thing that your coffee wasn't hot.
A 사과할게요. 0306 I wasn't looking.
B 사과 받아줄게요. 0307
A You need to wash up that mess.
B Where's the bathroom?

Words It's a good thing… ~해서 다행이다

223

031

A   수업 시간에 테니스화 챙겼어?

B   응, **thank you for the heads up.** 0301

A   그 코치님 아주 엄격하신 분이야.

B   알아. 그냥 운동화 가져온 학생들은 다 내쫓으셨어.

A   넌 안 쫓겨나서 다행이다.

B   네 덕분이야. **I appreciate it.** 0302

032

A   이런, 미안해요. 괜찮아요?

B   커피가 뜨겁지 않아서 다행이네요.

A   **My apologies.** 0306 못 봤어요.

B   **Apology accepted.** 0307

A   지저분해져서 닦으셔야겠어요.

B   화장실이 어디죠?

033 운동으로 살도 빼고 예뻐졌을 때   conversation 033.mp3

A   Dorothy, is that you?

B   Oh, hi, Angela. Long time no see.

A   You look wonderful. Have you been working out?

B   Yes, I lost 20 pounds and my knees don't hurt any more. 기분도 훨씬 나아졌어. 0314

A   I thought you were Miranda Kerr.

B   Thanks. 덕분에 기분 좋아졌어. 0313

034 말썽쟁이 동생 때문에 우울해할 때   conversation 034.mp3

A   왜 울상이야? 0316

B   울고 싶다. 0321

A   Why? What happened?

B   You know I finished my lego castle, right?

A   Of course. You spent the whole week to build it.

B   My little brother smashed it this morning. He even flushed some parts down the toilet.

Words   smash 박살내다   flush (변기의) 물을 내리다

033

- A   도로시, 너 맞아?
- B   어, 안녕, 앤젤라. 오랜만이네?
- A   정말 멋지다. 운동했어?
- B   응, 9킬로그램 뺐더니 이제 무릎이 안 아파. **I feel much better now.** 0314
- A   난 너 미란다 커인줄 알았잖아.
- B   고마워. **You made my day.** 0313

034

- A   **Why the long face?** 0316
- B   **I feel like crying.** 0321
- A   왜? 무슨 일이야?
- B   내가 레고 성을 완성한 거 알지?
- A   물론 알지. 일주일 꼬박 걸려서 만든 거잖아.
- B   내 동생이 오늘 아침에 그걸 박살냈어. 조각 몇 개는 변기 물에 내려 보내기도 했고.

035 개학 후 정신없는 첫 주를 보낸 후에

conversation 035.mp3

A 넌 녹초가 된 것 같네. 0328
B School started last Monday. It's been a crazy week.
A I know. The first week is always hard.
B 눈 좀 붙여야겠다. 0330
A Go ahead. I'll wake you up in 30 minutes.
B Thanks.

036 오매불망 그리던 엑소 콘서트에 가게 됐을 때

conversation 036.mp3

A I'm going to Exo's concert!
B 넌 좋겠다. 0331
A It was very difficult to get the tickets. They all sold out within minutes.
B Wow, really?
A 날아갈 것 같아. 0311
B 잘됐네! 0009

Words sell out 표가 매진되다

035

A   **You look pretty wiped out.** 0328

B   지난 월요일에 개학해서 정신없는 일주일을 보냈잖아.

A   알아. 첫 주는 늘 힘들지.

B   **I'd better catch some Z's.** 0330

A   그래, 30분 후에 깨워 줄게.

B   고마워.

Words wiped out 녹초가 된, 기진맥진한

036

A   나 엑소 콘서트 갈 거다!

B   **Lucky you!** 0331

A   표 구하기가 정말 힘들었어. 몇 분 안 돼서 매진됐거든.

B   와, 정말?

A   **I feel like a million bucks!** 0311

B   **Good for you!** 0009

037 옷 빌려다 입고 세탁소에서 찾아다 놓지도 않았을 때 conversation 037.mp3

A Emily, you took my dress again?

B The yellow one? Yeah, I really liked that dress.

A I was saving it to wear tonight.

B Why don't you wear the black dress with white stripes? Oh, no. I haven't picked it up from the cleaner's.

A Okay, that's it. 더는 못 참겠다! 0344

B 침착해, 0347 Lily. I'll find you a cool dress to wear.

Words cleaner's 세탁소

038 친구의 바이올린 연주를 듣고 감탄했을 때 conversation 038.mp3

A That was wonderful.

B Thank you.

A 대단하네. 0358 I didn't know you played the violin.

B I'm glad you enjoyed it.

A 감동이었어. 0357 Are you perhaps considering becoming a pro?

B I don't know. I'm too old, aren't I?

Words consider 고려하다

037

A   에밀리, 또 내 원피스 입었어?

B   노란 거? 응, 그 원피스 너무 맘에 들더라.

A   오늘 저녁에 입으려고 아껴 놨던 거란 말이야.

B   흰색 줄무늬가 있는 검정 원피스를 입지 그래? 아, 맞다. 세탁소에서 안 찾아왔네.

A   됐어. **I've had it!** 0344

B   **Chill out,** 0347 릴리. 네가 입을 만한 멋진 원피스를 찾아줄게.

038

A   정말 멋졌어.

B   고마워.

A   **I'm impressed.** 0358 난 네가 바이올린을 연주하는 줄 몰랐어.

B   연주가 마음에 들었다니 다행이네.

A   **I was so moved.** 0357 프로 연주자가 될 생각인 거야?

B   모르겠어. 그러기엔 나이가 너무 많지 않나?

039 차 오는 거 못 보고 길 건너려다 사고 날 뻔했을 때   conversation 039.mp3

A Look out!

B Phew, 천만다행이야. 0369

A Are you okay? 큰일 날 뻔했네. 0367

B Yes, thank you. I didn't see the car.

A It ignored the stop sign.

B I should be more careful next time.

Words ignore 무시하다 stop sign 정지 신호

---

040 룸메이트와 헤어져 독립할 때   conversation 040.mp3

A I want to move out.

B What? Why?

A 유감은 없어. 0378 It's just about time.

B I thought we were good roommates.

A 기분 나쁘라고 하는 말 아니야. 0379 Now that I got a job, I just want to have my own place.

B Well, yeah. I understand.

Words move out 이사를 나가다   it's about time ~ ~을 해야 할 때이다

231

039

A   조심해!

B   휴우, **thank god.** 0369

A   괜찮아? **That was close.** 0367

B   그래, 고마워. 내가 차를 못 봤어.

A   차가 정지 신호를 무시했어.

B   다음번엔 더 조심해야겠어.

040

A   나 이사 나가려고.

B   뭐라고? 왜?

A   **Nothing personal.** 0378 그냥 그럴 때가 된 거야.

B   우린 좋은 룸메이트라고 생각했는데.

A   **No offense.** 0379 나도 직장을 구했으니, 나만의 공간을 갖고 싶은 것 뿐이야.

B   그래, 이해해.

Part 5

네이티브가 일상생활에서 자주 쓰는 표현 100

Part 5 전체 듣기

잘 지내?, 나중에 봐, 잘 자, 배불러라는 영어 표현은 잘 알고 있죠? 하지만 여러분이 생각하고 있는 표현과 네이티브들이 실제로 즐겨 쓰는 표현에는 차이가 있습니다. How are you?보다는 How's it going?을, Good night.보다는 Sleep tight.를, I'm full.보다는 I'm stuffed.를 즐겨 쓴답니다. 교과서식 영어도 좋지만, 네이티브들이 생활 속에서 좀 더 친숙하게 즐겨 쓰는 일상적인 표현들을 익혀 보세요.

01 만났을 때   02 오랜만일 때   03 헤어질 때   04 아침에 일어날 때   05 잠자리에 들 때   06 졸릴 때   07 배가 고플·부를 때   08 밥 먹을 때   09 화장실 관련   10 깜빡했을 때   11 비밀일 때   12 부탁할 때   13 부탁 받을 때   14 권유할 때   15 거절할 때   16 찬성할 때   17 반대할 때   18 양보할 때   19 생각할 때   20 속담

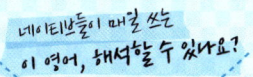

0401
How's life treating you?

직역하면 '인생이 널 어떻게 대해 주고 있느냐?'가 되죠.
How's life?라고도 해요. 사는 게 어떤지, 잘 지내는지 묻는 거죠.

0402
How's it going?

잘 지내는지 물을 때 How are you?만큼 자주 씁니다.
오랜만에 보는 사이라면 How have you been?(그동안 어떻게 지냈어?)

0403
How's work?

일이 잘되는지 묻는 말이에요. 친구가 자영업을 한다면
장사가 잘되느냐는 뜻으로 How's business?라고 해도 되죠.

0404
Same old, same old.

'늘 똑같지, 뭐.', '만날 하는 일이 뭐 그렇지.'
이런 식의 대답이에요.

0405
Can't complain.

'불평할 일이 없다.', '더 바랄 게 없이 잘 지낸다.'는 말이에요.
투덜거리거나 하소연을 늘어놓을 일이 없다는 거죠.

0401
안부를 물을 때
살 만해?

0402
어떻게 지내는지 근황을 물을 때
잘 지내?

0403
회사 일은 잘하고 있느냐는 질문
일은 잘되지?

0404
늘 변함이 없다는 말
똑같지 뭐.

0405
더 바랄 나위가 없다는 뜻으로
잘 지내지.

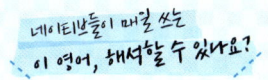

0406~0410. mp3

Look who's here!

직역하면 '여기 누가 왔나 좀 봐!'입니다.
'너 샘 맞아?'처럼 Sam, is that you?까지 덧붙이면 훨씬 반갑게 느껴지겠죠.

It's been ages!

정말 오랜만에 만났을 때 '이게 몇 년 만이니?' 하는 것처럼
영어로는 It's been ages!, It's been years!라고 말하면 돼요.

You haven't changed a bit.

a bit 이 들어가면 '요만큼도' 안 변했다는 말이고
a bit 대신 at all을 넣으면 '전혀' 안 변했다는 말입니다.

Fancy meeting you here.

생각지도 못한 사람을 생각지도 못한 장소에서 만났을 때
이렇게 말합니다.

What a small world!

'좁은 세상이다.'라고 해서 It's a small world.라고도 하죠.
small 대신 funny를 넣어서 What a funny world.라고 하기도 해요.

0406

오랜만에, 혹은 생각지도 못한 사람을 만났을 때

아니, 이게 누구야?

0407

초등학교 친구를 다 커서 만났을 때

이게 얼마 만이야?

0408

세월이 비껴갔다는 말

하나도 안 변했네.

0409

뜻밖의 장소에서 마주쳤을 때

널 여기서 만나다니!

0410

원수를 외나무다리에서 만났을 때

세상 참 좁다!

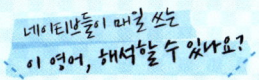

0411~0415. mp3

I should get going.

get going은 구어체로 '출발하다, 나서다'란 뜻입니다.
'그만 가 봐야겠어.', '아쉽지만 일어서야겠네.' 하는 표현이죠.

It was nice talking to you.

nice -ing는 '~하는 게 즐거웠다'는 인사로 쓰여요. It's nice to meet you.는
'만나서 반가워요.'지만 It was nice meeting you.는 '만나서 반가웠어요.'입니다.

Let's get together again soon.

get together는 '모이다, 뭉치다'로 친구끼리 뭉쳐서 놀 때도 쓰고
선남선녀가 뭉쳐 '데이트하다'란 뜻으로도 쓰죠.

Catch you later.

헤어질 때 Bye.나 See you later.만 하지 말고
Catch you later., See you around. 등 다양한 표현을 써 보세요.

I'll be in touch.

전화든 문자든 메일이든 어찌 됐든 '연락하겠다.'는 말입니다.
I'll call you.(전화할게.)처럼 구체적으로 말할 수도 있겠죠?

0411

가 봐야 할 시간이 되었을 때

슬슬 일어나야겠다.

0412

수다를 마치고 돌아설 때

얘기 즐거웠어.

0413

가까운 시일 내로 다시 한번 보자는 말

조만간 또 보자.

0414

헤어질 때 하는 인사

나중에 봐.

0415

헤어지면서 자주 하는 말

내가 연락할게.

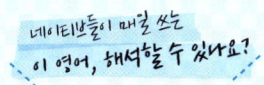

0416~0420. mp3

Rise and shine!

아직 자는 사람에게 당장 일어나라는 말이죠.
군대에서 병사들을 깨울 때 썼던 표현이라고 해요.

Wake up, sleepyhead.

head는 그 앞에 성질을 나타내는 말이 같이 올 때 '~ 사람'이란 뜻으로 쓰입니다.
sleepyhead는 잠꾸러기, redhead는 〈빨간 머리 앤〉에 나온 그 '빨간 머리'죠.

Up and at 'em.

'일어나서 공격해!'라는 말로 공격의 대상은 사람이 아니라 '해야 할 일거리'입니다.
어서 일어나서 바쁘게 움직이라는 뜻이에요.

I slept like a baby.

baby 대신 log(통나무)를 넣기도 합니다.
누가 업어 가도 모르게 잘 때 sleep like a log라고 해요.

I slept in today.

그러려고 그런 건 아닌데 늦잠을 잤을 때는 oversleep,
작정하고 일부러 늦게까지 푹 잤을 때는 sleep in을 씁니다.

0416

해가 중천에 떴으니 일어나라는 말

기상!

0417

비몽사몽 일어나지 못하는 사람에게

잠꾸러기, 일어나!

0418

할 일도 많은데 자는 사람을 깨울 때

벌떡 일어나!

0419

꼼짝 안 하고 정신없이 잤을 때

푹 잤어.

0420

날 잡아서 푹 자고 일어났을 때

오늘은 늦게까지 잤어.

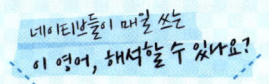

0421~0425. mp3

Why are you still up?

'잘 시간에 안 자고 깨어 있다'라는 말은 간단히 up으로 표현이 가능해요.
'시간이 몇 시인데 아직도' 안 자는지 물을 때는 still만 넣으면 되죠.

It's way past my bedtime.

'잘 시간이다.'는 It's bedtime.인데 past는 그 시간이 지났다는 뜻이죠.
way past라고 하면 지나도 한참 지났다는 말이 됩니다.

Sleep tight.

Sleep well.이라고 해도 되지만 미국인은 Sleep tight.를 많이 써요.
좋은 꿈 꾸라는 Sweet dreams.까지 덧붙여 주면 좋겠죠.

Don't let the bedbugs bite.

bedbug는 '빈대'랍니다. 직역하면 '빈대에게 물리지 마.'
Sleep tight.(잘 자.)와 함께 잘 쓰는 인사말이에요.

I need my beauty sleep.

beauty sleep은 '밤 12시 전에 자는 단잠'입니다.
'미인은 잠꾸러기니까 난 빨리 자야겠어.'처럼 표현해요.

0421

새벽까지 잠 못 이루는 사람에게

여태 안 자고 뭐 해?

0422

늦게까지 안 자고 있을 때

잘 시간을 한참 놓쳤네.

0423

잘 자라고 인사할 때

잘 자.

0424

아이에게 잘 자라고 인사할 때

잘 자라.

0425

빨리 집에 가서 자야겠다는 말

미인은 잠꾸러기라잖아.

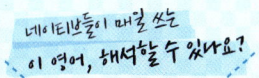

0426~0430. mp3

I pulled an all-nighter.

all-nighter는 밤새 계속되는 회의나 작업, 공부 등을 말해요.
상황에 따라 '밤새 ~를 했다'고 표현하고 싶을 때는 pull이란 동사와 함께 씁니다.

Late night?

'어제 늦게까지 놀다가 새벽에 들어갔어?'
이런 느낌의 질문인데 간단히 Late night?이라고만 하면 됩니다.

I stayed up late last night.

stay up은 '잠 안 자고 깨어 있다'라는 표현입니다.
late이 있으니 뭘 하다 늦게까지 못 잤다는 거죠. 아예 못 잤으면 stay up all night입니다.

I didn't get a wink of sleep.

wink는 아주 조금 자는 '짧은 잠'을 말합니다. I couldn't sleep a wink.라고도 해요.
낮잠처럼 잠깐 눈을 붙일 때는 have forty winks라는 표현도 씁니다.

The heat kept me up all night.

옆집 개 짖는 소리, 윗집의 쿵쿵 소리, 옆방 코 고는 소리 등으로 '밤새 한숨도 못 잤다'는 말은
~ kept me up all night이라고 합니다. 여기선 더위가 날 계속 못 자게 한 거죠.

0426

잠 안 자고 일했다고 말할 때

밤을 꼴딱 새웠어.

0427

까칠한 얼굴로 출근한 사람에게

어제 늦게 들어갔어?

0428

새벽까지 일하느라 잠을 못 잤을 때

어제 늦게까지 못 잤어.

0429

잠깐 눈도 못 붙였을 때

한숨도 못 잤어.

0430

열대야로 고생한 다음 날 아침

더워서 밤새 못 잤어.

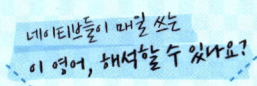

0431~0435. mp3

I'm starving.

배가 고픈 건 I'm hungry.이지만 배가 많이 고플 때는 I'm starving.이라고 해요.
'배고파 죽겠다.'라고 강조할 때는 I'm starving to death.라고도 하죠.

My stomach is growling.

growl은 동물이 으르렁거리는 소리, 천둥이 우르르 울리는 소리인데
여기선 배에서 나는 '꼬르륵' 소리죠.

I could eat a horse.

말 한 마리를 준다고 해도 너끈히 먹을 수 있겠다는 건
그만큼 배가 고프다는 이야기죠.

I'm stuffed.

stuffed는 '가득 찼다'는 뜻인데 여기선 '배가 부르다'는 의미로 쓰였어요.
더 쉬운 표현으로는 I'm full.도 있어요.

I can't eat another bite.

bite는 한입 베어 무는 거니까, 한입도 더는 못 먹겠다는 얘기예요.
같은 말이지만 이렇게 하기도 해요. I don't think I can eat another bite.

0431

굶어 죽게 생겼을 때

배고파.

0432

뱃속에서 밥 달라고 요란할 때

배에서 꼬르륵 소리가 나.

0433

뱃가죽이 등에 닿으려고 할 때

배고파 죽겠어.

0434

잔뜩 먹고 배가 부를 때

배불러.

0435

배가 터질 것 같을 때

더 못 먹겠어.

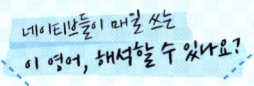

 0436

Come and get it!

음식을 해 놓고 부르면 와서 먹으란 거고
선물을 쌓아 놓고 부르면 와서 가져가란 뜻이 되죠.

 0437

Let's dig in.

Let's start eating.(먹기 시작하자.)의 구어체 표현입니다.
우아하게 수저를 드는 모습은 아니겠죠.

 0438

Bon appetit.

'맛있게 드세요.'의 프랑스어 표현이지만 영어에서도 많이 씁니다.
여행을 잘 다녀오라고 할 때는 Bon voyage.라고 해요.

 0439

Save room for dessert.

room은 여기서 '여유, 여지'란 뜻인데 디저트를 먹을 만한 공간을
위장에 남겨 두라는 뜻이죠.

 0440

She eats like a bird.

새가 모이 먹을 때처럼 깔짝거리는 모습을 얘기합니다.
반대로 돼지같이 많이 먹는다고 할 때는 pig나 hog를 넣으세요.

0436

밥 차려 놓고 부를 때

와서 밥 먹어!

0437

모두 숟가락 들고 덤비라는 말

어서 먹자.

0438

숟가락 들고 많이 하는 말

맛있게 드세요.

0439

후식 생각도 해 가면서 먹으라는 말

디저트 먹을 배는 남겨 놔.

0440

소식(小食)하는 사람을 보고

밥을 조금밖에 안 먹네.

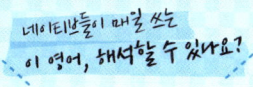

Nature calls.

'자연적인 생리 현상이 부른다'는 뜻입니다. '화장실에 가다'는 answer를 써서 answer the call of nature라고도 해요.

Can I use your bathroom?

내 집이 아닌 곳에서 화장실을 써야 할 땐 이렇게 묻습니다.
공공장소에서 화장실을 찾을 때는 Where is the restroom?

Is it number two?

number two는 '큰 것, 대변'이에요. 동사로는 do, make, go 등을 함께 씁니다.
number one은 작은 것이니 '소변'이 되겠죠.

Your fly is open.

바지에서 지퍼로 잠그는 부분을 fly라고 하는데, 이게 열려 있을 땐 Your fly is open.
이때 open 대신 undone, unzipped를 써도 됩니다.

Who farted?

fart는 '방귀를 뀌다'인데 점잖게는 pass gas라고도 해요. cut the cheese라는
재미있는 표현도 있는데 치즈를 자르면 나는 고약한 냄새 때문인 것 같네요.

0441

화장실이 급할 때

나 화장실 좀.

0442

남의 집에서 볼일이 급할 때

화장실 써도 될까요?

0443

근처에 화장실이 없는데 급하다는 친구에게

큰 거야?

0444

바지 지퍼가 열려 있을 때

남대문 열렸어.

0445

어디선가 구수한 냄새가 날 때

누가 방귀 뀌었어?

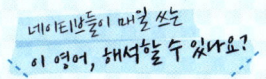

0446~0450. mp3

0446
Where are my manners?

'나 좀 봐, 손님을 계속 세워 두고.', '내 정신 좀 봐, 차도 안 내왔네.'
이런 상황에서 쓰는 말이에요. my를 your로 바꾸면 '넌 예의도 없니?'가 되죠.

0447
I totally forgot.

약속 장소에 친구가 안 와서 기다리다가 전화해 보니
'아차' 하고 집에서 전화를 받으며 친구가 하는 말이죠.

0448
It slipped my mind.

slip은 '미끄러지다'예요.
내 머릿속에서 미끄러졌으니 '깜박 잊었다.'는 뜻이죠.

0449
I forgot to set the alarm.

뭔가 하는 걸 깜빡했다고 할 때는 〈forget to + 동사〉로 말합니다.
'얘기하는 걸 깜빡했네.'라고 할 때는 I forgot to tell you.

0450
I lost track of time.

lose track of는 '~를 놓치다, ~를 잊다'예요.
뭔가에 열중하고 있다가 시간 가는 걸 깜박 잊은 거죠.

0446

'내가 예의도 없이 실수했네.'라는 느낌으로

내 정신 좀 봐.

0447

어떤 사실을 완전히 까먹었을 때

까맣게 잊었어.

0448

까맣게 잊고 있던 걸 깨달았을 때

깜빡했어.

0449

하려고 했던 걸 깜빡했을 때

알람 맞추는 걸 잊었어.

0450

시간 가는 줄 몰랐을 때

시간이 벌써 이렇게 됐네?

망각방지장치 1

하루만 지나도 학습한 내용의 50%는 잊어버립니다. 여러분은 몇 퍼센트나 잊어버렸을까요? 5분 안에 25개를 말해 보세요.

			○ × 복습
01	살 만해?	How's life _____ you?	0401
02	똑같지 뭐.	Same _____, same _____.	0404
03	잘 지내지.	Can't _____.	0405
04	이게 얼마 만이야?	It's been _____!	0407
05	널 여기서 만나다니!	_____ meeting you here.	0409
06	슬슬 일어나야겠다.	I should _____ going.	0411
07	나중에 봐.	_____ you later.	0414
08	내가 연락할게.	I'll be in _____.	0415
09	푹 잤어.	I slept like a _____.	0419
10	오늘은 늦게까지 잤어.	I slept _____ today.	0420
11	여태 안 자고 뭐 해?	Why are you still _____?	0421
12	잘 시간을 한참 놓쳤네.	It's _____ my bedtime.	0422
13	잘 자.	Sleep _____.	0423
14	밤을 꼴딱 새웠어.	I _____ an all-nighter.	0426

정답 01 treating 02 old, old 03 complain 04 ages 05 Fancy 06 get 07 Catch 08 touch
09 baby 10 in 11 up 12 way, past 13 tight 14 pulled

		○ × 복습

15 어제 늦게 들어갔어?   _____ night?   0427

16 어제 늦게까지 못 잤어.   I stayed _____ late last night.   0428

17 배고파.   I'm _____ .   0431

18 배에서 꼬르륵 소리가 나. My stomach is _____ .   0432

19 배불러.   I'm _____ .   0434

20 밥을 조금밖에 안 먹네.   She eats like a _____ .   0440

21 나 화장실 좀.   _____ calls.   0441

22 남대문 열렸어.   Your _____ is open.   0444

23 누가 방귀 뀌었어?   Who _____ ?   0445

24 내 정신 좀 봐.   Where are my _____ ?   0446

25 깜빡했어.   It _____ my mind.   0448

맞은 개수: 25개 중 _____ 개
당신은 그동안 _____ %를 잊어버렸습니다.
틀린 문장들은 다시 한번 복습하고 넘어가세요.

정답 15 Late 16 up 17 starving 18 growling 19 stuffed 20 bird 21 Nature 22 fly 23 farted
24 manners 25 slipped

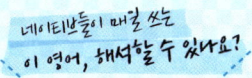

0451~0455. mp3

Don't tell a soul.

아무에게도 말하지 말라고 할 때 Don't tell anyone.이라고 해도 돼요.
soul이 여기선 '사람'이란 뜻이어서 '한 사람한테도 얘기하면 안 된다.'는 거죠.

This just stays between us.

이 얘기는 between us, 너와 나 사이에서만 알고 있자는 거죠.
너만 알고 있으라고 할 때는 Keep it to yourself.라고도 해요.

Mum's the word.

mum이 여기서는 '침묵'이란 뜻이에요.
입을 꾹 다물고 있을 때 나는 소리 '음–'에서 나온 거라네요.

My lips are sealed.

be sealed가 '봉인을 했다'니까 입단속을 단단히 했다는 거죠.
Your secret is safe with me.라고 하면 네 비밀을 안전하게 지켜 주겠다는 뜻이에요.

Who spilled the beans?

spill the beans는 '(비밀을) 무심코 말해 버리다'입니다.
let the cat out of the bag도 '비밀을 누설하다'라는 표현이에요.

0451

소문내지 말라는 말

아무한테도 말하지 마.

0452

비밀 이야기를 할 때

이건 우리끼리 비밀이야.

0453

함구하라는 말

너만 알고 있어.

0454

입에 지퍼를 채우는 시늉을 하며

입 다물고 있을게.

0455

비밀이 어디서 샜는지 찾을 때

누가 소문냈어?

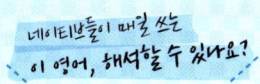

0456~0460. mp3

I need a favor.

부탁할 때 Do me a favor? 혹은 Will you do me a favor?라고도 해요.
어려운 부탁이면 a big/huge favor, 별것 아닌 간단한 부탁은 a tiny favor라고 하죠.

I'm begging you.

간절하게 빌 테니까 제발 좀 들어달라는 말이죠.
무릎까지 꿇는다면 I'm down on my knees.라고 말하기도 합니다.

Pretty please?

그냥 Please?로는 부족해서 아주 예쁘게 '해 주세요'라고 하는 모양입니다.
뒤에 with a cherry on top(위에 체리 하나 얹어서)이라고 더 예쁘게 부탁하기도 하죠.

Please don't say no.

'아니'란 말은 하지 말아 달라는 거죠. 다른 말로는 I won't take no for an answer.
'아니'라는 대답은 절대 받아들이지 않겠다는 거예요.

I owe you one.

하나 빚졌으니 나중에 꼭 갚겠다, 은혜는 잊지 않겠다는 거죠.
one 대신 big time을 넣으면 '대단히 큰 신세를 졌다.'라는 말이에요.

0456

부탁 좀 들어달라고 할 때

부탁이 있어.

0457

두 손을 모으고 애원하며

내가 이렇게 빌게.

0458

속눈썹을 깜박깜박 예쁜 척하며 부탁할 때

제발요.

0459

일생일대의 부탁을 할 때

꼭 들어줘야 해.

0460

어려운 부탁을 들어준 사람에게

신세 한 번 졌다.

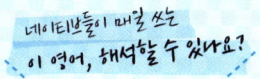

0461~0465. mp3

You name it.

여기서 name은 '이름을 대다'라는 동사로 쓰였습니다.
무슨 요구든 말만 하면 다 들어주겠다고 할 때 이렇게 쓰죠.

It depends.

'때에 따라 다르다.', '봐서 해 주겠다.'라는 말이에요.
이럴 때 상대방이 Depends on what?(뭘 봐서?)이라고 되묻기도 하죠.

I'll see what I can do.

부탁을 거절하기도 뭣하고 들어주겠다고 확답도 못 하는 상황에서
'알아보긴 할게.', '어떻게든 해 볼게.'라고 믿음을 주는 답변입니다.

Don't get your hopes up.

아예 다 포기하고 꿈도 꾸지 말라는 얘기는 아니에요.
실망할지 모르니까 너무 큰 기대는 금물이라는 이야기죠.

My hands are tied.

내가 어떻게 손을 써 볼 방법이 없다, 즉 못 도와주겠다는 뜻이죠.
상황에 따라 너무 바빠서 꼼짝을 못하고 있다는 말도 됩니다.

0461

뭐든 다 들어주겠다고 할 때

뭐든 말만 해.

0462

명확한 대답을 아낄 때

봐서.

0463

어려운 부탁을 해 오는 친구에게

알아는 볼게.

0464

김칫국 먼저 마시지 말라는 뜻으로

너무 기대는 하지 마.

0465

도와줄 방법이 없을 때

나도 어떻게 해 줄 수가 없네.

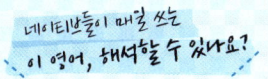

0466
Shall we?

Shall we? 하면서 춤추는 동작을 하면 Shall we dance?(춤추실까요?)가 되고
팔을 잡아끌면 Shall we go?(가실까요?)가 되죠.

0467
Care for some cake?

care for는 '~를 돌보다'도 되지만 '~를 좋아하다'란 뜻도 있어요.
'~ 좀 먹을래?'처럼 권할 때 쓰면 됩니다.

0468
Why don't you join us?

Why don't you...?는 '왜 ~ 안 해?'가 아니라 '~하지그래?'처럼
부드럽게 권하는 의미로 쓰일 때가 많아요.

0469
Let's order in some Chinese.

집 '안에서' 전화로 시켜 먹는 건 order in이라고 하면 됩니다.
식당에 가서 포장해서 '갖고 나오는' 건 take out이고요.

0470
Let's grab a bite to eat.

뭐라도 한 입(a bite) 씹을 것을 움켜쥐러(grab) 가자고 하네요.
여기서 grab a bite는 간단히 먹어 허기만 해결하는 것을 말합니다.

네이티브들이 매일 쓰는
이 말, 영어로 말할 수 있나요?

0466
손을 뻗거나 팔꿈치를 내밀면서
가실까요?

0467
원하는지 물을 때
케이크 좀 줄까?

0468
하지 않겠느냐며 권유할 때
우리랑 같이 가요.

0469
나가지 말고 전화로 주문하자고 할 때
중국 음식 시켜 먹자.

0470
간단히 뭐 좀 먹자고 할 때
뭐라도 간단히 먹자.

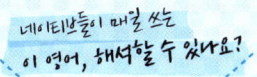

0471~0475. mp3

I think I'll pass.

누가 음식을 권유할 때 '전 그만 먹을래요.'처럼 사양하는 표현이에요.
그대로 해석하면 자기는 그냥 통과하겠다는 거니까요.

Some other time.

지금은 곤란하니 다음에 시간 날 때로 미루자는 뜻입니다.
대놓고는 못하겠고 은근히 거절할 때 쓰는 말이기도 하죠.

Can I take a rain check?

완전히 거절하는 건 아니고 '다음에 하면 안 될까?'라고 미루는 거죠. rain check은
우천으로 경기가 취소됐을 때 관람객에게 주는 다음 경기 티켓을 말합니다.

Something came up.

예정에 없던 일이 갑작스럽게 생겨서 다음으로 미루자고 할 때
'이번 약속 못 나가겠다.'는 의미로 씁니다.

I'd rather not.

I would rather는 '차라리 ~하겠다', not을 넣으면 '~ 안 하는 게 낫겠다'입니다.
I'd rather not say.라면 말하고 싶지 않다고 점잖게 거절하는 표현이에요.

0471

권유에 대해 사양할 때

난 사양할게.

0472

약속을 미루거나 간접적으로 거절할 때

다음에 하자.

0473

제안을 조심스럽게 거절할 때

다음 기회로 미뤄도 될까?

0474

갑자기 약속을 취소해야 할 때

갑자기 일이 생겼어.

0475

내키지 않을 때

안 했으면 좋겠는데요.

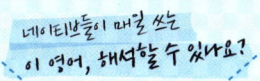

0476~0480. mp3

0476
I'm in.

참여하겠다는 뜻을 밝힐 때 씁니다. 빠지겠다고 할 때는 I'm out.이죠.
'너 할 거야, 말 거야?'라고 물을 땐 Are you in or out?

0477
I'm with you.

〈be with 누구〉라고 하면 '~와 일행이다, ~와 사귀고 있다'라는 뜻도 되고
의견을 함께한다는 뜻에서 '~랑 행동을 함께하겠다'는 뜻도 될 수 있습니다.

0478
It's a deal.

계약이나 협상이 이루어졌을 때, '너 그렇게 하기로 했다! 하는 거다!'라는
뜻으로 친구 사이에도 많이 쓰는 표현입니다.

0479
I second that.

second를 동사로 쓰면 '지지하다, 찬성하다'라는 의미입니다.
회의에서 누군가 의견을 내고 '두 번째' 사람이 찬성 의견을 내는 거죠.

0480
I'm all for it.

all for는 그냥 찬성도 아니고 '대찬성'이라는 뜻입니다. I can't agree more.라는 표현도 알아 두세요.
직역하면 더 동의할 수 없다는 말이니 결국 전적으로 동의한다는 말이죠.

0476

'~할 사람?'에 대한 대답으로 '나!'라고 할 때

난 할게.

0477

상대방과 행동을 함께하겠다고 할 때

난 네 편이야.

0478

계약이나 협상을 받아들일 때

그렇게 합시다.

0479

앞서 나온 의견을 지지한다는 말

나도 찬성.

0480

전적으로 찬성일 때

대찬성이야.

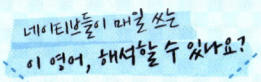

0481~0485. mp3

I don't think so.

'내 생각은 다른데.'처럼 반대 의견을 내는 거죠.
반대로 '내 생각도 같다.'라고 할 땐 I think so too.라고 하면 됩니다.

I don't see things that way.

'난 그렇게 보지 않는다.', '내 생각은 다르다.'란 말이죠.
That's not the way I see it.이라고 해도 같은 말이 됩니다.

I beg to differ.

'실례지만 전 의견이 다릅니다.'라고 조심스럽게 반대 의견을 낼 때 쓰는 표현입니다.
격식을 차린 딱딱한 표현인데 미국 드라마를 보면 은근히 자주 나옵니다.

I strongly disagree.

totally나 strongly를 넣으면 반대의 강도가 세집니다.
for의 반대인 against를 넣어서 I'm totally against it.이라고 말할 수도 있어요.

I object!

object는 동사로 '반대하다'라는 뜻이에요. 드라마에 자주 나오는 대사
'나, 이 결혼 반댈세.'를 영어로 하면 I object to this marriage.가 됩니다.

0481

동의하지 않을 때

그건 아닌 것 같아.

0482

반론을 제기할 때

전 그렇게 안 봐요.

0483

격식을 차리며 반대 의견을 낼 때

전 생각이 다릅니다.

0484

반대 의사를 강력히 표시할 때

난 전적으로 반대야.

0485

이의 있다고 할 때

반대합니다!

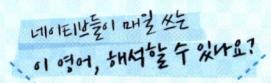

After you.

'당신이 한 다음에' 내가 하겠다는 뜻이죠.
상대가 여자일 때는 Ladies first.라는 말도 많이 쓰고요.

It's all yours.

자판기에서 음료수를 뽑고 뒤에 기다리는 동료에게
난 끝났으니 이제 마음껏 쓰라는 식으로 말할 때 쓰죠.

Be my guest.

상대방이 뭘 빌려 달라고 하거나 무슨 부탁을 할 때
'하고 싶은 대로 해.'라는 뜻으로 씁니다. Go ahead.와 같은 뜻이에요.

You're the boss.

'네가 그렇게 하자는데 해야지 내가 무슨 힘이 있겠나.',
'네가 대장이다.', '그래 네 팔뚝 굵다.'라는 느낌의 표현이에요.

Take your time.

급한 것이 아니니 마음 푹 놓고 천천히 하라는 말입니다.
가게 직원이 '천천히 둘러보세요.'라고 할 때 자주 하는 말이기도 해요.

0486

순서를 양보할 때

먼저 하세요.

0487

다 쓰고 뒷사람에게 내줄 때

마음껏 쓰세요.

0488

물건을 써도 좋은지 허락을 구하는 사람에게

그렇게 해.

0489

'당신 마음대로 하세요.' 할 때

좋으실 대로.

0490

상대방을 재촉할 의사가 없을 때

천천히 하세요.

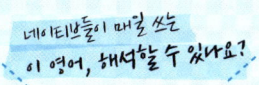

0491~0495. mp3

Let's see...

'어디 보자, 가만있자, 글쎄…'처럼 혼잣말로 생각하는 표현이에요.
질문에 답하기 전에 Let me think.라고 하면 '생각 좀 해 보고.'가 되죠.

Where was I?

'내가 어디까지 이야기했더라?', '어디 하다가 말았더라?' 이런 뜻으로
얘기 중에 잠시 다른 데 갔다 왔을 때 하는 말이죠.

What do you call it?

'그거 뭐라고 부르더라, 4년에 한 번씩 사람들 뛰는 거…?'처럼
단어가 입안에서 빙빙 도는데 생각이 안 날 때 씁니다.

How shall I put it...

여기서 put은 '놓다'가 아니라 '설명하다, 말로 표현하다'입니다.
'이걸 뭐라고 말해야 하나…'라고 생각할 때 하는 표현이죠.

If you ask me...

'내 의견을 물어보진 않았지만, 만약 묻는다면…'
이렇게 운을 떼면서 자기 생각을 말할 때 쓰는 표현입니다.

0491

기억을 더듬으면서

어디 보자…

0492

원래 하던 이야기로 돌아갈 때

어디까지 얘기했지?

0493

단어가 생각이 안날 때

그게 뭐더라…

0494

적당한 표현을 찾으면서

뭐랄까…

0495

상대방에게 조심스럽게 조언할 때

내 생각에는…

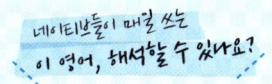

0496~0500. mp3

 0496

Money can't buy happiness.

'돈이 행복을 살 수 없다.'로 해석되어서 얼핏 보면
문법적으로 틀린 것으로 보이지만 맞는 표현이랍니다.

 0497

Money talks.

돈이면 다 통하고, 돈이면 다 되고 돈으로 못 하는 게 없다는 말을
영어에서는 '돈이 말을 한다.'라고 해요.

 0498

All's well that ends well.

중간에 어떤 우여곡절을 겪었더라도
결과가 좋으면 그걸 보상해 준다는 거죠.

 0499

You get what you paid for.

번역하면 '돈을 낸 만큼 얻는나.'죠. 비싸게 샀으면 그만큼 값어치를 할 테고,
싸게 샀으면 금방 고장이 나도 그러려니 하라는 거죠.

 0500

You can't take it with you.

맨 끝에 when you die가 있다고 생각하세요. 저승 갈 때 지고 갈 것도 아닌데
왜 그렇게 집착하느냐는 식으로 말할 때 쓰는 표현이에요.

0496

너무 돈만 밝히는 사람에게

돈으로 행복을 살 순 없지.

0497

돈으로 만사가 해결될 때

돈이면 다 돼.

0498

셰익스피어의 희곡 제목

끝이 좋으면 다 좋다.

0499

싸게 산 물건이 금방 망가졌을 때

싼 게 비지떡.

0500

물질적인 것에 집착하는 사람에게

저승까지 가지고 갈 것도 아닌데.

망각방지 장치 1

하루만 지나도 학습한 내용의 50%는 잊어버립니다. 여러분은 몇 퍼센트나 잊어버렸을까요? 5분 안에 25개를 말해 보세요.

			O X 복습
01	아무한테도 말하지 마.	Don't tell a _____.	☐ ☐ 0451
02	너만 알고 있어.	_____'s the word.	☐ ☐ 0453
03	입 다물고 있을게.	My lips are _____.	☐ ☐ 0454
04	누가 소문냈어?	Who _____ the beans?	☐ ☐ 0455
05	부탁이 있어.	I need a _____.	☐ ☐ 0456
06	내가 이렇게 빌게.	I'm _____ you.	☐ ☐ 0457
07	신세 한 번 졌다.	I _____ you one.	☐ ☐ 0460
08	뭐든 말만 해.	You _____ it.	☐ ☐ 0461
09	너무 기대는 하지 마.	Don't get your _____ up.	☐ ☐ 0464
10	나도 어떻게 해 줄 수가 없네.	My hands are _____.	☐ ☐ 0465
11	케이크 좀 줄까?	_____ some cake?	☐ ☐ 0467
12	뭐라도 간단히 먹자.	Let's _____ a bite to eat.	☐ ☐ 0470
13	난 사양할게.	I think I'll _____.	☐ ☐ 0471
14	다음 기회로 미뤄도 될까?	Can I take a _____?	☐ ☐ 0473

정답 01 soul 02 Mum 03 sealed 04 spilled 05 favor 06 begging 07 owe 08 name 09 hopes
10 tied 11 Care for 12 grab 13 pass 14 rain check

15	난 할게.	I'm _____.	☐ ☐	0476
16	난 네 편이야.	I'm _____ you.	☐ ☐	0477
17	그렇게 합시다.	It's a _____.	☐ ☐	0478
18	나도 찬성.	I _____ that.	☐ ☐	0479
19	전 생각이 다릅니다.	I _____ to differ.	☐ ☐	0483
20	반대합니다!	I _____ !	☐ ☐	0485
21	먼저 하세요.	_____ you.	☐ ☐	0486
22	그렇게 해.	Be my _____.	☐ ☐	0488
23	어디 보자…	Let's _____ …	☐ ☐	0491
24	어디까지 얘기했지?	Where _____ I?	☐ ☐	0492
25	내 생각에는…	If you _____ me…	☐ ☐	0495

맞은 개수: 25개 중 _____개

당신은 그동안 _____%를 잊어버렸습니다.
틀린 문장들은 다시 한번 복습하고 넘어가세요.

정답 15 in 16 with 17 deal 18 second 19 beg 20 object 21 After 22 guest 23 see
24 was 25 ask

망각방지 장치 2

일주일이 지나면 학습한 내용의 70%를 잊어버립니다. 여러분은 몇 퍼센트나 잊어버렸을까요? 대화문으로 확인해 보세요.

041 우연히 옛 친구를 만났을 때

conversation 041.mp3

A 아니, 이게 누구야? 0406

B Matt? Wow, 이게 얼마 만이야? 0407

A 하나도 안 변했네. 0408

B What are you saying? I'm already a mother of two.

A Two? I didn't know you had another one. A boy or a girl?

B A boy. I had him last year.

042 친구랑 얘기하다가 헤어질 때

conversation 042.mp3

A What time is it?

B It's half past six.

A Really? I should get going. I'm supposed to meet someone at seven.

B You're such a busy bee.

A 얘기 즐거웠어. 0412

B 나중에 봐. 0414

Words be supposed to ~하기로 되어 있다   busy bee 일벌레, 부지런한 사람

041

A **Look who's here!** 0406

B 맷? 와아, **it's been ages!** 0407

A **You haven't changed a bit.** 0408

B 무슨 말이야? 벌써 두 아이의 엄만데.

A 두 아이? 하나 더 낳은지 몰랐네. 아들이야 딸이야?

B 아들이야. 작년에 낳았어.

042

A 몇 시야?

B 6시 반이야.

A 정말? 난 가 봐야겠다. 7시에 누굴 만나야 하거든.

B 참 부지런하구나.

A **It was nice talking to you.** 0412

B **Catch you later.** 0414

043 잠꾸러기 아들을 깨울 때   conversation 043.mp3

- A   기상! 0416
- B   Ahhh, ten more minutes, Mom.
- A   잠꾸러기, 일어나. 0417 It's already seven.
- B   Five more minutes.
- A   Get up already. It's your first day at work.
- B   One more minute, please.

044 회사일로 늦게 귀가했더니 책 읽느라 안 자고 있을 때   conversation 044.mp3

- A   여태 안 자고 뭐 해? 0421
- B   You're late, pal.
- A   Something came up at work. What about you?
- B   I couldn't put this book down. It's so good. What time is it?
- A   It's 1:30 AM.
- B   Wow, 잘 시간을 한참 놓쳤네. 0422

Words something came up 급한 일이 생겼다

043

- A **Rise and shine!** 0416
- B 아함, 10분만 더요, 엄마.
- A **Wake up, sleepyhead.** 0417 벌써 7시야.
- B 5분만 더요.
- A 빨리 일어나. 오늘 일하러 가는 첫날인데.
- B 1분만 더 잘게요.

044

- A **Why are you still up?** 0421
- B 늦었네.
- A 회사에서 일이 생겨서. 너는?
- B 이 책을 내려놓을 수가 있어야지. 정말 재미있거든. 몇 시야?
- A 새벽 1시 반이야.
- B 저런, **it's way past my bedtime.** 0422

045 식당에서 배부르게 식사한 후 디저트도 권할 때

conversation 045.mp3

A Would you like to have some more?

B No, thanks. 배불러. 0434

A Well, 디저트 먹을 배는 남겨 놔. 0439

B 더 못 먹겠어. 0435

A This place is famous for apple tart dessert. You shouldn't miss it.

B Why didn't you tell me earlier?

046 약속해 놓고 바람맞혀서 싸울 때

conversation 046.mp3

A How could you stand me up?

B I'm so sorry. 까맣게 잊었어. 0447

A You what?

B It was a very hectic day. 깜빡했어. 0448

A Maybe that's because I mean nothing to you.

B No way! You know you mean everything to me.

Words stand ~ up ~를 바람맞히다   hectic 몹시 바쁜

045

A 좀 더 먹을래?

B 아니, 괜찮아. **I'm stuffed.** 0434

A 음, **save room for dessert.** 0439

B **I can't eat another bite.** 0435

A 이 집이 애플 타르트 디저트로 유명해. 꼭 먹어야 돼.

B 진작 말하지 그랬어?

Words stuffed 배가 부른   room 자리, 공간, 여지   bite 한 입 (베어 문 조각)

046

A 어떻게 바람맞힐 수가 있어?

B 정말 미안해. **I totally forgot.** 0447

A 뭐라고?

B 오늘 너무 바빴거든. **It slipped my mind.** 0448

A 자기한테 나는 아무것도 아닌 사람이니까 그랬나 보지.

B 절대 아니야! 자긴 나한테 전부인 거 알잖아.

047 동료에게 프로젝트 좀 봐 달라고 부탁할 때 conversation 047.mp3

A　Can you do me a favor? I have to take a day off tomorrow.

B　But our project is due this Saturday.

A　I know. That's why I'm asking you. Can you cover for me tomorrow?

B　I don't know. I'm not familiar with your work.

A　제발. 0458

B　OK, 알아는 볼게. 0463

Words　due 예정이 ~인, 마감이 ~인　cover for 다른 사람의 일을 처리하다

048 땡땡이 치고 간 '티셔츠 적시기 콘테스트'에서 우연히 친구를 만났을 때 conversation 048.mp3

A　Duncan, what are you doing here?

B　Milo? I didn't expect to see you here at the wet T-shirt contest.

A　Your roommate told me you went to the sports camp.

B　Your friend told me you had to stay at the dorm and study for the exam.

A　이건 우리끼리 비밀이야. 0452

B　그러자. 0478

Words　dorm 기숙사

047

A   부탁 좀 해도 돼? 내가 내일 월차를 내야 하거든.

B   근데 우리 프로젝트가 이번 주 토요일까지잖아.

A   알아. 그래서 부탁하는 거야. 내일 나 대신 좀 해 줄래?

B   글쎄. 네가 맡은 일은 내가 잘 모르는데.

A   **Pretty please?** 0458

B   알았어, **I'll see what I can do.** 0463

048

A   던컨, 네가 여기 어쩐 일이야?

B   마일로? 널 '티셔츠 적시기 콘테스트'에서 만날 줄은 몰랐네.

A   네 룸메이트 말로는 넌 스포츠 캠프에 갔다던데.

B   네 친구가 그러는데 넌 시험 공부하느라 기숙사에 있어야 한다던데?

A   **This just stays between us.** 0452

B   **It's a deal.** 0478

049 음식 배달시키자고 하니 배탈 났다고 사양할 때

conversation 049.mp3

A 배고파. 0431 중국 음식 시켜 먹자. 0469

B 난 사양할게. 0471

A Why? You love Chinese food.

B I have had an upset stomach since last night.

A What did you have last night?

B Fried chicken and beer as usual.

Words upset stomach 배탈   as usual 늘 그렇듯이

050 놀러 온 친구가 옷을 빌려 입어 볼 때

conversation 050.mp3

A Is this your sweater? Can I try it on?

B 그렇게 해. 0488 I bought it last week.

A How do I look? Don't I look cute?

B 어디 보자… 0491

A What?

B That color doesn't suit you. You look better when you wear bright colors.

Words suit (옷, 색상 등이) 어울리다

287

049

A   **I'm starving.** 0431 **Let's order in some Chinese.** 0469

B   **I think I'll pass.** 0471

A   왜? 너 중국 음식 좋아하잖아.

B   어젯밤부터 배탈이 났거든.

A   어젯밤에 뭐 먹었어?

B   늘 먹는 치맥이지.

050

A   이거 네 스웨터야? 내가 입어 봐도 돼?

B   **Be my guest.** 0488 지난주에 산 거야.

A   나 어때? 귀엽지 않아?

B   **Let's see...** 0491

A   왜?

B   그 색깔은 너랑 안 맞아. 넌 밝은 색을 입을 때 더 낫더라.

찾아보기

ㄱ

가실까요? 264
가엾어라. 210
간신히 살았네. 208
감동이었어. 204
갑자기 일이 생겼어. 266
강연이 감동적이었어요. 204
걔는 모르는 게 없어. 42
거짓말 아니야. 26
경험으로 배웠지. 42
고맙게 생각해요. 180
괜찮네. 98
괜찮아. 96
굳이 그럴 거 없어. 134
귀띔해 줘서 고마워. 180
그 말 취소해. 154
그 말도 일리는 있어요. 92
그 얘긴 꺼내지도 마. 74
그 정도는 괜찮아. 98
그 정도는 껌이지. 128
그 정도는 알아야지. 152
그 친구는 내가 잘 알아. 42
그거 알아? 34
그거라도 어디야. 214
그거라면 할 수 있지. 128
그거면 돼. 98
그건 네 생각이고. 94
그건 또 무슨 소리야? 84
그건 모르는 거야. 44
그건 아닌 것 같아. 270
그건 인정. 18

그걸 누가 몰라? 136
그게 말이지… 34
그게 뭐더라… 274
그냥 하던 대로 해. 198
그녀의 무대에 감동받았어요. 204
그래서 그랬구나. 102
그래서 어쩌라고? 80
그러거나 말거나. 80
그러게 내가 뭐랬어? 82
그런 말은 쉽지. 28
그런 소린 됐고. 134
그럴 거 같더라. 82
그럴 기분 아니야. 186
그럴 줄 알았어. 82
그럼. 12
그렇게 합시다. 268
그렇게 해. 272
그렇겠지. 102
그렇다면 뭐. 98
그렇지! 20
그만 좀 괴롭혀. 50
그만 좀 성가시게 해. 50
그만 좀 해. 160
그만해. 138
그쯤 해 두지. 138
긍정적으로 생각해. 214
기다리게 해서 미안해. 182
기분 나쁘라고 하는 말 아니야. 212
기분이 훨씬 나아졌어. 184
기생! 242
기운 내. 216

기운 차려. 216
기절할 뻔했어. 194
긴장 풀어. 198
까맣게 잊었어. 254
깜빡했어. 254
깜짝이야! 194
꺼져! 50
꼭 들어줘야 해. 260
꿈 깨라, 꿈 깨. 130
꿈같은 소리네. 130
꿈도 꾸지 마. 130
끝까지 들어. 38
끝이 좋으면 다 좋다. 276

ㄴ

나 건드리지 마. 50
나 못 믿어? 136
나 완전히 새 됐어. 150
나 좀 가만 내버려 둬. 50
나 좀 구박하지 마. 106
나 화장실 좀. 252
나도 다 해 봤어. 42
나도 마찬가지야. 76
나도 알고 싶어. 148
나도 어떻게 해 줄 수가 없네. 262
나도 찬성. 268
나도. 76
나만 따라와. 46
나쁜 애는 아니야. 212
나야 모르지. 100

289

나잇값 좀 해. 152
나중에 봐. 240
나한테 맡겨. 46
나한테서 꺼져. 162
난 괜찮아. 48
난 네 편이야. 268
난 사양할게. 266
난 신경도 안 써. 80
난 전적으로 반대야. 270
난 질투 같은 거 안 해. 192
난 할게. 268
난들 아나? 100
날 뭘로 보는 거야? 136
날 좀 믿어 봐. 106
날아갈 것 같아. 184
남대문 열렸어. 252
남자답게 받아들여. 206
남자답게 좀 해 봐. 206
낮말은 새가 듣고 밤말은 쥐가 듣는다. 52
내 눈에 흙 들어가기 전엔 안 돼! 72
내 말 들어 봐. 34
내 말 안 끝났어. 38
내 말 알겠어? 40
내 말 잘 들어. 38
내 말이 그 말이야. 92
내 말이! 12
내 생각에는… 274
내 인생이 그렇지. 202
내 입이 방정이지. 28
내 잘못이야. 150
내 정신 좀 봐. 254
내 코가 석 자다. 108
내 팔자지. 202

내가 그렇게 만만해 보여? 218
내가 꺼져 줄게. 162
내가 무슨 짓을 한 거지? 150
내가 뭐 가져왔게? 22
내가 설명할게. 38
내가 알아서 할게. 46
내가 어떻게 알아? 148
내가 연락할게. 240
내가 왜 그래야 해? 78
내가 이렇게 빌게. 260
내가 이성을 잃었어. 196
내가 있잖아. 46
내가 좀 알지. 42
내가 좀 흥분했나 봐. 196
너 겁쟁이야? 206
너 꾀병이지? 70
너 미쳤어? 146
너 오늘 이상하다. 104
너 왜 그래? 78
너 짱이다. 124
너 참 뻔뻔하구나. 218
너나 나나. 76
너도 참 한심하다. 210
너만 그런 거 아니야. 76
너만 알고 있어. 258
너무 그러지 마. 106
너무 기대는 하지 마. 262
너무 기대돼! 196
너무 신경 쓰지 마. 48
너무 심했어. 138
너무 알려고 하면 다친다. 220
너무 피곤해. 190
넌 꺼져. 162

넌 녹초가 된 것 같네. 190
넌 몰라도 돼. 74
넌 빠져. 74
넌 정말 제멋대로구나. 152
넌 좋겠다. 192
널 여기서 만나다니! 238
네가 그러고도 남자냐. 206
네가 그렇게 잘났어? 156
네가 내 애인이라도 돼? 192
네가 눈에 뵈는 게 없구나. 218
네가 생명의 은인이다. 208
네가 시비 걸었잖아! 154
네 실력은 알아줘야겠다. 18
놀랍지도 않아. 102
누가 방귀 뀌었어? 252
누가 소문냈어? 258
누굴 바보로 아나? 136
눈 좀 붙여야겠어. 190
눈가가 촉촉해졌어. 188

ㄷ

다 그래. 76
다 돼. 98
다 보내 버려! 16
다신 안 속아. 70
다음 기회로 미뤄도 될까? 266
다음에 하자. 266
다친 데는 없어요. 96
닥치고 내 말 들어. 160
대단하네요! 204
대단하십니다. 18
대세에 따라야지. 24

대찬성이야. 268
더 못 먹겠어. 248
더는 못 참겠다! 196
더워서 밤새 못 잤어. 246
덕분에 기분 좋아졌어. 184
돈으로 행복을 살 순 없지. 276
돈은 문제가 안 돼. 48
돈이면 다 돼. 276
돌다리도 두드려 보고 건너라. 52
됐네요. 132
됐어. 134
두고 봐. 44
두구두구두구두구… 22
두말하면 잔소리. 12
둘 다 잘못이다. 164
들어 봐. 34
디저트 먹을 배는 남겨 놔. 250
또 시작이네. 140
똑같이 뭐. 236
뜻밖인데? 126

ㅁ

마음껏 쓰세요. 272
말 끊지 마. 38
말 조심해. 30
말 좀 잘해 주세요. 36
말도 안 돼! 68
말로는 누가 못 해? 28
말이 씨가 된다. 30
말이 안 나오네요. 204
말이라고. 12
말처럼 쉽나? 28

맘대로 하셔. 132
맛있게 드세요. 250
망해도 네가 망하지. 132
망했다. 150
맞았어. 20
맞장구 좀 쳐 줘. 92
맹세해. 26
먼저 하세요. 272
모르겠어? 40
모르기는 나도 마찬가지야. 100
모르는 게 나아. 74
모른 척해 줘. 36
못 믿겠는데. 70
무소식이 희소식이야. 214
무슨 그런 당연한 소릴. 136
무슨 꿍꿍이야? 78
무슨 뜻이야? 84
무슨 말인지 모르겠다. 100
무슨 말인지 알겠어. 90
무슨 말인지 알겠어? 40
무슨 일 있었어? 86
무슨 일이야? 86
무슨 짓이야? 146
물론! 12
뭐 눈에는 뭐만 보인다더니. 52
뭐 대단한 거라고. 128
뭐 때문에? 78
뭐 이런 걸 다… 180
뭐 잘못 먹었어? 146
뭐 하다 이제 와? 142
뭐가 뭔지 하나도 모르겠어. 148
뭐든 말만 해. 262
뭐라고 하셨어요? 84

뭐라고요? 84
뭐라도 간단히 먹자. 264
뭐랄까… 274
뭔가 잘못됐어. 104
미인은 잠꾸러기라잖아. 244
미친 거 아니야? 146

ㅂ

바로 그거야! 20
바로 맞혔어! 20
바로 할게요. 90
반대합니다! 270
발 조심해. 30
밤을 꼴딱 새웠어. 246
밥을 조금밖에 안 먹네. 250
방금 뭐라고 했어? 84
방심하지 마라. 30
배 째. 132
배고파 죽겠어. 248
배고파. 248
배불러. 248
배에서 꼬르륵 소리가 나. 248
벌떡 일어나! 242
별 거 아니야. 96
별일 없어. 96
본때를 보여 줘! 16
봐서. 262
부럽다. 192
부탁이 있어. 260
비위 좀 맞춰 줘. 36
비켜! 158
비켜요! 158

뻥이지? 70
뿌린 대로 거둔다. 164

ㅅ

사과 받아 줄게. 182
사과드립니다. 182
사는 게 다 그렇지. 202
사는 게 뭔지. 202
사돈 남 말 하네 156
사이즈는 중요하지 않아. 48
사장님이 최고예요. 124
사정 좀 봐줘요. 106
살 만해? 236
살살 해. 36
상황을 계속 알려 줘. 86
샘나? 192
설마! 68
성가시게 해서 미안해. 182
세상 참 좁다! 238
세상이 왜 이러지? 142
세상일에는 다 이유가 있어. 24
술김에 하는 소리야. 48
쉬운 말로 좀 해 줘. 148
슬슬 일어나야겠다. 240
시간이 벌써 이렇게 됐네? 254
시간이 약이야. 214
시끄러워. 160
식겁했잖아. 194
식은 죽 먹기. 128
신세 한 번 졌다. 260
싫으면 말고. 134
싼 게 비지떡. 276

ㅇ

아, 진짜! 138
아니, 이게 누구야? 238
아닌 것 같은데. 94
아무 말 마. 160
아무한테도 말하지 마. 258
안 된다면 안 되는 줄 알아. 72
안 속아. 70
안 했으면 좋겠는데요. 266
안됐네. 210
알 게 뭐야? 80
알람 맞추는 걸 잊었어. 254
알아는 볼게. 262
알아들었지? 40
알았어. 90
알았어? 40
알았으니까 그만해. 160
알짱거리지 말고 꺼져. 162
앞뒤가 안 맞잖아. 104
애들 앞에선 찬물도 못 마셔. 52
얘기 즐거웠어. 240
어깨 빌려 줘? 188
어디 보자… 274
어디 실력 한번 보자. 154
어디까지 얘기했지? 274
어떻게 감사드려야 할지. 180
어라? 126
어림도 없지. 130
어서 먹자. 250
어제 늦게 들어갔어? 246
어제 늦게까지 못 잤어. 246
어쩌겠어. 24
어쩐지! 102

어쩔 수 없지. 24
언짢게 생각하지 마. 212
에라, 모르겠다. 126
여기서 이러지 말고 나가자. 154
여긴 무슨 일로 왔어? 86
여태 안 자고 뭐 해? 244
역시 우리는 통한다니까. 82
옆으로 비켜 봐. 158
오늘 내 정신이 아니네. 104
오늘 좀 꿀꿀하네. 186
오늘 해가 서쪽에서 떴나? 126
오늘은 늦게까지 잤어. 242
오해하지 말고 들어. 212
오히려 잘됐어. 216
옳소! 92
옳으신 말씀입니다. 92
옳지! 14
와서 밥 먹어! 250
완전 이해해. 90
왕짜증이야. 140
왜 그런 거래? 142
왜 그렇게 풀이 죽었어? 186
왜 꿀 먹은 벙어리야? 142
왜 나한테 화풀이야? 218
왜 마음이 변했어? 142
왜 울상이야? 186
왜 저런대? 78
왜 하필 나야? 218
요즘 저기압이었어. 186
우는 소리 좀 하지 마. 206
우리랑 같이 가요. 264
울고 싶다. 188
울음이 터졌어. 188

웃기시네. 68
웃기지 마. 68
웃음이 명약이다. 220
원래 그래. 24
원숭이도 나무에서 떨어질 때가 있다. 164
유감은 없어. 212
유치하기는. 152
이건 우리끼리 비밀이야. 258
이게 얼마 만이야? 238
이런! 126
이상하네. 104
이제부터 내가 맡을게. 46
이제야 말이 되네. 102
이젠 못 참아! 196
인생이 그런 장밋빛은 아니야. 202
인정할 건 해야지. 18
인제 그만! 138
일은 잘되지? 236
입 다물고 있을게. 258
입만 살았어. 28
있잖아. 34

ㅈ

자, 간다. 22
자기가 잘난 줄 알아. 156
자라 보고 놀란 가슴 솥뚜껑 보고 놀란다. 220
자리 좀 비켜 줄래요? 158
자만하지 마. 156
자만하지 마. 156
자업자득이다. 164
자책하지 마. 106

잔잔한 물이 깊다. 220
잘 생각했어! 14
잘 시간을 한참 놓쳤네. 244
잘 알았습니다. 90
잘 자. 244
잘 자라. 244
잘 지내? 236
잘 지내지. 236
잘난 척하지 마. 156
잘됐네! 14
잘한다, 우리 딸! 14
잘해! 16
잘했어! 14
잠 좀 자고 싶다. 190
잠꾸러기, 일어나! 242
쟤 불쌍하다. 210
저런… 210
저리 꺼져. 162
저승까지 가지고 갈 것도 아닌데. 276
전 그렇게 안 봐요. 270
전 생각이 다릅니다. 270
전혀 모르겠어. 100
전혀 상관 안 해. 80
전혀 아니야. 94
절대 못 해. 72
정답! 20
정말 다행이네! 208
정말 대박이었어. 194
정말 지친다. 190
정반대야. 94
정신 차려! 130
제발. 260
제정신이야? 146

조금만 참아. 216
조만간 또 보자. 240
조심해! 30
좀 괜찮아? 214
좋아 죽겠어. 184
좋아서 팔짝팔짝 뛰겠네. 184
좋으실 대로. 132, 272
중국 음식 시켜 먹자. 264
중요한 순간입니다. 22
쥐구멍에도 볕 들 날 있다. 108
쥐뿔도 몰라. 148
지겨워 죽겠어. 140
지긋지긋해. 140
지나갈게요. 158
진심이야. 26
진정해. 198
진짜? 68
진짜라니까! 26
진짜야. 26
집만 한 곳이 없지. 124
집이 지저분해서 미안하네. 182
짖는 개는 물지 않는다. 164
짜잔! 22
짜증 나네. 140

ㅊ

차근차근 말해 줄래? 86
찬밥 더운밥 가리랴. 108
참견 마. 74
찾기 쉬워. 128
척 보면 알아. 82
천만다행이야. 208

293

천만에. 96

천천히 하세요. 272

철 좀 들어라. 152

충격이었어. 194

치맥보다 더 좋은 건 없어. 124

침착해. 198

ㅋ

케이크 좀 줄까? 264

큰 거야? 252

큰 힘이 됐어요. 180

큰일 날 뻔했네. 208

큰일 났네. 150

ㅌ

택도 없는 소리! 72

털고 일어나. 216

ㅍ

파워포인트는 네가 갑이지. 124

펑펑 울었어. 188

편하게 앉아 있어. 198

포기는 절대 못 해. 72

푹 잤어. 242

ㅎ

하나도 안 변했네. 238

하늘이 무너져도 솟아날 구멍은 있다. 108

하이파이브! 16

한 방 먹었네! 18

한 번 죽지 두 번 죽나. 108

한 번만 봐줘. 36

한번 붙어 볼래? 154

한번 해 보지, 뭐. 44

한숨도 못 잤어. 246

한참 빗나갔어. 94

해 보는 거야! 16

헛소리하지 마. 134

호랑이도 제 말 하면 온다더니. 52

혹시 모르니까. 44

혹시 알아? 44

화장실 써도 될까요? 252

후회하는 것보다 안전한 게 낫다. 220

스피킹 매트릭스
1분 | 2분 | 3분 영어 말하기

6년 동안 20만 독자가 본
국내 1위 영어 스피킹 훈련 프로그램!

한국인의 스피킹 메커니즘에 맞춘 **과학적 3단계 훈련**으로
1초 안에 문장을 완성하고 1분, 2분, 3분,… 막힘없이 말한다!

난이도	첫 걸음 / 초급(1분) / 중급(2분) / 고급(3분)	기간	각 권 60일
대상	집중 훈련으로 영어 스피킹을 단기간에 향상시키려는 학습자	목표	1분/2분/3분 이상 영어로 내 생각을 자신 있게 말하기

독자의 **1초**를 아껴주는 정성!

—

세상이 아무리 바쁘게 돌아가더라도

책까지 아무렇게나 빨리 만들 수는 없습니다.

인스턴트 식품 같은 책보다는

오래 익힌 술이나 장맛이 밴 책을 만들고 싶습니다.

길벗이지톡은 독자여러분이 우리를 믿는다고 할 때 가장 행복합니다.

나를 아껴주는 어학도서, 길벗이지톡의 책을 만나보십시오.

독자의 1초를 아껴주는 정성을 만나보십시오.

미리 책을 읽고 따라해본 2만 베타테스터 여러분과 무따기 체험단, 길벗스쿨 엄마 2% 기획단,
시나공 평가단, 토익 배틀, 대학생 기자단까지!
믿을 수 있는 책을 함께 만들어주신 독자 여러분께 감사드립니다.

(주)도서출판 길벗　www.gilbut.co.kr
길벗 이지톡　www.gilbut.co.kr
길벗 스쿨　www.gilbutschool.co.kr

mp3 파일 다운로드 무작정 따라하기

길벗 홈페이지 (www.gilbut.co.kr)로 오시면 mp3 파일 및 관련 자료를 다양하게 이용할 수 있습니다.

1단계 도서명 ▼ [   ] [검색] 에 찾고자 하는 책이름을 입력하세요.

2단계 검색한 도서로 이동하여 〈자료실〉 탭을 클릭하세요.

3단계 mp3 및 다양한 서비스를 받으세요.

네이티브는 쉬운 영어로 말한다 1000

문장편

2권 | 0501~1000 문장

박수진 지음

네이티브는 쉬운 영어로 말한다
- 1000문장 편

The Native Speaks Easily - 1000 Sentences

초판 발행 · 2014년 11월 1일
초판 14쇄 발행 · 2022년 9월 30일

지은이 · 박수진
발행인 · 이종원
발행처 · (주)도서출판 길벗
브랜드 · 길벗이지톡
출판사 등록일 · 1990년 12월 24일
주소 · 서울시 마포구 월드컵로 10길 56(서교동)
대표 전화 · 02)332-0931 | **팩스** · 02)323-0586
홈페이지 · www.gilbut.co.kr | **이메일** · eztok@gilbut.co.kr

기획 및 책임 편집 · 오윤희(tahiti01@gilbut.co.kr) | **디자인** · 황애라 | **제작** · 이준호, 손일순, 이진혁
마케팅 · 이수미, 장봉석, 최소영 | **영업관리** · 심선숙 | **독자지원** · 윤정아, 최희창

편집진행 및 교정 · 이규선 | **전산편집** · 디자인4B | **오디오 녹음** · 와이알미디어
CTP 출력 · 예림인쇄 | **인쇄** · 예림인쇄 | **제본** · 예림바인딩

· 잘못 만든 책은 구입한 서점에서 바꿔 드립니다.
· 이 책은 저작권법에 따라 보호받는 저작물이므로 무단전재와 무단복제를 금합니다.
  이 책의 전부 또는 일부를 이용하려면 반드시 사전에 저작권자와 (주)도서출판 길벗의 서면 동의를 받아야 합니다.
· 책 내용에 대한 문의는 길벗 홈페이지(www.gilbut.co.kr) 고객센터에 올려 주세요.

ISBN 978-89-6047-898-5 03740
(길벗 도서번호 300778)

ⓒ 박수진, 2014

정가 15,000원

독자의 1초까지 아껴주는 정성 길벗출판사
길벗 | IT실용, IT/일반 수험서, IT전문서, 경제경영서, 취미실용서, 건강실용서, 자녀교육서
더퀘스트 | 인문교양서, 비즈니스서
길벗이지톡 | 어학단행본, 어학수험서
길벗스쿨 | 국어학습서, 수학학습서, 유아학습서, 어학학습서, 어린이교양서, 교과서

페이스북 · www.facebook.com/gilbuteztok
네이버 포스트 · http://post.naver.com/gilbuteztok
유튜브 · https://www.youtube.com/gilbuteztok

● 정말 실용적인 책이에요!

간단한 단어로 이루어진 짧은 문장인데, 도통 직역이 되지 않는 표현들이 단순 명료하게 구성되어 있어요. 깔끔한 구성인 만큼 자투리 시간을 유용하게 활용할 수 있어 좋네요. 이 책 덕분에 어렵고 멀게만 느껴지던 영어에 조금 더 다가선 느낌이에요.

이우은

《네이티브는 쉬운 영어로 말한다 – 일상회화 편》 서평 중에서

● 듣기만 해도 공부가 되는 책!

특별한 학습법이 있는 건 아니지만 버스나 지하철에서도 편하게 mp3를 들으면서 공부할 수 있어요. 미국 영화나 드라마에도 자주 나오는 일상 회화문이 많아서, 외국 친구들한테 써먹으면 센스쟁이로 생각하더라고요.

권수영

《네이티브는 쉬운 영어로 말한다 – 일상회화2 편》 서평 중에서

● 미드로 공부하고 싶은 분에게 강추!

평소에 미드를 너무 좋아해서 나도 저런 말들을 자유롭게 해봤으면 했는데, 영어회화 책을 뒤지던 중 이 책을 보게 됐어요. 당장 질렀죠! 정말 네이티브는 쉬운 영어를 쓰는구나 싶더군요. 미드를 보는 순간순간 이 책에서 본 내용이 튀어나와요!

박진희

《네이티브는 쉬운 영어로 말한다 – 미국 드라마 편》 서평 중에서

● 부담 없이 공부할 수 있어요!

입사를 하고 나서 영어 공부를 해야겠다는 마음을 먹고 있던 차에 이 책을 보게 되었습니다. 실제 직장 생활을 하면서 쓸 수 있는 표현이 많이 들어 있고, 분량도 출퇴근 시간에 보기에 적당해요. 저처럼 영어 습관을 들이고픈 직장인에게 추천합니다!

이종찬

《네이티브는 쉬운 영어로 말한다 – 직장인 편》 서평 중에서

● 영어의 매력을 깨닫게 해준 책!

영어를 아무리 공부해도 입이 안 떨어져서 힘들었는데, '간단한 것부터 시작하자!'라는 마음으로 따라하니, 차츰 두려움이 없어지는 것 같아요. 문화와 의식이 살아 있는 관용어구에서 영어의 위트와 매력까지 느끼게 됐어요!

이지은

《네이티브는 쉬운 영어로 말한다 – 관용어구 편》 서평 중에서

머리말

네이티브처럼 말하기, 어렵지 않아요!

영어회화 잘하는 비법?

전생에 한국 사람이었던 건 아닐까 의심이 될 정도로 한국말을 잘하는 외국인들을 보면서 많은 사람들이 어쩌면 저렇게 말을 잘할까 부러워합니다. 그런데 이들이 우리말을 잘하는 비법은 의외로 간단합니다. 바로 한국인이(특히 젊은이들이) 자주 쓰는 표현을 적재적소에 써 주는 거죠. 외국인 친구가 "오늘 불금인데, 칼퇴하고 한잔 어때? 내가 쏠게."라고 말한다면 "이야~ 한국사람 다 됐네."라는 반응이 바로 나올 거예요. 마찬가지로 우리가 영어를 할 때도 원어민들이 자주 쓰는 표현을 상황에 딱 맞게 써 주면 "어라, 이 친구 영어 좀 하네?"라는 감탄과 함께 칭찬을 들을 수 있겠죠?

영어, 쉽고 간단하게 써라!

우리나라에 체류하는 외국인들은 우리의 영어 실력에 놀란다고 합니다. 왜일까요? 같은 표현을 해도 어렵고 복잡한 문장을 쓴다는 거예요. 우리가 영어를 어렵게 느끼는 것은 어렵고 복잡한 것이 제대로 된 영어일 거라는 선입견 때문입니다. 네이티브가 실제로 자주 쓰는 표현은 정말 쉽고 간단합니다. 미국 드라마나 영화에 나오는 대사들을 들어보세요. 어려운 단어보다는 쉬운 단어로 된 문장, 긴 문장보다는 짧고 간단한 문장들이 훨씬 많이 쓰입니다. Go for it!은 무슨 뜻일까요? Humor me.는요? 각각 '해 보는 거야.', '비위 좀 맞춰 줘.'라는 뜻입니다. 이렇게 네이티브들은 자주 쓰지만 우리는 무슨 뜻인지 이해하기 어려운 표현 위주로 골랐습니다. 우리가 아는 쉬운 단어로 표현된 짧은 문장이기 때문에 쉽게 외울 수 있을 거예요.

이렇게 달라졌다!

이 책은 《네이티브는 쉬운 영어로 말한다》 시리즈 중 독자들의 가장 많은 사랑을 받은 5권 중에서 원어민들이 매일 입에 달고 살고, 미드에도 항상 나오는 엑기스 1,000문장만 뽑았습니다. 단순히 문장만 쓱 보고 끝이 아니라, 제대로 익혀서 써먹는 게 중요하겠죠? 문장을 제대로 익혔는지 확인하고 넘어갈 수 있도록 망각방지장치를 끼워 넣어 50문장을 배우고 한 번, 100문장을 배우고 또 한 번, 이렇게 까먹을 만할 때 다시 확인하고 알려 주니까 오래 기억할 수 있습니다. 책을 그대로 따라만 가도 1,000문장이 머릿속에 차곡차곡 쌓일 거예요. 이 쉽고 간단한 1,000문장만 확실하게 내 걸로 만들어 보세요! "외국에서 살다 왔어요?"라는 말을 심심찮게 들을 수 있을 겁니다.

박수진

이 책의 공부법

하루 5분, 5문장 영어 습관법

부담과 욕심은 내려놓고, 하루에 5문장씩만 익혀 보세요. 매일매일의 습관이 쌓여 곧 실력이 됩니다!

1단계 　출근길 1분 30초　**영어 표현을 보고 어떤 의미인지 생각해 보세요.**

한 페이지에 5문장의 영어 표현이 정리되어 있습니다. 문장을 보고 어떤 의미인지 생각해 보세요. 다음 페이지를 넘겨 우리말 뜻을 확인합니다. 뜻을 알아맞히지 못했다면 상단 체크박스에 표시하고 다음 문장으로 넘어가세요.

2단계 　이동 시 짬짬이 2분　**mp3 파일을 들으며 따라해보세요.**

책으로 공부한 후에는 mp3 파일을 활용해 확실히 내 입에 붙이는 훈련에 돌입합니다. 오디오를 들으면서 큰 소리로 따라해 봅니다. 실제로 그런 상황 속 주인공이 된 것처럼 얼굴 표정까지 살려서 따라 말해 보세요.

3단계 　퇴근길 1분 30초　**체크된 표현 중심으로 한번 더 확인합니다.**

이제 영어 표현을 제대로 익혔는지 확인해 볼까요? 책에 체크해 놓은 문장을 중심으로 앞 페이지에서는 영어를 보면서 우리말 뜻을 떠올려 보고, 뒤 페이지에서는 해석을 보면서 영어 문장을 말해봅니다. 5초 이내에 바로 튀어나오게 말할 수 있다면 성공입니다!

망각방지 복습법

인간은 망각의 동물! 채워 넣을 것이 수없이 많은 복잡한 머릿속에서 입에 익숙지 않은 영어 문장은 1순위로 빠져나가겠지요. 그러니 자신 있게 외웠다고 넘어간 표현들도 하루만 지나면 절반 이상 잊어버립니다. 망각이론을 근거로 체계적이고 과학적으로 복습할 수 있는 망각방지시스템을 도입하여 책 순서대로만 따라와도 자연스럽게 복습과 암기가 이루어집니다.

1단계 　**망각방지장치 ❶**

50문장을 공부한 후 복습에 들어갑니다. 통문장을 외워서 말해야 한다는 부담 없이 핵심 키워드만 비워 놓아 가볍게 기억을 떠올려 볼 수 있습니다. 문장을 완성하지 못했다면 체크하고 다시 앞으로 돌아가 한 번 더 복습합니다.

2단계 　**망각방지장치 ❷**

100문장을 공부할 때마다 복습할 수 있게 10개의 대화문을 넣었습니다. 우리말 부분을 영어 표현으로 바꿔 말해 보세요. 네이티브들이 쓰는 생생한 대화문으로 복습하면 앞에서 배운 문장을 실제 회화에서 어떻게 써먹을 수 있는지 감이 잡힐 거예요.

이 책의 구성

mp3
해당 페이지를 공부할 수 있는 mp3 파일입니다. 오디오만 들어도 충분한 학습이 가능하도록 우리말 해석부터 영문까지 모두 싣고, 성별이나 개인에 따른 속도, 억양 차이 등에도 적응할 수 있도록 네이티브 남녀가 각 한 번씩 읽었습니다.

소주제
다섯 문장은 연관 없는 낱개의 문장이 아닙니다. 다섯 문장이 하나의 주제로 연결되어 있어, 하나의 문장만 읽어도 연관된 나머지 문장이 줄줄이 기억날 수 있도록 구성했습니다.

영어 문장
한 페이지에 5문장을 넣었습니다. 네이티브들이 자주 쓰는 표현들 중에서도 쉬운 단어로 이루어져 있지만 막상 실제 사용하기는 쉽지 않은 문장으로만 가려 뽑았습니다. 처음 보는 단어들이 아니므로 한두 번만 제대로 학습해도 쉽게 기억할 수 있습니다.

핵심 해설
표현에 대한 핵심 설명을 간단하게 정리했습니다. 가볍게 읽고 넘어가세요.

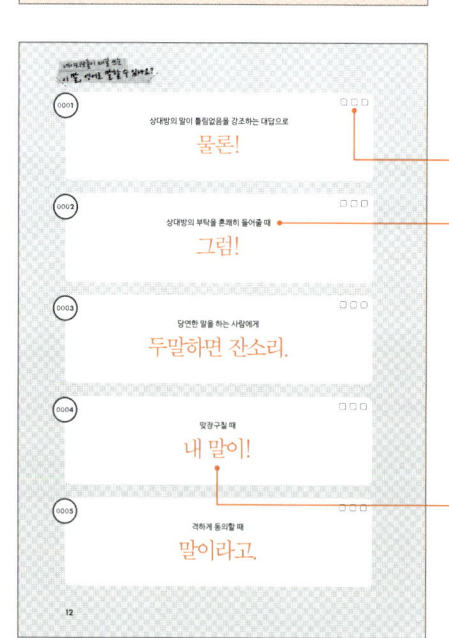

체크 박스
우리말을 보면서 영어로 자연스럽게 말할 수 없을 때 체크하세요. 나중에 체크한 문장만 집중적으로 학습합니다.

상황 설명
어떤 상황에서 주로 활용할 수 있는 말인지 딱 감이 오도록 간결하고 감각적으로 설명했습니다. 내가 그 상황에 처했다고 상상하며 실전처럼 연습해 보세요.

우리말 해석
영문 바로 뒷 페이지에 해석을 넣었습니다. 영어문장의 뜻과 뉘앙스를 100% 살려 가장 자연스러운 우리말로 해석했습니다. 우리말만 보고도 영어가 바로 튀어 나올 수 있게 연습하세요!

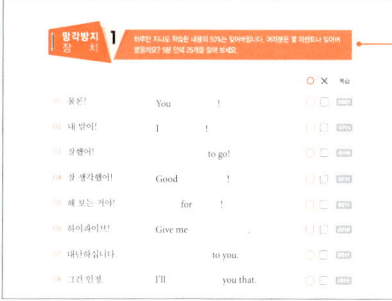

복습 망각방지장치 ❶

표현 50개마다 문장을 복습할 수 있는 연습문제를 넣었습니다. 빈칸에 들어갈 말을 넣어 5초 이내에 문장을 말해 보세요. 틀렸으면 오른쪽의 표현 번호를 참고해 그 표현이 나온 페이지로 돌아가서 다시 한번 확인하고 넘어가세요.

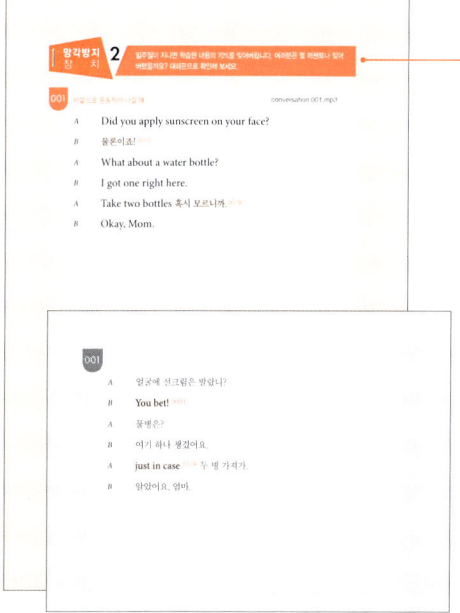

복습 망각방지장치 ❷

이 책에 나오는 문장들이 실생활에서 정말 쓰이는 문장인지 궁금하다고요? 표현 100개를 익힐 때마다 배운 표현을 제대로 활용할 수 있는 대화문을 10개씩 넣었습니다. 대화 상황 속에서 우리말 부분을 영어 표현으로 바꿔 말해 보세요. 뒷장에 나온 정답과 해석을 보면서 바로바로 확인합니다.

mp3 파일 활용법

책에 수록된 모든 예문은 베테랑 성우의 목소리로 직접 녹음했습니다. 오디오만 들어도 이 책의 모든 문장을 외울 수 있도록 영어 문장뿐 아니라 우리말 해석까지 녹음했습니다. 한 페이지에 담긴 5문장을 묶어서 파일을 구성하여 모르는 부분만 골라서 들을 수 있습니다. 영어 문장이 입에 붙을 때까지 듣고 큰 소리로 따라하세요! mp3 파일은 길벗이지톡 홈페이지(www.eztok.co.kr)에서 무료로 다운로드 받을 수 있습니다.

1단계 그냥 들으세요!   상황 설명 ➡ 우리말 해석 ➡ 영어 문장 2회 (남/녀)
2단계 영어로 말해보세요!   우리말 해석 ➡ 답하는 시간 ➡ 영어 문장 1회

차례

2권

Part 6 네이티브가 개인사를 말할 때 쓰는 표현 100 ⋯ 9
- 망각방지장치 ❶ ⋯ 31, 53
- 망각방지장치 ❷ ⋯ 55

Part 7 네이티브가 취미·관심사를 말할 때 쓰는 표현 100 ⋯ 65
- 망각방지장치 ❶ ⋯ 87, 109
- 망각방지장치 ❷ ⋯ 111

Part 8 네이티브가 스마트폰·SNS에서 쓰는 표현 100 ⋯ 121
- 망각방지장치 ❶ ⋯ 143, 165
- 망각방지장치 ❷ ⋯ 167

Part 9 네이티브가 연애할 때 쓰는 표현 100 ⋯ 177
- 망각방지장치 ❶ ⋯ 199, 221
- 망각방지장치 ❷ ⋯ 223

Part 10 네이티브가 직장에서 쓰는 표현 100 ⋯ 233
- 망각방지장치 ❶ ⋯ 255, 277
- 망각방지장치 ❷ ⋯ 279

1권

- Part 1 네이티브가 입에 달고 사는 한마디 100
- Part 2 네이티브가 리액션 할 때 쓰는 표현 100
- Part 3 네이티브가 친구끼리 막말할 때 쓰는 표현 100
- Part 4 네이티브가 감정·상태를 표현할 때 쓰는 표현 100
- Part 5 네이티브가 일상생활에서 자주 쓰는 표현 100

Part 6

네이티브가 개인사를 말할 때 쓰는 표현 100

Part 6 전체 듣기

낯은 좀 가리지만, 욱하는 성질이 있나요? 음식은 가리지 않지만, 복숭아에는 알레르기가 있나요? 야행성이고, 술고래에, 고약한 주사까지 있다고요? 이번에는 이름부터 시작해 출신, 직업, 술버릇, 경제 사정 등 여러분의 개인적인 이야기를 시시콜콜 영어로 표현해 보세요.

01 이름   02 나이   03 출신   04 직업·전공 1   05 직업·전공 2   06 가족   07 친구·인맥
08 성격 1   09 성격 2   10 성격 3   11 취미   12 취향   13 싫은 것   14 음식   15 요리·적성
16 술   17 몸·건강   18 잠   19 경제 사정   20 속담

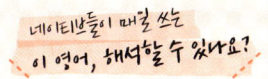

0501~0505. mp3

What was your name again?

이름을 물을 때는 What's your name?이나 May I have your name?이죠.
좀 전에 이름을 물었는데 그새 까먹고 또 물어야 할 땐 이렇게 말하면 돼요.

What should I call you?

〈우리 결혼했어요〉에서 애칭을 정할 때 자주 나오는 말이죠.
'자기라고 불러도 돼?' 하려면 Can I call you baby/honey/sweetie?

Just call me J.

한국 이름이 발음하기 어렵다거나, 영어 애칭이 따로 있을 때
자기소개를 한 후, '그냥 OOO라고 부르세요.'라고 말할 때 쓰세요.

What does CL stand for?

약어가 뭘 나타내는지 물을 때 What does ~ stand for?라고 합니다.
What does CL mean?이라고 하면 'CL이 무슨 뜻이에요?'가 되죠.

It has a nice ring to it.

여기서 ring은 어떤 이름을 들었을 때 그 소리에 담긴 느낌입니다.
중얼중얼 그 이름을 말해 보니 어감이 좋을 때 이렇게 말해요.

0501

이름을 들었는데 까먹었을 때

이름이 뭐라고 했죠?

0502

어떻게 불러야 할지 모를 때

뭐라고 부를까?

0503

누구누구 씨가 아니라 편하게 부르라고 할 때

그냥 J라고 부르세요.

0504

약자가 어디서 왔는지 물을 때

CL은 뭐의 약자예요?

0505

새로 생긴 별명이 마음에 들 때

어감이 좋네요.

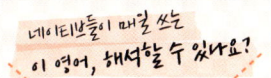

0506~0510. mp3

How old do I look?

How do I look?은 내가 어때 보이는지 묻는 말인데
how를 how old로 바꾸니 내가 몇 살 같아 보이는지 묻는 말이 돼요.

I'm pushing forty.

직역하면 '마흔을 뒤에서 밀고 있다.' 곧 40대가 된다는 말입니다.
30대 후반이란 소리겠죠. I'm in my late 30s.처럼도 쓰고요.

You look younger for your age.

'나이에 비해서, 그 나이치고는'이란 표현은 for one's age라고 하면 됩니다.
for your age 대신 in person을 넣으면 '실물로 보니 동안이네요.'

I'm young at heart.

at heart는 '마음속으로는'이라는 뜻이에요. 반대로, 어리지만 속은 늙었다며
'조숙하다, 애늙은이다'라고 할 때는 I'm an old soul.이라고 해요.

Age is just a number.

영어에서도 우리말처럼 '나이는 그냥 숫자다.'라고 말하면 됩니다.
a number 대신 a state of mind를 넣으면 '나이는 마음먹기 나름이다.'가 되죠.

13

0506

동안인 사람들이 자주 써먹는 수법

몇 살로 보여요?

0507

마흔 즈음에 접어들었을 때

낼모레면 마흔이야.

0508

생각보다 어려 보일 때

동안이시네요.

0509

마음만은 이팔청춘이라고 할 때

마음은 청춘이야.

0510

나이는 중요하지 않다는 말

나이는 숫자에 불과하다.

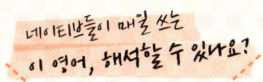

0511~0515. mp3

Which country are you from?

Where are you from?은 고향을 묻는 말이죠. 외국인에게 이렇게
물어도 되지만 '어느 나라'에서 왔는지 콕 집어 물을 때는 which country를 쓰세요.

Are you originally from Seoul?

originally는 '원래, 본래, 본디'라는 뜻이 있어요. 참고로,
뉴욕 사람은 New Yorker라고 하죠? 서울 사람은 Seoulite라고 합니다.

I was born and raised here.

토박이는 거기서 태어나서(was born) 자란(raised) 사람이죠.
영어로도 그대로 말하면 돼요. I grew up in Busan.처럼 말해도 됩니다.

What part of Seoul?

Where do you live?(어디 살아?), I live in Seoul.(서울 살아.) 여기까진 쉬웠는데
'서울 어디?'가 안 나올 때가 있어요. 이제 '캐나다 어디?'도 할 수 있겠죠?

I live in the suburbs of Seoul.

on the outskirts of를 써도 '~의 변두리에, 교외에'가 됩니다.
구어체 표현에서는 in the suburbs를 많이 씁니다.

0511

어느 나라에서 왔는지 콕 집어 물을 때

어느 나라에서 왔어요?

0512

토박이인지 물을 때

원래 고향이 서울이에요?

0513

서울내기라는 말

여기 토박이에요.

0514

서울이 다 네 집이냐고 할 때

서울 어디요?

0515

일산이나 분당 같은 서울 근교에 산다고 할 때

서울 근교에 살아요.

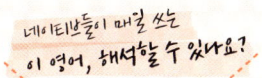

0516~0520. mp3

What do you do for a living?

짧게 What do you do?라고도 하죠. 어느 계통 일을 하는지 물을 때는
What line of work are you in?, What kind of work do you do?라고도 합니다.

I'm an office worker.

흔히 그냥 '회사 다닌다'고 할 때 office worker를 씁니다.
회사 이름을 대면서 I work for LG. 이런 식으로 말해도 되죠.

I have my own business.

자기 사업을 하고 있다는 거죠. I am my own boss. 또는
I'm self-employed.라는 표현도 알아 두세요.

I'm in marketing.

어느 쪽 일을 한다고 할 때는 I'm in 다음에 일하는 계통을 넣으세요.
영업 쪽에 있다면 in sales, 홍보 쪽이라면 in public relations가 되겠죠.

I'm a civil servant.

'공무원'은 civil servant인데 '정부를 위해 일한다.'처럼 풀어서
I work for the government.라고 말하기도 합니다.

0516

직업을 물을 때

무슨 일 하세요?

0517

그냥 직장인이라는 말

회사 다녀요.

0518

사업하는 사람일 때

자영업이에요.

0519

어떤 계통에서 일한다고 할 때

마케팅 쪽에 있어요.

0520

나랏밥 먹는 사람일 때

공무원입니다.

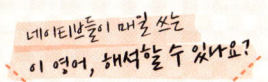

0521~0525. mp3

I'm a homemaker.

'전업주부'는 housewife, 또는 더 있어 보이는 homemaker도 씁니다.
집에서 아이 키우는 엄마라 stay-at-home mom이란 표현도 써요.

I'm a graduate student.

'대학원에 다닌다.'는 말로 I'm in grad school.이라고도 하죠.
대학생일 때는 college student를 많이 써요.

I majored in computer science.

'전공하다'는 major in을 씁니다. 학생에게 전공을 물을 땐 What's your major?
졸업한 사람에겐 is를 was로 바꾸거나 What did you major in?이라고 해요.

I'm job-hunting these days.

'구직'을 job-hunting이라고 하죠. '일자리를 찾고 있다'는 말은
look for a job이나 hunt for a job 등으로 표현할 수 있어요.

I'm in between jobs.

정확하게는 예전 직장과 다음에 일할 새 직장 '사이'에 있다는 말이죠.
I'm unemployed.(백수입니다.)와 같은 뜻이지만 듣기엔 훨씬 좋겠죠.

0521

전업주부일 때

가정주부예요.

0522

석사 과정 중이라는 말

대학원 다녀요.

0523

전공과목을 이야기할 때

컴퓨터 공학을 전공했어요.

0524

일자리를 구하고 있다고 할 때

일자리를 알아보고 있어요.

0525

현재 일을 안 하고 있을 때

쉬고 있어요.

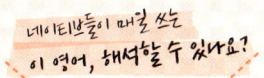

0526~0530. mp3

Family comes first.

'일이 우선인가, 가족이 우선인가.' 이럴 때 '우선이다'가 come first입니다.
달리기 시합에서 '처음 들어오는' 사람이 1등이니, 우선이란 말이 되죠.

It runs in the family.

가족들 성격이 모두 불같거나 머리가 좋거나,
모두 똑같은 특징이 있을 때 쓰죠. It's in the blood.라고도 해요.

I'm an only child.

How many brothers and sisters do you have?
이렇게 형제를 묻는 말에 형제가 없을 때는 an only child를 쓰면 됩니다.

0529

You're a chip off the old block.

Like father, like son.(부전자전)처럼 아이가 부모의 생김새나 하는 행동을 똑 닮았을 때 하는 말이죠.
특히 얼굴을 빼다 박았다고 할 때는 You're the spitting image of your mom.처럼 쓰기도 해요.

My family is tight-knit.

'친하다, 가깝다'는 보통 close인데 '유대가 긴밀하다'는 의미로
tight나 tight-knit 혹은 close-knit을 쓰기도 해요.

0526

우선순위를 말할 때

가족이 우선이야.

0527

식구들이 다 그렇다고 할 때

집안 내력이에요.

0528

외동이라는 말

형제가 없어요.

0529

부모와 국화빵인 자식을 보고

아버지를 똑 닮았구나.

0530

가까운 사이라는 말

우리 가족은 끈끈해요.

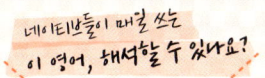

Dan and I go way back.

We go back.이라고만 해도 됩니다. '우리는 후진해.'가 아니라, 우리가 안 세월을 얘기하려면 그만큼 거슬러 올라간다는 뜻이죠.

I'm not really a people person.

people person은 사람을 좋아하고 사교성이 좋은 사람을 말합니다. 외향적이고 사람들과 잘 지내는 사람이겠죠.

I'm kind of a loner.

사람들과 어울리기보다 혼자 있는 걸 더 좋아하는 사람이라는 뜻이에요. kind of가 들어가면 '다소, 약간' 그런 편이란 거예요.

I pulled some strings.

높으신 분들을 많이 아는 사람이 주로 쓰는 말이에요. pull strings는 '연줄을 이용해서 목적을 달성하다'라는 뜻입니다.

I'll keep you company.

여기서 company는 회사가 아니라 함께 있어 주는 걸 말합니다. 〈keep 누구 company〉는 '누구와 같이 있어 주다'라는 표현이죠.

0531

아주 오래된 친구에 관해 이야기할 때

댄하고는 안 지 꽤 됐어.

0532

사람을 대하기 어렵다고 말할 때

사람들하고 잘 어울리지 못해.

0533

고독을 즐기는 스타일이라는 뜻으로

혼자 있는 걸 좋아하는 편이에요.

0534

인맥으로 어떤 일을 해결했을 때

내가 손 좀 썼어.

0535

말동무를 해 주겠다는 뜻으로

내가 같이 있어 줄게.

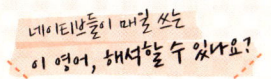

I don't hold a grudge.

grudge는 '원한'이나 '유감'입니다. hold를 쓰면 원한을 붙들고 있는 건데
부정문이니까 '뒤끝이 없다.'는 말이 되는 거죠.

I'm not a pushover.

pushover는 '아주 쉬운 일, 호락호락한 사람'을 뜻합니다.
남의 말에 잘 넘어가거나 만만한 사람, 즉 '호구'란 거죠.

My glass is always half full.

유리잔에 물이 절반 있을 때 긍정적인 사람은 half full(반 차 있다)이라 하고,
부정적인 사람은 half empty(반이 비었다)라고 한다죠.

I'm not high maintenance.

high maintenance는 세심한 관리가 필요하고, 신경 쓸 게 많고
돈도 많이 들어가는 물건이나 사람을 말하죠.

0540

I've got a good sense of humor.

'유머감각이 좋다'는 have a good sense of humor를 씁니다.
'너 때문에 웃겨 죽겠다.'라고 하려면 You crack me up.도 써 보세요.

0536

난 소심남이/소심녀가 아니라고 할 때

뒤끝은 없어.

0537

속이기 쉬운 사람이 아니란 뜻으로

난 귀가 얇지 않아.

0538

매사에 긍정적인 사람일 때

난 늘 낙관적이야.

0539

까다롭지 않고 털털하다는 말

난 까탈스럽지 않아.

0540

재치 있는 농담을 잘할 때

유머감각이 좋은 편이야.

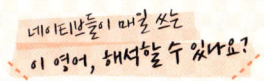

0541~0545. mp3

I'm a little shy.

숫기가 없고 부끄러움을 많이 타는 성격일 때 shy를 씁니다.
쑥스럽고 어색하고 당황스러운 상황일 때 쓰는 embarrassed와 구별하세요.

She's a very outgoing girl.

외향적이고 사교적인 성격일 때 outgoing이라고 해요.
반대로 태평하고 느긋한 성격일 때는 easygoing을 쓰죠.

You're not much of a talker.

not much of a ~라고 하면 '대단한 ~는 아니다'가 됩니다.
수영을 잘하지 못한다면 I'm not much of a swimmer.라고 하죠.

He's the life of the party.

어딜 가든 사람들에 둘러싸여 있고 분위기를 밝게 하는 사람을 말합니다.
그 사람이 빠지면 분위기도 죽으니까 문자 그대로 the 'life' of the party인 거죠.

She likes to stand out.

stand out은 '눈에 띄다, 두드러지다'라는 뜻입니다.
많은 사람 중에서 돋보이고 눈에 띄는 걸 좋아할 때 이런 표현을 써요.

0541

수줍음을 타는 사람일 때

낯을 좀 가립니다.

0542

사람들과 잘 어울릴 때

활발한 아이예요.

0543

말수가 적은 사람일 때

말이 없는 편이구나.

0544

분위기를 팍팍 띄우는 사람일 때

분위기메이커야.

0545

평범하고 단조로운 걸 싫어할 때

튀는 걸 좋아해.

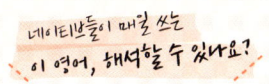

0546~0550. mp3

She's so competitive.

competitive는 '경쟁적인'이라는 뜻으로 competition(경쟁, 시합)의 형용사입니다.
경쟁을 즐기고, 경쟁에서 꼭 이겨야 직성이 풀리는 사람이죠.

I'm a risk taker.

take a risk는 '위험을 무릅쓰다' risk taker는 '위험을 무릅쓰는 사람. 모험가'입니다.
실패가 두려워서 아무것도 안 하는 게 아니라 모험하고 도전해 보는 스타일이죠.

He's got a temper.

성질이 좀 있는 사람에겐 have a temper라고 하고
그런 분들이 버럭 했을 때는 lost one's temper라고 얘기를 합니다.

I'm a terrible liar.

'거짓말을 잘하다/못하다'란 표현은 I lie well/badly.가 아니라
I'm a good/bad/terrible liar.라고 하면 됩니다.

I'm a perfectionist.

완벽주의자로 perfectionist라는 표현은 잘 아실 테죠. 뭐든 완벽해야 해서 주변 일에
일일이 간섭하는 사람을 control freak(지배광)이라고 하는 것도 알아 두세요.

0546

승부욕이 강하다고 할 때

지고는 못 살아.

0547

위험을 회피하지 않고 도전한다고 할 때

위험에 도전하는 편이야.

0548

자주 버럭 하는 사람일 때

욱하는 성질이 있어.

0549

거짓말하면 티가 나는 사람일 때

거짓말은 잘 못 해.

0550

매사에 완벽해야 하는 사람일 때

완벽주의자야.

망각방지 장치 1

하루만 지나도 학습한 내용의 50%는 잊어버립니다. 여러분은 몇 퍼센트나 잊어버렸을까요? 5분 안에 25개를 말해 보세요.

			O X 복습	
01	CL은 뭐의 약자예요?	What does CL _____ for?	☐ ☐	0504
02	어감이 좋네요.	It has a nice _____ to it.	☐ ☐	0505
03	낼모레면 마흔이야.	I'm _____ forty.	☐ ☐	0507
04	여기 토박이예요.	I was _____ and _____ here.	☐ ☐	0513
05	서울 근교에 살아요.	I live in the _____ of Seoul.	☐ ☐	0515
06	회사 다녀요.	I'm an _____.	☐ ☐	0517
07	자영업이에요.	I have my own _____.	☐ ☐	0518
08	공무원입니다.	I'm a _____.	☐ ☐	0520
09	가정주부예요.	I'm a _____.	☐ ☐	0521
10	일자리를 알아보고 있어요.	I'm _____ these days.	☐ ☐	0524
11	쉬고 있어요.	I'm in _____ jobs.	☐ ☐	0525
12	집안 내력이에요.	It _____ in the family.	☐ ☐	0527
13	형제가 없어요.	I'm an _____ child.	☐ ☐	0528

정답 01 stand 02 ring 03 pushing 04 born, raised 05 suburbs 06 office worker
07 business 08 civil servant 09 homemaker 10 job-hunting 11 between 12 runs 13 only

			○	×	복습
14	아버지를 똑 닮았구나.	You're a _____ off the old _____.	☐	☐	0529
15	우리 가족은 끈끈해요.	My family is _____.	☐	☐	0530
16	사람들하고 잘 어울리지 못해.	I'm not really a _____ person.	☐	☐	0532
17	내가 손 좀 썼어.	I pulled some _____.	☐	☐	0534
18	뒤끝은 없어.	I don't hold a _____.	☐	☐	0536
19	난 귀가 얇지 않아.	I'm not a _____.	☐	☐	0537
20	난 늘 낙관적이야.	My glass is always half _____.	☐	☐	0538
21	낯을 좀 가립니다.	I'm a little _____.	☐	☐	0541
22	말이 없는 편이구나.	You're not much of a _____.	☐	☐	0543
23	분위기메이커야.	He's the _____ of the party.	☐	☐	0544
24	욱하는 성질이 있어.	He's got a _____.	☐	☐	0548
25	거짓말은 잘 못 해.	I'm a _____ liar.	☐	☐	0549

맞은 개수: 25개 중 _____ 개

당신은 그동안 _____%를 잊어버렸습니다.
틀린 문장들은 다시 한번 복습하고 넘어가세요.

정답 14 chip, block 15 tight-knit 16 people 17 strings 18 grudge 19 pushover 20 full
21 shy 22 talker 23 life 24 temper 25 terrible

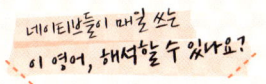

0551~0555. mp3

I enjoy hanging out with friends.

'친구들과 논다'고 해서 play with를 쓰면 이상해요.
만나서 시간을 보내고 노는 건 hang out with를 씁니다.

In my spare time, I read.

spare time은 '여가 시간'입니다. 말 그대로 '남는 시간'이네요.
leisure time이나 free time이라고도 하죠.

I collect vinyl records.

LP판은 영어로 vinyl record입니다. vinyl은 비닐 봉투의 그 '비닐'인데
'비닐 봉지'는 영어로 vinyl bag이 아니라 plastic bag인 것도 알아 두세요.

I'm good with my hands.

be good with는 '재주가 있다'는 뜻이죠. 손재주가 좋아서
뭘 잘 만들때 be good with one's hands라고 해요.

I relax by watching TV.

'~을 하면서 긴장을 풀다, 푹 쉬다'라고 할 때
relax by -ing라고 표현합니다.

0551

사람 만나는 것을 좋아할 때

친구들 만나는 걸 좋아해.

0552

취미가 독서라는 말

난 시간 날 때 책을 읽어.

0553

양평이 형의 취미 생활

LP판을 수집해요.

0554

손으로 뭘 만드는 게 취미일 때

손재주가 좋아요.

0555

텔레비전을 보는 게 취미일 때

TV 보면서 푹 쉬죠.

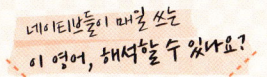

 0556
You got terrible taste in men.

have good taste in은 '좋은 취향이다, 안목이 있다'인데
여기선 terrible이니 '보는 눈이 형편없다'는 게 되네요.

 0557
Good eye!

good eye는 좋은 눈썰미로 탁월한 선택을 했다는 얘기입니다.
특히 사람 보는 안목이 좋은 사람에게는 a good judge of character라고 해요.

 0558
We have a lot in common.

have ~ in common은 '공통으로 ~을 가지고 있다',
'공통점이 없다'는 have nothing in common이라고 해요.

 0559
It's not my cup of tea.

'정치는 내 취향이 아니야.'라는 말을 하고 싶을 땐 it 자리에 politics만 넣으면 돼요.
반대로 딱 내 취향일 때는 It is just my cup of tea.라고 합니다.

 0560
I'm a sucker for freebies.

a sucker for ~는 '~에 속기 쉬운 사람, ~에 약한 사람'입니다.
freebie는 사은품처럼 '공짜로 주는 것'을 말하고요.

0556

좋다고 데려오는 남자마다 별로일 때

남자 보는 눈이 왜 그래?

0557

탁월한 선택을 했을 때

안목 있으시네!

0558

서로 통하는 점이 많을 때

우린 공통점이 많네요.

0559

관심도 없고 내가 좋아하는 스타일이 아닐 때

내 취향은 아니야.

0560

공짜라면 사족을 못 쓴다는 말

난 공짜라면 껌뻑 죽잖아.

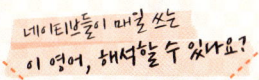

0561~0565. mp3

I can't stand the rain.

can't stand를 직역하면 '참을 수 없다'지만
'싫다, 딱 질색이다' 정도로 번역하면 자연스럽습니다.

I hate his guts.

그 사람의 guts(내장)까지 싫어한다면 얼마나 싫어하는지 감이 오죠.
대놓고 쓸 일은 없겠지만 거친 표현이니 조심하세요.

What's your pet peeve?

pet peeve는 사소한 거지만 날 '불쾌하게 하는 것'을 말합니다.
룸메이트가 치약 뚜껑을 늘 안 닫아서 거슬린다거나 그런 것들 말이에요.

So gross!

gross는 참 자주 쓰는 표현입니다. 징그럽거나 기분 나쁠 때
뭐든 역겨운 것이면 쓸 수 있는 말이에요.

I wouldn't be caught dead wearing this.

wouldn't be caught/seen dead는 어떤 옷을 입거나 어떤 행동을 하는 모습을
죽어도 보이고 싶지 않을 거란 얘기입니다.

네이티브들이 매일 쓰는
이 말, 영어로 말할 수 있나요?

0561

비 오는 날을 싫어할 때

비 오는 건 질색이야.

0562

끔찍하게 싫은 사람이 있을 때

저 사람 정말 싫어.

0563

거슬리게 싫은 게 뭔지 물을 때

넌 싫은 게 뭐야?

0564

벌레를 보고 '으웩!' 소리를 지를 때

징그러워!

0565

죽는 한이 있어도 입지 않고 싶을 때

이건 죽어도 안 입을 거야.

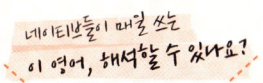

0566~0570. mp3

I'm not picky about food.

picky는 까다롭게 구는 걸 말해요. picky about food라면
'식성이 까다롭다, 편식하다'라는 뜻입니다.

I've got a sweet tooth.

직역하면 '달콤한 치아를 가졌다.'가 되죠.
과자나 초콜릿 등 달달한 걸 좋아한다는 뜻입니다.

I'm allergic to peaches.

알레르기는 allergy인데 '알레르기가 있다'라고 할 때는
be allergic to를 쓰면 됩니다.

I miss home-cooked meals.

'집밥'은 home-cooked meal이라고 표현하면 됩니다.
homemade(집에서 만든)를 써서 homemade hamburger처럼 말하기도 하죠.

I have a craving for kimchi.

어떤 음식이 먹고 싶어 미칠 것 같을 때 have a craving for를 씁니다.
김치 없으면 못 산다는 말은 I can't live/go without kimchi.라고 해요.

0566

가리지 않고 잘 먹는다는 뜻으로
음식은 안 가려.

0567

단 음식을 좋아한다는 말
단것을 좋아해.

0568

냄새만 맡아도 소스라칠 때
복숭아 알레르기가 있어.

0569

엄마표 음식이 먹고 싶을 때
집밥이 그립다.

0570

먹고 싶은 음식을 못 먹고 있을 때
김치 생각이 간절하네.

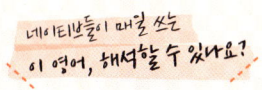

0571~0575. mp3

I make a killer spaghetti.

killer가 명사 앞에 있으면 '훌륭한'이라는 의미예요. 우리말 '죽여주는'과 통하죠.
killer 대신 mean을 넣어도 같은 뜻입니다. mean에 '솜씨가 훌륭한'이라는 뜻도 있거든요.

Cooking is not my forte.

forte는 '장점, 특기'라는 말입니다. 요리에 자신이 있을 때는
Cooking is one of my best fortes.라고 할 수 있겠네요.

I'm an okay cook.

cook은 '요리하다'라는 뜻도 있고 '요리사'라는 뜻도 있죠.
요리를 잘할 때는 okay 대신 great나 excellent를 넣고, 못할 때는 bad나 terrible을 넣으세요.

I'm not cut out for this.

be cut out for는 '어떤 일을 하기에 적임이다'라는 뜻인데
흔히 '체질에 맞지 않다'처럼 부정문으로 씁니다.

He's a natural-born chef.

어떤 재능을 타고났다고 할 때 natural-born을 쓰는데 뒤에
명사가 나와야 해요. 타고난 배우는 actor, 타고난 거짓말쟁이는 liar를 넣죠.

0571

어떤 음식을 잘한다고 자랑할 때

스파게티는 끝내주게 만들어.

0572

자신의 약점을 말할 때

요리는 자신 없어요.

0573

썩 잘하진 않지만 못하는 것도 아닐 때

요리는 그럭저럭 해.

0574

적성에 맞지 않는 일일 때

이 일은 나한테 안 맞아.

0575

요리 솜씨를 타고 났다는 말

타고난 요리사야.

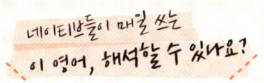

0576~0580. mp3

I'm just a social drinker.

social drinker는 술을 사교적인 자리에서만 몇 잔 마시는 사람입니다.
술을 많이 마시지 않는다고 할 때는 I'm not a big drinker.라고 해도 돼요.

I'm not a heavy drinker.

술을 많이 마시면 heavy drinker, 조금 마시면 light drinker라고 해요.
drinker 대신 smoker를 넣으면 담배 얘기가 되죠.

I drink like a fish!

'폭음하다'는 영어로 drink like a fish라고 합니다.
곤드레만드레 취했을 때 be drunk as a skunk라는 표현도 써요.

He's a mean drunk.

drunk가 명사로는 '술주정뱅이'인데, 특히 mean drunk는
술 먹으면 무례한 말이나 행동을 하는 사람을 가리킵니다.

I still have a hangover.

have a hangover는 '숙취가 있다, 술이 덜 깨다'라는 뜻이에요.
아침에 일어나니 숙취가 심하다면 I woke up with a hangover.라고 해요.

0576

술을 즐기는 편은 아니라고 말할 때

분위기 맞추는 정도예요.

0577

주량이 얼마 안 될 때

술은 많이 안 마셔요.

0578

술을 잘 마시는 사람일 때

술고래예요!

0579

술 먹으면 개가 된다고 할 때

고약한 주사가 있어.

0580

어제 마신 술이 숙취로 남았을 때

술이 아직 덜 깼어.

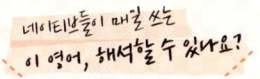

0581~0585. mp3

I woke up with a stiff neck.

stiff는 딱딱하거나 뻣뻣하다는 뜻이에요.
목이나 어깨가 뻐근할 때 stiff라는 표현을 씁니다.

I think I pulled something.

근육 등을 무리하게 써서 삐끗했을 때 동사 pull을 씁니다.
문장 앞에 붙은 I think는 '~인가 봐, ~인 것 같아'로 해석하면 자연스러워요.

My leg fell asleep.

여기서 fall asleep은 '잠들었다'가 아니라 '마비되다, 저리다'라는 뜻입니다.
쥐가 났을 때는 get a cramp를 씁니다.

I have a splitting headache.

I have a headache.라고만 해도 머리가 아프다는 뜻이지만
splitting을 넣으면 머리가 쪼개질 것처럼 심하게 아프다는 말이 된답니다.

I'm coming down with something.

감기에 걸린 것 같을 때 꼭 감기란 말을 넣지 않더라도
I think I'm coming down with something.이라고 표현해요.

0581

아침에 일어나니 목이 결릴 때

자고 나니 목이 뻐근해.

0582

콕 집어 말하지는 않고 어딘가 삔 것 같다고 할 때

어디를 삐끗했나 봐.

0583

화장실에 오래 앉아 있다가 일어날 때

다리가 저려.

0584

두통이 심할 때

머리가 깨질 것 같아.

0585

감기 기운이 있을 때

감기에 걸리려나 봐.

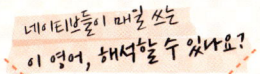

0586~0590. mp3

I'm a light sleeper.

잠귀가 밝아서 잘 깨는 사람을 light sleeper라고 해요.
반대로 잠귀가 어두운 사람은 heavy sleeper라고 하죠.

I tossed and turned all night.

toss and turn은 자려고 누워서 몸을 이리저리 뒤척이는 거예요.
잠을 못 이루고 엎치락뒤치락했다는 거죠.

I snore like a freight train.

freight train은 '화물 열차'입니다.
코를 골 때 화물 열차가 지나가는 소리가 난다는 거겠죠.

I'm a morning person.

'아침형 인간'은 영어로 간단히 morning person이라고 합니다.
아침 일찍 일어나는 사람으로 early bird, early riser라고도 하죠.

I'm more of a night owl.

be more of는 '오히려 ~이다'란 표현이에요.
우리는 '올빼미족'이라고 하는데 영어로도 night owl이라고 하네요.

0586

옆에서 바스락거리기만 해도 깨는 사람일 때

잠귀가 밝아.

0587

양 백 마리를 세도 잠이 안 올 때

뒤척이느라 잠을 못 잤어.

0588

코골이가 심할 때

코를 심하게 골아.

0589

아침 일찍 하루를 시작하는 사람일 때

아침형 인간이야.

0590

늦게 자고 늦게 일어나는 사람일 때

야행성인 편이야.

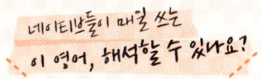

I'm flat broke.

I'm broke.라고 해도 돈이 없다는 말이지만
flat을 넣어 '땡전 한 푼 없다'라고 강조한 표현입니다.

I can't afford it.

'그걸 살 여유가 없다, 형편이 안 된다'라는 뜻이지만
'시간적, 심리적으로 그럴 여유가 없다'란 뜻까지 포함합니다.

I'm on a tight budget.

tight budget은 '빠듯한 예산'이죠. 돈에 쪼들리고 있다는 얘기예요.
다른 표현으로는 Money is tight.라고도 합니다.

I'm having financial troubles.

말 그대로 '돈 문제가 있다'라고 money problems를 써도 되고
좀 있어 보이게 하려면 financial troubles/difficulties라고 표현할 수 있어요.

Money doesn't grow on trees.

'돈은 나무에서 자라는 열매가 아니다.'
땅 판다고 돈이 나오느냐는 어른들 말씀과 같은 느낌이죠.

0591

빈털터리일 때

돈이 한 푼도 없어.

0592

멀쩡한 휴대폰을 새 걸로 바꿔 달라는 아이에게

그럴 형편이 안 돼.

0593

긴축 재정 중일 때

예산이 빠듯하네.

0594

자금 사정이 안 좋다는 말

경제적으로 좀 어려워.

0595

자꾸 돈 달라고 하는 아이에게

돈이 하늘에서 뚝 떨어지니?

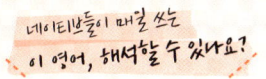

0596~0600. mp3

The early bird catches the worm.

일찍, 가장 먼저 행동하는 사람이 성공한다는 말이죠.
이른 시간에 할인해 주는 행사를 early bird special이라고도 합니다.

You are what you eat.

건강에 좋은 음식을 먹으면 건강이 좋아지고,
불량식품을 먹으면 건강이 불량해진다는 말입니다.

Boys will be boys.

'남자아이들의 장난은 말릴 수 없다.'는 뜻과
'남자는 나이를 먹어도 아이 같다.'라는 뜻, 두 가지가 있습니다.

Old habits die hard.

die hard는 '여간 해서 죽지 않다, 쉽사리 없어지지 않다'란 뜻이에요.
나쁜 습관을 '버리다, 고치다'라고 할 땐 break, kick 같은 동사를 씁니다.

I'm a creature of habit.

밥은 늘 같은 시간에만 먹고, 똑같은 시간에 자고 일어나거나
항상 같은 것만 먹고 애용하는 사람을 말합니다.

0596

부지런해야 한다는 뜻으로

일찍 일어나는 새가 벌레를 잡는다.

0597

음식이 그 사람을 말해 준다는 뜻으로

식습관이 그 사람을 만든다.

0598

다 큰 남자 어른들이 유치한 행동을 할 때

사내가 그렇지 뭐.

0599

오래된 버릇은 고치기 힘들다고 할 때

세 살 버릇 여든 간다.

0600

습관의 노예라는 말

습관은 쉽게 못 바꾸는 편이죠.

망각방지 장치 1

하루만 지나도 학습한 내용의 50%는 잊어버립니다. 여러분은 몇 퍼센트나 잊어버렸을까요? 5분 안에 25개를 말해 보세요.

				〇 ✕ 복습
01	손재주가 좋아요.	I'm _____ my hands.		0554
02	남자 보는 눈이 왜 그래?	You got terrible _____ in men.		0556
03	내 취향은 아니야.	It's not my _____ of _____.		0559
04	난 공짜라면 껌뻑 죽잖아.	I'm a _____ for freebies.		0560
05	비 오는 건 질색이야.	I can't _____ the rain.		0561
06	넌 싫은 게 뭐야?	What's your pet _____ ?		0563
07	징그러워!	So _____ !		0564
08	음식은 안 가려.	I'm not _____ about food.		0566
09	단것을 좋아해.	I've got a _____.		0567
10	집밥이 그립다	I miss _____ meals.		0569
11	김치 생각이 간절하네	I have a _____ for kimchi.		0570
12	스파게티는 끝내주게 만들어.	I make a _____ spaghetti.		0571
13	요리는 그럭저럭 해.	I'm an _____ cook.		0573
14	타고난 요리사야.	He's a _____ chef.		0575

정답 01 good with 02 taste 03 cup, tea 04 sucker 05 stand 06 peeve 07 gross 08 picky
09 sweet tooth 10 home-cooked 11 craving 12 killer 13 okay 14 natural-born

		○ ✕ 복습
15	분위기 맞추는 정도예요.	I'm just a _____ drinker. `0576`
16	술고래예요!	I drink like a _____ ! `0578`
17	고약한 주사가 있어.	He's a _____ drunk. `0579`
18	술이 아직 덜 깼어.	I still have a _____ . `0580`
19	자고 나니 목이 뻐근해.	I woke up with a _____ neck. `0581`
20	어디를 삐끗했나 봐.	I think I _____ something. `0582`
21	다리가 저려.	My leg fell _____ . `0583`
22	머리가 깨질 거 같아.	I have a _____ headache. `0584`
23	잠귀가 밝아.	I'm a _____ sleeper. `0586`
24	야행성인 편이야.	I'm more of a _____ . `0590`
25	돈이 한 푼도 없어.	I'm _____ broke. `0591`

맞은 개수: 25개 중 _____ 개

당신은 그동안 _____%를 잊어버렸습니다.
틀린 문장들은 다시 한번 복습하고 넘어가세요.

정답 15 social 16 fish 17 mean 18 hangover 19 stiff 20 pulled 21 asleep 22 splitting
23 light 24 night owl 25 flat

망각방지 장치 2

일주일이 지나면 학습한 내용의 70%를 잊어버립니다. 여러분은 몇 퍼센트나 잊어버렸을까요? 대화문으로 확인해 보세요.

051 발음이 어려운 이름 대신 약자 이름을 가르쳐 줄 때

conversation 051.mp3

A 이름이 뭐라고 했죠? 0501

B It's CL.

A CL은 뭐의 약자예요? 0504

B It's short for Chae-Lin.

A I see. CL is much easier to pronounce for me.

B It also sounds like ciel, meaning sky in French.

Words pronounce 발음하다

052 영어 발음이 네이티브 뺨치는 사람을 만났을 때

conversation 052.mp3

A 어느 나라에서 왔어요?. 0511

B 여기 토박이예요. 0513

A Really? 원래 고향이 서울이에요? 0512

B Yeah, 100%. Why do you ask?

A When you speak English, you have no Korean accent. I was sure you were from the States.

B I'm flattered. Thanks.

Words I'm flattered. 과찬이세요.

051

A	**What was your name again?** 0501
B	CL이에요.
A	**What does CL stand for?** 0504
B	채린을 줄인 거예요.
A	그렇구나. 저한텐 CL이 훨씬 발음하기 쉽네요.
B	불어로 '하늘'이 ciel인데 발음이 같아요.

052

A	**Which country are you from?** 0511
B	**I was born and raised here.** 0513
A	정말요? **Are you originally from Seoul?** 0512
B	네, 완전 토종이죠. 왜요?
A	영어할 때 한국 억양이 하나도 없네요. 미국에서 온 줄 알았어요.
B	과찬이세요. 고마워요.

053 남자 외모 보고 첫눈에 반했을 때

conversation 053.mp3

A   Check out that guy with a blue shirt.

B   Where? Oh, it's Jason.

A   You know him? He looks gorgeous. Does he have a girlfriend?

B   Do you know how old he is? 낼모레면 마흔이야. 0507

A   나이는 숫자에 불과해. 0510 You can't find a manly man like him in early 20s.

B   Are you serious?

Words   manly 남자다운

054 동창회에서 오랜 만에 친구를 만났을 때

conversation 054.mp3

A   Good to see you at the reunion.

B   Yeah. 무슨 일 해? 0516

A   쉬고 있어. 0525

B   It's very difficult to get a job these days.

A   두말하면 잔소리. 0003 What about you?

B   대학원 다녀. 0522

Words   reunion 동창회

053

A   파란 셔츠 입은 남자 좀 봐.

B   어디? 아, 제이슨이네.

A   너 알아? 정말 잘 생겼어. 저 남자 여자 친구 있어?

B   저 사람 몇 살이지 알아? **He's pushing forty.** 0507

A   **Age is just a number.** 0510 20대 초반에는 저런 남자다운 남자를 못 찾아.

B   너 정말 진지한 거야?

054

A   동창회에서 만나니 반갑다.

B   그래. **What do you do for a living?** 0516

A   **I'm in between jobs.** 0525

B   요즘 일자리 구하는 게 정말 어렵지.

A   **You can say that again.** 0003 넌 어때?

B   **I'm a graduate student.** 0522

| 055 | 컴퓨터 고장을 핑계로 이웃과 썸 타려 할 때 | conversation 055.mp3 |

A   Your computer froze up? Didn't you say you had to hand in this report by noon?

B   It's okay. I can ask someone to fix it. Actually it's a very good opportunity to talk to my neighbor, Frank. 컴퓨터 공학을 전공했거든. 0523

A   But what about your report? It's already 11:30.

B   Don't worry. I'll live. And I might be able to get a boyfriend.

A   Wow, you're shockingly optimistic.

B   I know. 늘 낙관적이지. 0538

Words I'll live. (무슨 일이 있어도) 나는 아무렇지도 않다.

| 056 | 소개팅을 하는데, 알고 보니 여자의 동생이 소개한 것일 때 | conversation 056.mp3 |

A   말이 없으시네요. 0543

B   That's right. 낯을 좀 가려요. 0541

A   You're very different from your sister, Gina. 걔는 활발한 애인데. 0542

B   You know Gina?

A   Of course. Actually she's the one who set us up tonight.

B   Is that right? I didn't know that.

055

A   컴퓨터가 다운됐다고? 12시까지 이 보고서를 제출해야 한다고 하지 않았어?

B   괜찮아. 누구한테 고쳐달라고 하면 돼. 사실 옆집 프랭크한테 말을 걸 수 있는 절호의 기회야. **He majored in computer science.** 0523

A   보고서는 어떡하고? 벌써 11시 반이야.

B   걱정 마. 아무렇지 않아. 게다가 남자 친구가 생길 수도 있잖아.

A   와, 넌 정말 놀랄 만큼 낙천적이구나.

B   알아. **My glass is always half full.** 0538

056

A   **You're not much of a talker.** 0543

B   맞아요. **I'm a little shy.** 0541

A   여동생 지나하고는 많이 다르네요. **She's a very outgoing girl.** 0542

B   지나를 알아요?

A   당연하죠. 사실 오늘 저녁에 우릴 만나게 해 준 게 지나예요.

B   그래요? 전 몰랐어요.

057 비오는 날을 질색한다는 걸 서로 알게 됐을 때

conversation 057.mp3

A It's raining again.

B 비 오는 건 질색이야. 0561

A 나도. 0121 Rain is so depressing.

B It ruins my hair style.

A I always leave my umbrellas behind in a taxi or a bus.

B 우린 공통점이 많네. 0558 I always leave my iphone in a taxi.

Words depressing 우울하게 만드는, 우울한　ruin 망치다, 엉망으로 만들다

058 다 잘 먹는다면서 이것저것 가릴 때

conversation 058.mp3

A What do you want to eat?

B Anything is okay. 음식은 안 가려. 0566

A Good. 내가 스파게티를 끝내주게 만들어. 0571

B I'm not in the mood for spaghetti.

A Then what about pizza?

B Nah, I don't want to eat greasy food.

A Geez, you're not easy to please.

Words greasy 기름투성이의　easy to please 비위를 맞추기 쉬운

057

A 또 비가 오네.

B **I can't stand the rain.** 0561

A **Same here.** 0121 비가 오면 너무 우울해.

B 머리 모양도 망가지고.

A 우산은 늘 택시나 버스에 두고 내리지.

B **We have a lot in common.** 0558 난 늘 택시에 아이폰을 두고 내리는데.

058

A 뭐 먹고 싶어?

B 아무 거나 괜찮아. **I'm not picky about food.** 0566

A 다행이네. **I make a killer spaghetti.** 0571

B 스파게티는 먹을 기분이 아닌데.

A 그럼 피자는 어때?

B 아니, 기름기 있는 건 먹기 싫어.

A 이런, 비위 맞추기 어렵군.

059 술 취해 욕조에서 잠든 친구를 침대로 데려다 준 후에   conversation 059.mp3

A   자고 나니 목이 뻐근해. ⁰⁵⁸¹

B   Don't you remember anything from last night? I found you asleep in the bathtub.

A   What? So you carried me to my bed?

B   Yes, you should cut back on drinking. You drink too much.

A   어디 삐끗했나 봐, ⁰⁵⁸² too.

B   I have a confession to make. I dropped you a couple of times while I was carrying you.

Words cut back on ~을 줄이다   confession 자백

060 유기농이 좋다는 건 알지만 너무 비싸다고 할 때   conversation 060.mp3

A   It says we should eat more organic food.

B   Who doesn't know that? It's good for our health and good for the earth.

A   And also people say 식습관이 그 사람을 만든다고. ⁰⁵⁹⁷

B   But organic food is too expensive. 난 그럴 형편이 안 돼. ⁰⁵⁹²

A   I didn't know that.

B   Actually everything is expensive since 나는 예산이 빠듯하니까. ⁰⁵⁹³

Words organic 유기농의   since ~때문에

059

A **I woke up with a stiff neck.** 0581

B 어젯밤 일이 생각 안 나? 네가 욕조에서 자는 걸 내가 발견했잖아.

A 뭐라고? 그럼 네가 날 침대로 데려갔어?

B 응, 너 술 좀 줄여야겠다. 술을 너무 많이 마시잖아.

A 게다가 **I think I pulled something.** 0582

B 내가 고백할 게 있는데. 널 데려가다가 두어 번 떨어뜨렸어.

060

A 유기농 음식을 더 많이 먹어야 한다고 돼 있어.

B 누가 그걸 몰라? 우리 건강에도 좋고 지구에도 좋잖아.

A 그리고 사람들이 하는 말이 있지, **you are what you eat.** 0597

B 그런데 유기농 음식은 너무 비싸. **I can't afford it.** 0592

A 난 몰랐는데.

B 실은 뭐든 비싸지. 왜냐하면 **I'm on a tight budget.** 0593

Part 7

네이티브가 취미·관심사를 말할 때 쓰는 표현 100

Part 7 전체 듣기

어느 정도 친한 사람들과는 자연스레 서로 취미나 관심사를 얘기하게 되잖아요? 좋아하는 영화와 TV 프로그램, 음악, 여행부터 운동, 다이어트, 술자리, 쇼핑에 이르기까지 내가 좋아하고 흥미를 갖고 있는 것들에 대해 말할 수 있는 갖가지 표현을 배워 봅시다. 이 파트를 공부하고 나면 몸짱이 되어서 돌아온 친구에게 '요즘 운동해?', 술자리에서는 '뭘 위해 건배하지?' 같이 이럴 땐 영어로 뭐라고 말하지? 하며 머릿속에서 뱅뱅 맴돌기만 하던 표현이 입으로 술술 나오게 될 거예요.

01 취미·관심·인기 1   02 취미·관심·인기 2   03 사진   04 영화 1   05 영화 2   06 음악
07 TV   08 여행   09 자동차·운전 1   10 자동차·운전 2   11 운동·다이어트·몸매 1   12 운동·
다이어트·몸매 2   13 술자리 1   14 술자리 2   15 모임·식사 1   16 모임·식사 2   17 모임·식사
3   18 쇼핑 1   19 쇼핑 2   20 속담

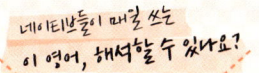

0601
You should take up a hobby.

take up은 취미나 어떤 일, 공부 등을 '시작하다'라는 뜻이에요.
You should ~는 '~하는 게 좋겠다'라고 부드럽게 조언할 때 씁니다.

0602
What do you do for fun?

What do you do?는 직업을 묻는 말인데 뒤에 '재미로'라는 뜻인 for fun이 붙으면서
'놀 때는 뭐 해?' 즉, 취미를 묻는 말이 됩니다.

0603
What are you into these days?

'관심이 있다' 하면 be interested in이 생각나죠?
'~에 홀딱 빠져 있다'라고 말하고 싶을 땐 간단하게 be into라고 하세요.

0604
How do you spend your free time?

'여가 시간', 즉 free time을 어떻게 보내는지 묻는 거죠.
What do you do in your free time?과 같은 말이에요.

0605
All work and no play.

원래는 뒤에 makes Jack a dull boy까지 해서 완전한 문장이 되지만 이렇게도 많이 써요.
너무 일만 하고 놀지 않으면 사람이 바보가 된다는 거죠.

0601

뭐라도 하나 취미로 시작해 보라고 할 때

취미를 하나 가져 봐.

0602

놀 때 뭐 하느냐는 의미로

취미가 뭐야?

0603

좋아하는 것을 물을 때

요즘 관심사는 뭐야?

0604

어떻게 시간 보내는 걸 좋아하는지 물을 때

시간 날 때 뭐 해?

0605

일할 때는 일하고 놀 때는 놀라는 말

적당히 놀기도 해야지.

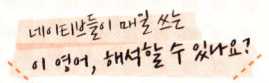

0606~0610. mp3

0606
I've got no interest in politics.

have got은 have의 구어체 표현이고, have no interest in ~은 '~에 관심이 없다, ~에 흥미가 없다'는 말이에요. 더 강조하고 싶으면 맨 끝에 at all을 붙여 주면 됩니다.

0607
Something caught my eye.

catch one's eye(s)/attention이라고 하면 말 그대로 '눈길을 끌다, 관심을 사로잡다'라는 표현입니다.

0608
It's selling like hotcakes.

뭔가가 '날개 돋친 듯 팔린다'고 할 때, 미국 사람들이 제일 많이 먹는 핫케이크처럼 잘 팔린다는 뜻으로 sell like hotcakes라고 말합니다.

0609
This bottle is an 'it' item.

it에는 '바로 그것'이란 의미도 있어서, 'it' item 하면 그 당시 한창 유행인 패션 아이템을 뜻하죠. 전지현이 TV에서 들고 나와 완판된 가방이라면 'it' bag이 되겠죠.

0610
He's not that into you.

'그는 당신에게 반하지 않았다'로 번역이 된 책/영화 제목입니다. not into는 '관심이 없다'인데 that이 들어가서 '그다지' 관심이 없다는 말이 되었어요.

0606

전혀 관심이 없는 대상일 때

난 정치에 관심 없어.

0607

뭔가 내 흥미를 끌었을 때

뭔가가 내 눈을 끌었지.

0608

미친 듯이 팔릴 때

그게 불티나게 팔린다네.

0609

없어서 못 판다는 바로 그 '보틀'

이 병이 요즘 인기래.

0610

그린라이트가 절대 아니란 말

걔는 너한테 관심 없어.

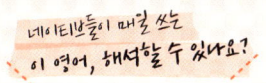

0611~0615. mp3

I'm quite a shutterbug.

bug는 원래 '벌레'인데, '~광'이란 뜻으로 많이 씁니다. 사진 찍을 때 누르는 shutter 뒤에 bug를 붙이면 '사진광'이 돼요. '사진 찍는 걸 아주 좋아하는 사람'이란 뜻인 걸 짐작하기 쉽죠.

I'm a little camera-shy.

다른 말로 하면 I hate having my picture taken.입니다.
사진에 내 얼굴이 찍히는 걸 싫어한다는 거죠.

You're a good photographer.

You take photos well.보다는 자연스러운 표현이죠.
뭘 잘한다고 할 때 You're a good -er. 형태로 말할 때가 많아요.

You're so photogenic.

미스코리아 시상식에서 주는 '포토제닉' 상을 떠올리면 돼요. photogenic은
'사진이 잘 받는다'라는 뜻이거든요. '사진이 안 받는다'는 I'm not very photogenic.

This photo is not very flattering.

직역하면 '이 사진은 별로 아첨하지 않는다.'가 되네요. 실제보다
돋보이지 않게 나왔다는 말이에요. 비슷한 표현은 You look terrible in this photo.

0611

블로그나 SNS를 하면 대부분 이렇게 되죠.

난 카메라광이야.

0612

카메라 울렁증이 있다고 할 때

사진 찍히는 걸 싫어해.

0613

사진작가 뺨치게 사진을 찍을 때

사진을 잘 찍네요.

0614

사진발이 좋을 때

사진이 정말 잘 받네.

0615

실물은 괜찮은데 사진이 별로일 때

사진이 이상하게 나왔네.

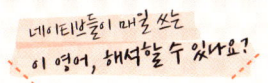

0616~0620. mp3

0616
You're a true movie buff.

movie buff는 '영화광'이에요. 좋아하는 것 뒤에 buff를 붙여 '~광'처럼 쓸 수 있습니다. 앞에서 배운 bug과 함께 알아 두세요.

0617
I'm a sci-fi junkie.

junkie는 '약물 중독자, 열광적인 팬'이란 뜻이에요. 비슷한 표현으로 buff, freak, mania 등을 넣어도 됩니다. sci-fi는 science fiction을 줄인 말.

0618
It's a real tearjerker.

tearjerker는 눈물을 흘리게 하는 '감상적인 영화, 최루성 영화'를 말합니다. 손수건 없이 볼 수 없는 영화죠.

0619
Not another chick flick!

chick은 '젊은 여자, 영계' 정도의 뜻이죠. chick flick은 '여자들이 좋아하는 영화'를 뜻해요. 보통 로맨스나 멜로물을 가리키죠. chick은 모욕적인 표현이 될 수도 있으니 조심!

0620
It's my favorite movie of all time.

favorite movie는 '좋아하는 영화'인데 of all time이 붙었어요. 지금껏 좋아했던 영화 중 '역대' 최고로 꼽힌다는 거죠.

0616

진정한 영화 애호가라는 말

너 정말 영화광이구나.

0617

좋아하는 게 지나쳐서 중독 수준일 때

공상 과학물이라면 미치지.

0618

눈물을 대놓고 강요하는 영화

눈물 없이는 볼 수 없어.

0619

말랑말랑한 영화는 그만 보자는 말

또 멜로 영화야?

0620

언제 봐도 좋은 영화일 때

내가 제일 좋아하는 영화야.

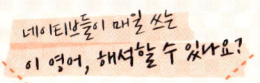

0621~0625. mp3

I like movies with twist endings.

'꼬임, 비틀림'이란 뜻의 twist는 이야기의 '전환'을 뜻하기도 하죠, ending은 '결말'이에요.
'이런 반전이 있나!' 하고 무릎을 칠 때의 대사는 What a twist!

I don't mind spoilers.

spoil은 '망치다'란 뜻인데, 영화 같은 데선 결말이나 반전을 미리 이야기해서
김을 빼는 걸 spoiler라고 해요. 스포일러가 있다는 경고를 할 땐 Spoiler alert!

What movies do you recommend?

recommend는 '추천하다, 권하다'예요.
추천할 만한 식당을 물을 때는? What movies를 Which restaurant로 바꿔 넣기만 하면 돼요.

I highly recommend it.

높이 평가하거나 크게 칭찬할 때 highly가 들어가요. 강력 추천, 즉 강추할 만다면
highly recommend를 쓰죠. 반대로 비추는 I wouldn't recommend it.

I've got goosebumps.

연기를 보거나 노래를 듣고 감동했을 때 '소름 돋았다'라는 말을 하죠.
'닭살'이나 '소름'을 영어로는 goosebumps라고 합니다.

0621

예상 못한 반전으로 관객을 놀라게 할 때

난 반전 결말이 좋아.

0622

줄거리를 미리 듣고 영화를 봐도 상관없을 때

난 스포일러 상관없어.

0623

볼 만한 영화를 알려 달라고 할 때

무슨 영화를 추천해?

0624

꼭 봐야 하는 영화, 꼭 사야 하는 물건일 때

강력 추천할게.

0625

무섭거나 감동해서 소름이 쫙 끼쳤을 때

소름 돋았어.

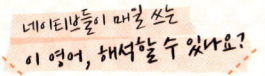

0626~0630. mp3

I listen to all kinds of music.

What kind of music do you like?(어떤 음악을 좋아하세요?)
이에 대한 대답으로 '가리지 않고 듣는다'고 할 때 쓰는 말이죠.

Do you play any instruments?

instrument는 '기구'인데, '악기'니까 musical instrument라고도 합니다.
악기를 '연주하다'라고 할 때는 play the guitar처럼 〈play the 악기 이름〉으로 말해요.

I'm learning the ukulele.

기타같이 생긴 작은 악기 우쿨렐레는 영어로 [유쿨레일리]처럼 발음해요.
길게 말하면 I'm learning how to play the ukulele.

I'm tone-deaf.

tone은 '음조', deaf는 '귀가 먹은'이니, tone-deaf 하면 '음치의'가 돼요.
음치는 I can't carry a tune.이라고도 하는데
노래를 못한다고 할 때 I can't sing very well.보다 훨씬 많이 씁니다.

I've got two left feet.

왼발만 두 개라면 춤을 어떻게 출까요? I can't dance.라고 해도 되지만
운동이든 춤이든 몸으로 하는 게 서툴 때 이렇게 말합니다.

0626
장르를 가리지 않는다고 할 때

음악은 안 가리고 들어.

0627
개인기를 물을 때

악기 연주하는 거 있어?

0628
김연아가 광고에서 '잘생겼다~' 할 때 팅기던

요즘 우쿨렐레 배워.

0629
노래를 못한다고 고백할 때

난 음치야.

0630
춤을 못 춘다고 고백할 때

나 몸치야.

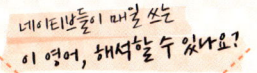

0631~0635. mp3

Anything good on TV?

맨 앞에 is there가 생략됐어요. 'TV에 지금 (프로그램 제목) 해'. '(누구) 나와'라고 할 때는 ~ is on.이라고만 해도 돼요.

I'm just flipping through.

flip through는 책이나 잡지를 '휙휙 넘겨 보다'란 뜻이 있는데 여기선 TV 채널을 한 군데로 놔두지 않고 계속 돌리는 거죠.

Stay tuned.

tune에는 '라디오의 주파수를 맞추다'라는 뜻이 있습니다. 그대로 맞추고 있으란 건, 주파수나 채널을 다른 데로 돌리지 말라는 소리죠.

Keep it down.

TV나 음악의 볼륨을 줄이거나 언성을 낮추라는 소리입니다. Turn it down.과 비슷한 의미죠. 층간 소음을 자제해 달라고 할 때도 쓸 수 있는 표현이에요.

I'm a big fan of *Running Man*.

'~의 팬이다'는 a fan of ~라고 하면 돼요. 열렬한 팬이라면 big fan, huge fan, number one fan 등을 넣어 강조해 줍니다.

0631

볼 만한 프로그램을 하는지 물을 때

TV에서 뭐 재밌는 거 해?

0632

뭐 하는지 보려고 리모컨 계속 눌러 볼 때

그냥 채널 돌려 보고 있어.

0633

중간 광고가 나가기 전에 꼭 하는 말

채널 고정!

0634

언성이 높거나 TV의 볼륨이 클 때

소리 좀 줄여.

0635

열혈 시청자라고 할 때

난 '런닝맨' 팬이야.

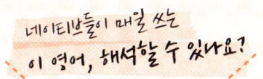

0636~0640. mp3

Do you like traveling?

장거리 '여행'은 travel을 쓰고 수학여행 같은 비교적 짧은 '여행'은 trip을 씁니다.
'관광을 가다'의 경우에는 go sightseeing을 쓰면 돼요.

I go backpacking every summer.

go backpacking은 '배낭여행 가다'가 되죠. 유럽으로 떠나는 고품격 배낭여행보다
가방 하나 메고 산속을 헤매는 걸 떠올리기 쉬워요.

He's bitten by the travel bug.

be bitten by the bug 하면 '벌레에 물리다'인데 '~에 열광하다'라는 뜻도 있어요.
travel bug은 '여행광'이라는 말이죠. 앞에서 배운 shutterbug도 다시 한번 기억하세요.

Is this your first time in Texas?

Texas를 Korea로 바꾸면 방한한 외국 스타의 인터뷰에서 자주 듣는 질문이죠.
첫인상을 묻는 What's your first impression of Korea?도 둘째가라면 서운하고요.

I'm suffering from jet lag.

suffer from은 '~로 고생하다, ~을 앓다'란 뜻으로 뒤에 보통 질병 이름이 옵니다.
jet lag은 '시차 때문에 피곤한 것'을 뜻해요.

0636

취미를 물을 때 단골 질문

여행 좋아해?

0637

가방 하나 둘러메고 훌쩍 떠날 때

여름마다 배낭여행 가.

0638

나쁘게(?) 말하면 '역마살이 들었다'

걔는 여행 중독이야.

0639

첫 방문인지 물을 때

텍사스는 처음이세요?

0640

밤과 낮이 바뀌어 힘들 때

시차 때문에 고생이에요.

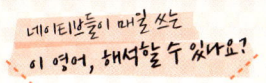

0641~0645. mp3

Sweet ride!

ride는 탈것을 '타다'라는 동사도 되지만 '탈것'이란 명사도 됩니다. 자동차를 여자친구처럼
애지중지하는 남자들이 많아서인지 멋지다는 말도 sweet를 썼네요.

Let's go for a ride.

드라이브하러 가자고 할 때 Let's go and drive.라고 하는 것보단
go for a ride라는 표현을 쓰면 훨씬 자연스럽습니다.

I call shotgun!

역마차에 shotgun, 즉 총으로 무장한 사람을 앞에 태운 데서 생겨난 뜻으로,
ride shotgun은 구어체로 자동차나 트럭의 '앞 좌석에 타다'라는 말입니다.
또 I call ~! 하면 보통 '~은 내가 찜!'이라는 말이죠.

Hop in.

평범하게 이야기하면 Get in.입니다. '야, 타.' 하는 말로
그냥 '타.'가 아니라 '올라타.' 하는 느낌이에요. hop이 깡충 뛰어오른다는 뜻이잖아요.

Buckle up.

정식으로 말하면 Fasten your seat belt.(벨트 매세요.)인데,
구어체에선 '버클을 잠그다'란 뜻인 buckle을 써서 흔히 이렇게 말합니다.

0641

친구가 멋진 새 차를 몰고 나타났을 때

차 멋진데!

0642

차로 한 바퀴 돌고 오자고 할 때

드라이브하러 가자.

0643

자동차 앞 좌석을 찜할 때

내가 앞자리!

0644

걸어가는 사람을 차에 태워 줄 때

타.

0645

좌석 벨트를 매라고 할 때

벨트 매.

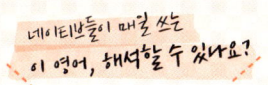

0646~0650. mp3

Fill 'er up.

fill이 '채우다'란 뜻이죠. 자동차니까 원래는 it이지만, 차를 여자로 생각하는 남자들이 많아서 her도 많이 쓰는데 발음이 약해져서 'er처럼 들립니다.

Step on it.

여기서 it은 자동차의 가속 장치(accelerator)를 말합니다. step on은 '밟다'니까 액셀을 밟고 달리라는 말이 되죠.

Are we there yet?

'다 왔어요?', '여기예요?' 하고 가는 도중에 계속 묻는 사람이 있죠. 도착했을 때는 We're here!라고 대답해 주면 돼요.

I got stuck in a traffic jam.

get stuck은 '꼼짝 못하게 되다'이고 traffic jam은 '교통 체증'이죠. stuck(움직일 수 없는) 대신 trapped(덫에 걸린)를 쓰기도 합니다.

I got a speeding ticket.

'주차 위반 딱지'는 parking ticket, '속도 위반 딱지'는 speeding ticket이라고 합니다. 넓은 범위로 '교통 위반 딱지'라고 하면 traffic ticket이고요.

0646

자동차에 기름을 넣을 때

가득이요.

0647

자동차에서 속력을 내라고 할 때

밟아.

0648

자동차 안에서 아이들이 끊임없이 하는 말

다 왔어요?

0649

약속에 늦었을 때 쓰는 흔한 변명

차가 막혔어.

0650

교통 범칙금이 날아왔을 때

과속으로 딱지 뗐어.

망각방지 장치 1

하루만 지나도 학습한 내용의 50%는 잊어버립니다. 여러분은 몇 퍼센트나 잊어버렸을까요? 5분 안에 25개를 말해 보세요.

			○ × 복습
01	취미를 하나 가져 봐.	You should _____ a hobby.	0601
02	요즘 관심사는 뭐야?	What are you _____ these days?	0603
03	뭔가 내 눈을 끌었지.	Something _____ my eye.	0607
04	그게 불티나게 팔린다네.	It's selling like _____ .	0608
05	난 카메라광이야.	I'm quite a _____ .	0611
06	사진 찍히는 걸 싫어해.	I'm a little _____ .	0612
07	사진이 이상하게 나왔네.	This photo is not very _____ .	0615
08	너 정말 영화광이구나.	You're a true movie _____ .	0616
09	또 멜로 영화야?	Not another _____ flick!	0619
10	난 반전 결말이 좋아.	I like movies with _____ endings.	0621
11	강력 추천할게.	I _____ recommend it.	0624
12	악기 연주하는 거 있어?	Do you play any _____ ?	0627
13	난 음치야.	I'm _____ .	0629
14	나 몸치야.	I've got two _____ .	0630

정답 01 take up 02 into 03 caught 04 hotcakes 05 shutterbug 06 camera-shy 07 flattering
08 buff 09 chick 10 twist 11 highly 12 instruments 13 tone-deaf 14 left feet

					O	X	복습

15 TV에서 뭐 재미있는 거 해?   **Anything** good on TV? 0631

16 그냥 채널 돌려 보고 있어.   I'm just **flipping** through. 0632

17 채널 고정!   Stay **tuned**. 0633

18 소리 좀 줄여.   **Keep** it down. 0634

19 여름마다 배낭여행 가.   I go **backpacking** every summer. 0637

20 걔는 여행 중독이야.   He's **bitten** by the travel bug. 0638

21 시차 때문에 고생이에요.   I'm **suffering** from jet lag. 0640

22 내가 앞자리!   I call **shotgun**! 0643

23 타.   **Hop** in. 0644

24 벨트 매.   **Buckle** up. 0645

25 밟아.   **Step** on it. 0647

맞은 개수: 25개 중 _____ 개

당신은 그동안 _____%를 잊어버렸습니다.
틀린 문장들은 다시 한번 복습하고 넘어가세요.

정답 15 Anything 16 flipping 17 tuned 18 Keep 19 backpacking 20 bitten 21 suffering
22 shotgun 23 Hop 24 Buckle 25 Step

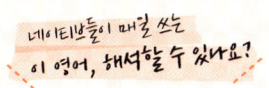

0651~0655. mp3

0651
Have you been working out?

work out은 '(운동선수가) 연습하다, 몸을 단련하다'라는 뜻이죠. 요즘 운동을 해 오고 있느냐는 느낌으로 묻는 말입니다. Do you work out? 하면 평소에 운동을 하느냐는 질문이죠.

0652
I joined a gym.

구어체에선 '헬스클럽'을 gymnasium(체육관)을 줄여 gym이라고 합니다. '헬스클럽에 등록하다'는 join a gym, '헬스클럽에 다니다'는 go to the gym이죠.

0653
I'm always on a diet.

'다이어트하다'는 go on a diet라고 하죠. 살을 급하게 빼야 해서 속성 다이어트 중이라고 할 땐 I'm on a crash diet.가 되죠.

0654
Do you play sports or anything?

Do you play sports?라고만 하면 '운동하는 거 있어요?', '운동 좀 해요?'란 질문인데 sports 뒤에 or anything이 붙으면서 '운동이나 뭐 그런 거'란 느낌의 말이 됩니다.

0655
You're in good shape.

'몸 상태가 좋다/나쁘다'고 말할 때 good/bad shape를 씁니다. be in good shape 하면 '건강한 몸을 유지하고 있다'는 뜻이죠.

0651

몸이 눈에 띄게 좋아진 사람에게

요즘 운동했어?

0652

헬스 회원권을 끊었다고 할 때

헬스 등록했어.

0653

늘 관리하는 몸이라고 할 때

다이어트는 항상 하지.

0654

운동 뭐 하는지 물을 때

운동이나 뭐 그런 거 해요?

0655

관리가 잘된 몸을 볼 때

몸이 좋으신데요.

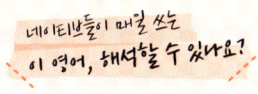

0656
Is she hot?

소개팅을 시켜 주겠다고 하면 남자들은 먼저 Is she pretty?, 즉 예쁘냐고 묻기부터 하죠.
hot은 예쁘고, 쭉쭉빵빵하고 섹시하다는 걸 다 포함하는 말이에요.

0657
She has a smoking body.

have good body 하면 '몸매가 좋다'인데, hot body라고 하면 더 섹시한 느낌이죠.
hot하다 못해 연기가 모락모락 나는 smoking body는 '환상적인 몸매'라는 뜻이에요.

0658
He's a total stud.

stud는 '번식용 종마'라는 뜻인데 속어로는 '멋진 남자'가 되죠.
좀 오래된 말이지만 우리식으로 하면 '킹카'예요. 남자다운 매력이 물씬 풍기는 사람인데,
비슷한 말로 hunk도 있어요.

0659
I finally got a six pack.

six pack은 원래 맥주병이나 캔이 여섯 개 들어간 팩을 뜻하는 말이죠.
우리가 배에 王자가 새겨졌다고 말하듯, 영어에선 속어로 six pack이라고 표현하는 거예요.

0660
Nice abs.

abs도 '복근'인데 abdominal muscles를 줄인 말입니다.
'복근 운동을 하다'라고 할 때는 work on one's abs라고 말해요.

0656

남자가 여자 얘기를 할 때 결론은

예뻐?

0657

몸매가 멋진 여성을 보았을 때

몸매가 끝내줘.

0658

누가 봐도 멋진 남자일 때

완전 킹카야.

0659

뱃살은 가고 복근이 나타났을 때

드디어 王자가 생겼어.

0660

명품 복근에 입이 쩍 벌어질 때

복근이 멋지네.

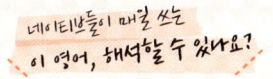

0661~0665. mp3

Let's make a toast.

'토스트를 만들자'란 얘기가 아니라, 여기서 toast는 '축배, 건배의 인사'니까 건배하자는 말입니다. 건배를 제안하고 싶다는 뜻으로 I'd like to propose a toast.란 표현도 알아두세요.

What shall we drink to?

건배할 때 Here's to our project!(우리 프로젝트를 위하여!)처럼 뒤에 for가 아니라 to를 쓰죠. 그러니 맨 끝에 있는 to를 빼놓으면 안 돼요.

Cheers!

술잔을 부딪치면서 '건배!'라고 할 때 하는 말이죠. '~를 위하여 건배'라고 하려면 Cheers to 다음에 건배하고 싶은 내용을 넣으면 됩니다.

Bottoms up!

술잔의 바닥, 즉 bottom이 up으로, 즉 위로 올라가게 하라는 거니까, 한 잔 쭉 들이키라는 말이죠. Drink up!(다 마셔!)과 같은 의미입니다.

The night is still young.

young에는 '어린, 젊은, 경험이 없는, 때가 이른' 등의 뜻이 있습니다. night이 아직 young이란 건 아직 초저녁이니 더 놀다 가자는 말이겠죠.

0661

다 같이 건배할 것을 제안할 때

건배합시다.

0662

'위하여'를 외칠 대상을 찾을 때

뭘 위해 건배하지?

0663

'짠!' 하고 술잔을 부딪치면서

건배!

0664

잔을 비우라는 뜻으로

원샷!

0665

집에 간다는 사람을 말릴 때

아직 초저녁이야.

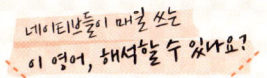

0666~0670. mp3

I'm not drunk.

drunk는 '술 취한'인데, 반대로 술에 취하지 않은 말짱한 정신 상태는 sober라고 하죠.
참고로 '음주 운전을 하다'는 drink and drive, '음주 운전자'는 drunk driver입니다.

God, you're wasted.

wasted는 약이나 술에 잔뜩 취한 상태를 말합니다. 고주망태가 될 정도로 취했을 땐
dead drunk라고 하고, 약에 취했을 경우에 쓰는 stoned라는 속어 표현도 있습니다.

I blacked out last night.

black out은 깜깜하게 만드는 거니까 '정전되다, 잠시 의식을 잃다'란 뜻이 됩니다.
술 먹고 '필름이 끊기다'도 black out이죠. '뻗었다'고 할 때는 pass out도 씁니다.

Care for a night cap?

night cap은 과거에는 '취침용 모자'를 뜻했지만
지금은 잠자리에 들기 전에 마시는 '밤술 한잔'을 뜻합니다.

One for the road.

for the road는 '작별의 표시로'란 뜻입니다.
집에 가기 전에 딱 한 잔만 더 하자고 꼬드길 때 쓰는 말이에요.

0666

술 취한 사람이 혀가 꼬였을 때 꼭 하는 말

나 안 취했어.

0667

상대방이 술에 취해 몸도 제대로 못 가눌 때

너 진짜 취했구나.

0668

술 먹고 한 짓이 기억이 안 날 때

어제 필름이 끊겼어.

0669

한잔 하고 자자고 꼬드길 때

자기 전에 한잔 할래?

0670

그만 마시고 간다는 사람을 잡을 때

마지막으로 딱 한 잔만.

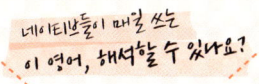

0671~0675. mp3

How long is the wait?

인기 식당에서는 이름을 적어 놓고 한참을 기다려야 자리가 나죠.
얼마나 기다려야 하는지 슬쩍 물어볼 때 쓰는 표현입니다.

How many in your party?

여기서 party는 '파티'가 아니라 '일행'을 뜻합니다. 대답은 Three.처럼 일행 숫자만 말하거나,
A table for three, please.와 같이 세 명을 위한 테이블을 준비해 달라는 식으로 말합니다.

What's good here?

'이 집에서 잘하는 요리는 뭡니까?'를 영작하려고 굳이 애쓰지 마세요.
미국인들은 간단하게 이렇게 말합니다.

Can you take our order?

원래는 웨이터가 와서 Can I take your order?(주문하시겠어요?)라고 물어야 하는데
주문 받으러 올 생각을 안 하는 것 같으면, 불러서 주문 받으라고 이렇게 말하세요.

Make it two, please.

어떤 사람이 주문하고 나서 다음 사람이 이렇게 말하면
그걸 두 개 만들어 달라는 뜻이니까 자기도 같은 걸로 달라는 말입니다.

0671

대기 시간을 물을 때

얼마나 기다려야 해요?

0672

일행이 몇 명인지 물을 때

몇 분이세요?

0673

메뉴판에서 뭘 고를지 고민일 때

이 집 뭐 잘해요?

0674

주문을 받아 달라고 웨이터를 부를 때

주문 좀 받아 주세요.

0675

일행과 같은 걸 주문할 때

같은 걸로 주세요.

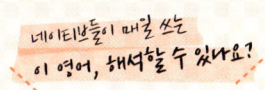

0676~0680. mp3

0676
Say when.

술을 따라 주면서 원하는 만큼 따라져서 됐다 싶을 때 언제인지 말하라는 건데, 장난삼아 진짜 대답을 When.으로 하기도 해요. 보통은 That's enough.라고 대답합니다.

0677
The cheesecake is a must.

must는 조동사로 '~해야 한다'라는 의미로 쓰죠. 명사로 쓰면 '꼭 해야 할 것, 절대로 필요한 것'이란 뜻이 되어 강추할 때 씁니다.

0678
It's on the house.

It's on me. 하면 '내가 낼게.'라는 말인데 It's on the house.니까 '저희 가게에서 내겠습니다.' 즉 '저희가 그냥 드리겠습니다.'라는 뜻이 됩니다.

0679
Separate checks, please.

앞에 Can we get이 생략되어 있어요. 한 명이 계산할 때는 계산서를 한 장으로 달라는 거니까 One check, please.라고 해요.

0680
What's the damage?

damage는 '손상, 피해' 말고 '손해 배상금'이란 뜻도 있는데, 이 표현은 물건 살 때보다는 음식이나 술값 계산을 하면서 많이 씁니다. '얼마 드리면 되나요?'란 느낌으로 물을 땐 How much do I owe you?

0676

마실 음료를 따라 주면서
적당할 때 말해.

0677

어떤 것을 강력 추천할 때
치즈케이크는 꼭 먹어 봐.

0678

술집에서 서비스 안주를 내오면서
서비스로 드리는 겁니다.

0679

각자 계산하고 싶을 때
따로 계산해 주세요.

0680

요금이 얼마 나왔는지 물을 때
얼마 나왔어요?

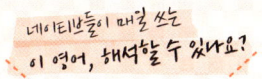

0681
Can you give me a doggie bag?

doggie bag은 식당에서 먹다 남은 음식을 싸 주는 봉지를 뜻합니다.
꼭 doggie 즉 개한테 줄 게 아니더라도 남은 음식을 싸 달라고 할 때는 이렇게 말해요.

0682
This is on me.

'내가 돈을 내다, 한턱 쏘다'라고 할 때 on me를 써요.
It's my treat. 또는 I'll treat you.라고 표현할 수도 있어요.

0683
Let me treat you this time.

누구에게 뭘 대접한다고 할 때 〈treat 누구 to 무엇〉이라고 말합니다.
저녁을 대접하겠다고 하려면 Let me treat you to dinner.

0684
I'll pick up the tab.

tab은 '계산서'예요. '내가 계산서를 집어 들겠다.'라는 말이니까 '내가 내겠다.'가 되죠.
내가 돈을 내겠다는 뜻 그대로 I'll pay.라고 말해도 됩니다.

0685
Let's go Dutch.

'더치페이 하다'는 영어로 go Dutch입니다.
Let's split the bill.이라고 해도 같은 의미이니 함께 알아두세요.

0681

남은 음식을 가져가고 싶을 때

남은 음식은 싸 주세요.

0682

한턱낸다고 할 때

이건 내가 쏠게.

0683

대접하고 싶을 때

이번엔 내가 살게.

0684

내가 계산하겠다고 할 때

내가 낼게.

0685

각자 계산하자고 할 때

각자 내자.

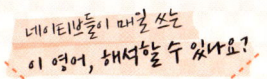

0686~0690. mp3

I got it on sale.

예쁜 거 샀다고 자랑하면서 거기에 세일해서 싸게 샀다고 덧붙일 때 쓰는 말이죠.
on sale은 '할인 중인', for sale은 '팔려고 내놓은'으로 차이가 있어요.

No more impulse buying.

영어로 '지름신'이란 표현은 없지만, 충동적으로 물건을 사는 것을
impulse buying이라고 합니다. '충동구매하다'는 buy ~ on impulse라고 해요.

I went on a shopping spree.

뭔가 흥청망청한다고 할 때 spree를 씁니다. go on a spree 하면 '실컷 마시다'가 되죠.
흥청망청 쇼핑하니까 그냥 spree가 아니라 shopping spree.

Buy one, get one free.

하나 사면 같은 걸 덤으로 주는 거죠. 두 개를 살 때
둘 중 싼 것을 공짜로 주는 세일을 2-for-1이라고도 해요.

I was just window shopping.

눈으로만 쇼핑한다고 eye shopping이라고 하는 경우가 있는데 콩글리시입니다.
진열품을 바라만 보고 만족한다는 뜻에서 window shopping이 맞는 영어 표현이에요.

0686

옷이나 구두가 예쁘다고 칭찬하면 자랑하듯이 꼭 하는 말
세일할 때 샀어.

0687

지름신은 그만 영접하자는 말
충동구매는 인제 그만.

0688

물건을 왕창 샀을 때
폭풍 쇼핑하고 왔어.

0689

하나 가격으로 두 개를 줄 때
하나 사면, 하나 더 드려요.

0690

사지는 않고 구경만 할 때
그냥 아이쇼핑만 했어.

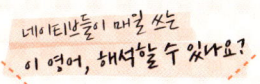

I'm just browsing.

browse는 가게 안의 물건을 '훑어보다, 둘러보다'라는 뜻입니다.
그냥 구경한다고 할 때 I'm just looking (around).라고 해도 돼요.

I got ripped off.

rip은 '찢다, 베어 내다'란 뜻인데 get ripped off라고 하면
'왕창 뜯기다, 사기당하다, 바가지를 쓰다'라는 표현이 돼요.

That's a steal.

물건을 싸게 샀을 때 쓰는 말입니다.
훔친 거와 같다는 거니까 '거의 거저다.'라는 느낌의 표현이 되죠.

You know how to haggle.

haggle은 물건을 살 때 '흥정하다, (가격을 두고) 옥신각신하다'란 뜻이에요.
물건값 좀 깎을 줄 안다는 말이죠.

I treated myself to a camera.

treat myself to ~는 직역하면 '자신에게 ~을 대접하다'니까 '큰맘 먹고 ~를 사다'라고
번역하면 자연스럽습니다. treat 대신 '상을 주다'라는 뜻의 reward를 써도 돼요.

0691

가게 직원이 찾는 게 있는지 따라다니며 물을 때

그냥 둘러보는 중이에요.

0692

정가보다 더 주고 샀을 때

바가지 썼네.

0693

가격이 터무니없이 쌀 때

거의 거저예요.

0694

물건값을 잘 깎는 사람한테

흥정할 줄 아시네.

0695

자신에게 선물을 하나 했을 때

큰맘 먹고 카메라 하나 샀어.

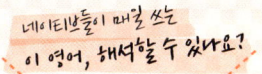

Practice makes perfect.

연습이 제일이라는 뜻의 속담입니다.
악기 연주나 언어 학습처럼 꾸준한 연습이 제일일 때 많이 쓰죠.

Rome wasn't built in a day.

로마는 이탈리아어로 Roma, 우리도 로마라고 하는데 영어로는 Rome이에요.
피렌체는 이탈리아어로 Firenze인데 영어로 Florence랍니다.
중요한 일, 어려운 일은 단기간에 이루어지는 것이 아니라는 뜻으로 쓰죠.

Easy come, easy go.

돈이나 명예 뭐든지 쉽게 들어온 것은
잃기도 쉽다는 말을 할 때 씁니다.

No pain, no gain.

감독이 운동선수들을 혹독하게 훈련할 때 흔히 쓰는 말입니다.
우리나라에선 고3 수험생들도 이 말을 자주 듣겠네요.

He laughs best who laughs last.

'지금은 후퇴하는 것 같아도 상관없다. 진정한 승자는 마지막에 웃는다.'
이런 뜻으로 하는 말이에요.

0696

연습의 중요성을 강조할 때

연습을 하면 완벽해진다.

0697

중요한 일일수록 조급하게 생각 말라는 뜻으로

로마는 하루아침에 이루어지지 않았다.

0698

쉽게 번 돈은 쉽게 없어진다고 할 때

쉽게 얻은 건 쉽게 잃는다.

0699

성공하려면 그만큼 고통이 따른다고 할 때

고생 없이 얻는 건 없다.

0700

포기하지 말고 끝까지 최선을 다하라는 뜻으로

최후에 웃는 자가 승자다.

망각방지 장치 1

하루만 지나도 학습한 내용의 50%는 잊어버립니다. 여러분은 몇 퍼센트나 잊어버렸을까요? 5분 안에 25개를 말해 보세요.

			O	X	복습
01	요즘 운동했어?	Have you been _____ out?	☐	☐	0651
02	운동이나 뭐 그런 거 해요?	Do you play sports or _____?	☐	☐	0654
03	몸이 좋으신데요.	You're in good _____.	☐	☐	0655
04	몸매가 끝내줘.	She has a _____ body.	☐	☐	0657
05	드디어 王자가 생겼어.	I finally got a _____.	☐	☐	0659
06	건배합시다.	Let's make a _____.	☐	☐	0661
07	아직 초저녁이야.	The night is still _____.	☐	☐	0665
08	어제 필름이 끊겼어.	I _____ out last night.	☐	☐	0668
09	마지막으로 딱 한 잔만.	One for the _____.	☐	☐	0670
10	얼마나 기다려야 해요?	How long is the _____?	☐	☐	0671
11	몇 분이세요?	How many in your _____?	☐	☐	0672
12	같은 걸로 주세요.	Make it _____, please.	☐	☐	0675
13	서비스로 드리는 겁니다.	It's on the _____.	☐	☐	0678
14	따로 계산해 주세요.	_____ checks, please.	☐	☐	0679

정답 01 working 02 anything 03 shape 04 smoking 05 six pack 06 toast 07 young
08 blacked 09 road 10 wait 11 party 12 two 13 house 14 Separate

		O	X	복습
15	얼마 나왔어요?	What's the _____ ?	☐	☐	0680
16	남은 음식은 싸 주세요.	Can you give me a _____ bag?	☐	☐	0681
17	이번엔 내가 살게.	Let me _____ you this time.	☐	☐	0683
18	각자 내자.	Let's go _____ .	☐	☐	0685
19	충동구매는 인제 그만.	No more _____ buying.	☐	☐	0687
20	폭풍 쇼핑하고 왔어.	I went on a shopping _____ .	☐	☐	0688
21	그냥 둘러보는 중이에요.	I'm just _____ .	☐	☐	0691
22	바가지 썼네.	I got _____ off.	☐	☐	0692
23	거의 거저예요.	That's a _____ .	☐	☐	0693
24	흥정할 줄 아시네.	You know how to _____ .	☐	☐	0694
25	고생 없이 얻는 건 없다.	No pain, no _____ .	☐	☐	0699

맞은 개수: 25개 중 _____ 개

당신은 그동안 _____ %를 잊어버렸습니다.
틀린 문장들은 다시 한번 복습하고 넘어가세요.

정답 15 damage 16 doggie 17 treat 18 Dutch 19 impulse 20 spree 21 browsing 22 ripped
23 steal 24 haggle 25 gain

망각방지 장치 2

일주일이 지나면 학습한 내용의 70%를 잊어버립니다. 여러분은 몇 퍼센트나 잊어버렸을까요? 대화문으로 확인해 보세요.

061 요즘엔 취미로 뭐 하는지 물어볼 때   conversation 061.mp3

- A   요즘 관심사는 뭐야? 0603
- B   Chess.
- A   Chess? That's boring.
- B   I like it. What about you? 시간 날 때 뭐 해? 0604
- A   My hobby is cross-stitching.
- B   Yeah? I don't know why but that sounds kind of depressing.

Words   boring 재미없는, 지루한   cross-stitch 십자수를 놓다

062 사진 잘 찍는 남자와 사진발 잘 받는 여자가 만났을 때   conversation 062.mp3

- A   Would you like to see your photo that I took the other day?
- B   I'd love to. Show me.
- A   짜잔! 0026 I put it in a frame.
- B   Wow, that's wonderful. 사진을 잘 찍네. 0613
- A   And 넌 사진이 정말 잘 받네. 0614
- B   I guess we're match made in heaven.

Words   the other day 일전에   frame 액자

061

- *A*   **What are you into these days?** 0603
- *B*   체스.
- *A*   체스? 그건 재미없는데.
- *B*   난 좋아. 넌 어때? **How do you spend your free time?** 0604
- *A*   내 취미는 십자수야.
- *B*   그래? 왠지 모르지만 좀 우울하게 들리네.

062

- *A*   지난번에 내가 찍은 네 사진 보여 줄까?
- *B*   보고 싶어. 보여 줘.
- *A*   **Ta-da.** 0026 내가 액자에 넣었어.
- *B*   와, 정말 멋지다. **You're a good photographer.** 0613
- *A*   그리고 **you are so photogenic.** 0614
- *B*   아마도 하늘이 맺어 준 인연인가 봐.

063 강추할 만한 영화가 뭔지 궁금할 때

conversation 063.mp3

A   I go to the movies whenever I have free time.

B   Then you must have seen lots of movies. 무슨 영화를 추천해? 0623

A   I saw *The Attorney* last weekend.

B   How did you like it?

A   It was very touching. 강력 추천할게. 0624

B   Can you tell me more about the movie? 난 스포일러 상관없어. 0622

Words   whenever ~할 때는 언제든지   touching 감동적인

064 TV 채널을 계속 돌려 댈 때

conversation 064.mp3

A   TV에서 뭐 재밌는 거 해? 0631

B   That's what I'm trying to find out.

A   By watching only for 5 seconds of each program?

B   그냥 채널 돌려 보고 있어. 0632

A   Can't we just watch one program? It's getting annoying.

B   I think I need to go one more round.

Words   find out 알아내다   annoying 짜증스러운

063

A 난 시간 있을 때마다 영화를 보러 가.

B 그럼 좋은 영화를 많이 봤겠네. **What movies do you recommend?** 0623

A 지난 주말에 '변호인'을 봤어.

B 어땠어?

A 정말 감동적이었어. **I highly recommend it.** 0624

B 그 영화에 대해 더 말해 줄래? **I don't mind spoilers.** 0622

064

A **Anything good on TV?** 0631

B 나도 그걸 알아보려는 거야.

A 프로그램마다 5초씩만 보고는 알아낸다고?

B **I'm just flipping through.** 0632

A 그냥 한 프로그램만 보면 안 돼? 짜증나려고 해.

B 한 차례 더 돌려봐야겠어.

065 여행을 자주해 통장 잔고가 바닥났다고 할 때

conversation 065.mp3

A Nice scarf you got!

B Thanks. I bought it in Italy last year. And these boots, I got them in Japan 3 years ago.

A 여행 좋아해? 0636

B Yes, 여름마다 배낭여행 가. 0637

A You are living my dream life. I envy you.

B You wouldn't envy me if you saw my bank balance.
돈이 한 푼도 없어. 0591

Words bank balance 통장 잔고

066 운동 싫어한다더니 몸짱이 됐을 때

conversation 066.mp3

A Hey, Daniel, have you been working out? You look great.

B 헬스 등록했어. 0652

A 해가 서쪽에서 떴나? 0210 You used to hate working out.

B That's before I found the secret about women.

A What's that?

B All hot girls are in the gym.

Words used to ~하곤 했다, 과거 한때는 ~했다

065

A   스카프 멋지다!

B   고마워. 작년에 이탈리아에서 샀어. 이 부츠는 3년 전에 일본에서 샀고.

A   **Do you like traveling?** 0636

B   응. **I go backpacking every summer.** 0637

A   넌 내가 꿈꾸던 인생을 사는구나. 부럽다.

B   내 통장 잔고를 보면 부럽지 않을걸. **I'm flat broke.** 0591

066

A   대니얼, 요즘 운동했어? 멋지다.

B   **I joined a gym.** 0652

A   **Did hell just freeze over?** 0210 너 운동하는 거 싫어했잖아.

B   그건 내가 여자들의 비밀을 알아내기 전이지.

A   그게 뭔데?

B   섹시한 여자애들은 다 헬스장에 있더라고.

067 친구들끼리 건배하며 원샷 할 때

conversation 067.mp3

A 건배합시다. 0661

B Okay, 뭘 위해 건배하지? 0662

A To the good friends who are always there for me.

B Arghhh. Are you drunk already? That's gross.

A Just drink it, dude.

B 원샷! 0664

Words be there for somebody (위로 도움이 필요할 때) ~를 위해 있다

068 식당에서 음식 주문할 때

conversation 068.mp3

A 주문 좀 받아 주세요. 0674

B Sure. What do you have in mind?

A 이 집 뭐 잘해요? 0673

B I'd like to recommend smoked salmon.

A All right. I'll try that.

B What about your friend?

A 같은 걸로 주세요. 0675

Words recommend 추천하다   smoked salmon 훈제 연어

067

A   **Let's make a toast.** 0661

B   좋아, **what shall we drink to?** 0662

A   항상 내 곁에 있어 주는 좋은 친구들을 위하여.

B   윽… 너 벌써 취했냐? 느끼하다.

A   그냥 마셔, 친구.

B   **Bottoms up!** 0664

068

A   **Can you take our order?** 0674

B   네, 뭐로 드시겠어요?

A   **What's good here?** 0673

B   훈제연어를 권해 드리고 싶네요.

A   그래요. 전 그걸로 할게요.

B   친구분은요?

A   **Make it two, please.** 0675

069 상사 스트레스를 쇼핑으로 풀며 아닌 인심까지 쓸 때   conversation 069.mp3

A   What are these bags?

B   폭풍 쇼핑하고 왔어. ⁰⁶⁸⁸

A   Your boss gave you a hard time again?

B   Don't even go there. I'm so stressed out. Here, you can have this hat.

A   You're giving it to me?

B   It was 하나 사니까, 하나 더 줬어. ⁰⁶⁸⁹ I have mine right here.

Words give someone a hard time ~를 힘들게 하다. 곤란하게 만들다   stressed out 스트레스로 지친, 스트레스가 쌓인

070 지름신이 강림했을 때   conversation 070.mp3

A   I'm literally penniless. 충동구매는 그만 해야지 ⁰⁶⁸⁷ this month.

B   Only this month?

A   I can't go cold turkey, right?

B   Hmm, 70% off? 거의 거저네. ⁰⁶⁹³

A   Where? Where?

B   Okay, let me get you out of here.

Words literally 문자 그대로   penniless 무일푼인   cold turkey (흡연이나 마약 등을) 즉각 끊다

069

A   이 가방들은 뭐야?

B   **I went on a shopping spree.** 0688

A   너희 사장이 또 힘들게 했어?

B   말도 꺼내지 마. 너무 스트레스가 많이 쌓였어. 자, 이 모자 너 가져도 돼.

A   나한테 주는 거야?

B   **buy one, get one free.** 0689 내낀 여기 있잖아.

070

A   난 문자 그대로 무일푼이야. 이번 달에 **No more impulse buying.** 0687

B   이번 달만?

A   갑자기 딱 끊을 순 없잖아.

B   음… 70퍼센트 세일이라? **That's a steal.** 0693

A   어디? 어디야?

B   자, 널 여기서 데리고 나가야겠다.

Part 8

네이티브가 스마트폰·SNS에서 쓰는 표현 100

Part 8 전체 듣기

카카오톡, 페이스북, 트위터, 스카이프, 유튜브 등 정말 많기도 하네요. 그 결과 여기저기서 전용으로 쓰이는 관련 용어나 표현들도 많이 생겨났죠? '페친 수락하다, 팔로우하다, 트윗하다, 링크를 보내다'처럼요. xoxo, lol, oic같은 채팅 약어들도 마치 일상언어처럼 쓰게 되었고요. 이 파트에서는 스마트 폰이나 웹 상에서 사용할 수 있는 재치 넘치는 영어 표현들을 익혀 보세요.

01 SNS 1   02 SNS 2   03 SNS 3   04 인터넷 1   05 인터넷 2   06 약자·줄임말 1   07 약자·줄임말 2   08 채팅 약어 1   09 채팅 약어 2   10 애칭·별명 1   11 애칭·별명 2   12 기타 슬랭·유행어 1   13 기타 슬랭·유행어 2   14 전화를 걸 때 1   15 전화를 걸 때 2   16 전화를 받을 때 1   17 전화를 받을 때 2   18 기타 전화 표현 1   19 기타 전화 표현 2   20 속담·인용구

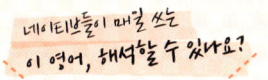

0701~0705. mp3

Do you use KakaoTalk?

카톡, 페이스북 같은 메신저 어플이나 SNS를 쓰는지 물어볼 땐? 간단히 Do you use ~? 하면 되죠.
아이디를 물을 때는 What's your (KakaoTalk) ID?

Add me on KakaoTalk.

친구로 '추가하다'라고 할 때 동사 add를 써요.
'페이스북에 추가'라고 하면 on Facebook을 뒤에 붙이면 되고요.

I'm not on Facebook.

'페이스북을 하지 않는다.'는 말입니다. I'm not online on Facebook.이라고 하면
페이스북 채팅 창에 온라인이 아니라는 말이고요.

Thank you for friending me.

페이스북에서는 '친구 추가하다'로 friend를 동사로 쓰기도 해요.
반대로 친구를 끊을 때는 unfriend를 쓰죠.

What's on your mind?

'지금 무슨 생각을 하고 있어요?'라는 뜻으로
페이스북에서 글을 올리는 창에 옅게 쓰여 있는 문장입니다.

0701

요즘은 '전화번호 뭐예요?'만큼 자주 묻는 말

카톡 해요?

0702

친구 목록에 추가하라고 할 때

카톡에 나 추가해.

0703

페북 유저가 아니라는 말

난 페이스북 안 해.

0704

페이스북 친구로 등록해 줘서 고맙다는 말

페친 수락 감사해요.

0705

네 생각이나 걱정거리를 말해 보라고 할 때

무슨 생각해?

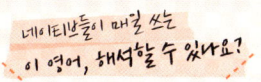

0706~0710. mp3

What's my Twitter password?

'비밀번호'나 '암호'는 password입니다.
신용카드나 통장 비밀번호는 PIN number라고 하고요.

I have to tweet this.

트위터에서 '글을 쓰다'는 tweet을 쓰는데 원래는 '짹짹거리다'라는 뜻이에요.
명사로 쓰이면 뜻이 '짹짹' 또는 '트위터에 올린 메시지'가 됩니다.

It's all over Twitter.

all over는 '곳곳에, 도처에'라는 뜻이죠.
트위터 타임라인에 같은 이야기가 많이 올라올 때 쓰는 표현이에요.

Psy is following me on Twitter.

친구를 추가할 때 SNS마다 조금씩 표현이 다릅니다. 트위터에선 follow를 한다고 해요.
그 사람이 나를 맞팔했을 때는 follow ~ back을 쓰면 돼요.

I blocked my ex.

단순히 친구 목록에서 삭제하는 건 unfriend나 unfollow를 쓰지만
내 페이지를 확인할 수 없도록 차단할 때는 block을 씁니다.

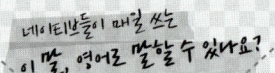

0706
비밀번호를 까먹어서 못 들어갈 때
내 트위터 비번이 뭐더라?

0707
일명 '짹짹이'에 글을 올릴 때
이건 트위터에 올려야겠다.

0708
같은 이야기가 동시에 많이 언급될 때
트위터에 그 얘기로 도배됐어.

0709
싸이가 나를 친구로 추가했다는 말
싸이가 나를 팔로우했어.

0710
연락할 수 없도록 싹을 자를 때
전 애인을 차단했어.

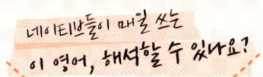

0711
I always lurk.

lurk는 '숨어 있다, 잠복하다'라는 뜻입니다. 채팅창에서 눈팅만 하거나
SNS에서 글은 올리지 않고 읽기만 한다(... and never post)는 거죠.

0712
I just posted a new photo.

인터넷에 글이나 사진을 '올리다'라고 할 때는 post를 씁니다.
'정보를 올리다, 게시하다'라는 뜻이거든요.

0713
Could you send me the link?

재미있는 동영상을 친구에게 보여 줄 때 주소를 복사해서
메시지 창에 올리죠. 영어로는 send the link라고 합니다.

0714
I do have a Skype account.

계정이 있다는 소린데 do have를 써서 '있기는 있다'가 됐어요.
이 말 뒤에는 But I never check it. 또는 I forgot my password.처럼
잘 안 쓴다거나 비밀번호를 까먹었다는 등의 얘기가 이어지겠죠.

0715
I just installed Line.

애플리케이션을 '설치하다, 깔다'라고 할 때는 install을 씁니다.
컴퓨터에서 프로그램을 깔 때도 같은 표현을 써요.

0711

눈팅만 한다는 말

난 항상 읽기만 해.

0712

SNS 페이지를 업데이트했다는 말

방금 새로 사진 올렸어.

0713

주소를 링크로 걸어 달라고 할 때

링크를 보내 줄래?

0714

이용 계정이 있다는 말

스카이프 계정이 있긴 있어.

0715

앱을 새로 설치했을 때

방금 라인 깔았어.

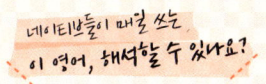

I googled it.

인터넷으로 검색해 봤다는 뜻인데 google이라는 검색 사이트 이름을 그대로 동사로 썼습니다.
자기 이름을 검색해 봤으면 I googled my name.이 되죠.

Gangnam Style hit 2 billion views.

조회 수는 hit, view, click 등을 씁니다. 여기서는
'조회 수가 ~를 넘었다'라고 할 때 hit ~ views를 썼네요.

It went viral on YouTube.

viral은 '바이러스성의', go viral은 '입소문이 나다'라는 뜻입니다.
인터넷 상에서 어떤 동영상이 인기를 끌면서 순식간에 화제가 될 때도 go viral을 써요.

I love your profile picture.

'~가 정말 멋지네요, 마음에 드네요, 예쁘네요'라고 칭찬할 때
I love ~를 씁니다. 무조건 '사랑해요'라고 번역하지 말고 상황에 맞게 칭찬하면 돼요.

Don't let the selfies fool you.

셀카 사진을 영어로는 selfie라고 해요. Don't let ~ fool you.는
'~가 널 속이게 허락하지 마라.'니까 '~에게 속지 마라.'가 돼요.

네티즌들이 매일 쓰는
이 말, 영어로 말할 수 있나요?

0716

인터넷 검색창에서 쳐 봤다는 뜻으로

인터넷으로 찾아봤어.

0717

조회 수 ○○○을 기록했다고 할 때

'강남스타일'이 조회 수 20억을 넘었어.

0718

인터넷으로 순식간에 퍼졌을 때

유튜브에 쫙 퍼졌어.

0719

상대방 프로필 사진을 칭찬할 때

프로필 사진 멋지네요.

0720

프로필 사진을 그대로 믿으면 안 된다는 말

셀카에 속지 마.

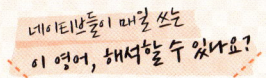

0721~0725. mp3

My computer froze up.

freeze는 '꼼짝 않다, 얼어붙다'라는 뜻인데 컴퓨터가 먹통이 됐을 때도 씁니다.
up이 들어가면서 느낌이 더 강해졌죠. 컴퓨터가 자꾸 저절로 꺼질 때는
keep shutting down이란 표현도 써 보세요.

0722

Who are you IM-ing to?

IM은 instant message의 약자입니다. 인터넷 메신저로 '말을 걸다'라고 할 때
IM을 동사처럼 쓰기도 해요. -ing, -ed를 붙일 때는 IM-ing이나 IM'ing처럼 표기합니다.

I'm a mouse potato.

소파에서 TV 보면서 빈둥거리는 사람을 couch potato라고 하는데,
mouse potato라고 하면 컴퓨터 앞에서 많은 시간을 보내는 사람이에요.

Cyber bullying is a big issue.

왕따를 시키거나 괴롭히는 걸 bullying이라고 하니까 cyber bullying은
'사이버 폭력'이 됩니다. 악성 댓글(malicious comment)도 당연히 포함되겠죠.

I used to be a keyboard warrior.

악성 댓글을 상습적으로 적는 사람을 우리는 악플러라고 하는데
영어에는 keyboard warrior라는 표현이 있습니다.

0721

컴퓨터 화면이 먹통이 됐을 때

컴퓨터가 다운됐어.

0722

누군가와 메시지를 주고받으며 킥킥대는 친구에게

누구한테 메신저 하는 거야?

0723

마우스를 손에 달고 사는 사람

앉아서 매일 컴퓨터만 해.

0724

사이버 범죄에 대해 말할 때

사이버 폭력이 큰 문제야.

0725

컴퓨터 자판을 두드리며 공격하는 사람에게

나도 한때 악플러였어.

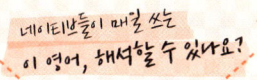

0726~0730. mp3

I need you here ASAP.

ASAP는 as soon as possible의 약자로 '될 수 있는 대로 빨리'라는 뜻이죠.
'네가 여기에 필요하다'는 건 여기로 와 달라는 말이고요.

FYI, today is my birthday.

FYI는 for your information의 약자입니다.
'잘 모르고 있는 모양인데, 참고로 알려 주겠는데'의 뜻으로 써요.

That's TMI.

too much information, '과도한 정보'의 약자입니다. 몰라도 되는데 굳이 알려 주는 사람에게
'그런 것까진 내가 몰라도 되는데'라는 뜻으로 쓰죠.

That's James, AKA my ex.

also known as의 약자로 '~라고도 알려진'이라는 뜻입니다.
ex는 ex-girlfriend, ex-boyfriend, ex-wife 등 헤어진 애인이나 배우자입니다.

Sunny is my BFF.

BFF는 Best Friends Forever(영원한 절친)의 약자입니다.
특히 어린 여학생들이 절친과 우정을 다짐하며 많이 쓰는 표현이에요.

0726

묻지도 따지지도 말고 오라는 얘기

당장 여기로 와 줘.

0727

뭔가 잘못 알고 있는 것 같을 때

참고로, 오늘 내 생일이야.

0728

너무 많은 개인적인 정보를 자발적으로 까는 사람에게

그런 것까진 내가 몰라도 되는데.

0729

일명, 별칭 등을 덧붙일 때

쟤가 제임스야, 내 전 남친.

0730

가장 친한 친구를 소개할 때

써니는 내 절친이야.

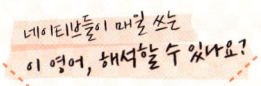

0731~0735. mp3

Please RSVP by Thursday.

프랑스어 Répondez s'il vous plaît.의 약자로, 영어로는 Please reply. 초대장을 보낼 때 참석 여부를 밝혀 달라는 말로 씁니다.

R.I.P. Robin.

'편히 잠드소서.'라는 뜻으로 쓰는 RIP는 rest in peace의 약자입니다. 고인의 명복을 비는 말인데 묘비에 적는 경우도 많아요.

Paul went MIA.

MIA는 Missing In Action의 약어입니다. 전투 중 행방불명된 아군을 가리키는 말이었는데 지금은 게임 용어로도 쓰이죠.

What's your ETA?

estimated time of arrival의 약자입니다. '도착 예정 시간'이죠. 수사 드라마에서 What's your 20?(현재 위치는?)와 함께 자주 나오는 문장입니다.

BTW, any word?

'그건 그렇고, 그런데'라는 뜻의 by the way의 약자입니다. word는 여기서 '소식'인데, 초조하게 연락 오길 기다릴 때 Any word? 하고 묻죠.

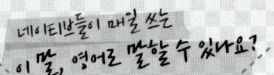

0731
참석 여부를 알려 달라는 말

목요일까지 회답 주세요.

0732
삼가 고인의 명복을 빕니다

편히 잠드세요, 로빈.

0733
원래는 '실종됐다'는 뜻으로 쓰이는

폴은 잠수 탔어.

0734
도착하려면 얼마나 남았는지 물어볼 때

도착 예정 시간은?

0735
대화에서 화제를 전환할 때

그런데, 연락 왔어?

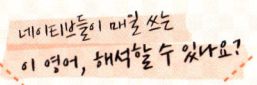

xoxo

미드 *Gossipgirl*(가십걸)에서 자주 나왔죠. hugs and kisses를 뜻합니다.
뽀뽀하는 소리를 표현하며 Muah!라고 쓰기도 해요.

lol

laughing out loud의 약자입니다. 빵 터져서 웃고 있다는 거예요.
out loud가 '큰 소리로, 소리 내어'란 뜻이거든요.

rotfl

Rolling on the floor, laughing.의 약자입니다.
웃느라고 바닥을 구르고 있다는 뜻이에요.

oic

'아, 그렇구나.' 할 때 Oh, I see.를 간단히 표기한 거예요.
I know.(알아.)는 이미 알고 있었을 때, I see.는 방금 알았을 때 씁니다.

j/k

Just kidding.의 약자예요. Just joking.도 같은 표현이에요.
웃자고 한 말이라는 거죠.

0736

연애편지 끝에 포옹과 키스를 보낼 때

쪼오옥!

0737

파안대소하고 있음을 표현할 때

빵 터짐.

0738

배꼽 잡고 쓰러져 바닥을 떼굴떼굴 구를 때

웃겨서 떡실신.

0739

'그렇게 깊은 뜻이?' 하고 고개를 끄덕이며

글쿤.

0740

우스갯소리라는 말

농담이야.

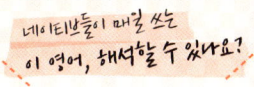

0741
brb

be right back을 줄인 거예요. '곧 돌아올게.'란 뜻의 I'll be right back.이죠.
돌아왔을 때 I'm back.(나 왔어.) 하면 친구가 Welcome back.(잘 왔어.) 해 줍니다.

0742
g2g

'전화 끊어야겠다.' 또는 '가봐야겠다.'고 할 때 I've got to go.라고 해요.
got to go 부분 앞 글자를 따서 gtg 또는 g2g라고도 하죠.

0743
ttyl

Talk to you later.의 약자입니다. 통화 중이었다면 '나중에 또 통화하자.'란 얘긴데,
카톡에서 외국인이 ttyl을 쳤다면 '나중에 카톡하자.'란 말이죠.

0744
Wassup?

원래는 What's up?인데 채팅을 시작할 때 Wassup? 또는 더 간단히 sup으로 씁니다.
대답은 nmhbu(Not much. How about you?)라고 한다네요. '별일 없어. 너는?'

0745
Congrats!

원래는 Congratulations!죠. 끝에 s가 붙는 거랑 생일을 축하할 때는
쓰지 않는다는 걸 잊지 마세요. 생일 축하는 Happy Birthday!

0741

메신저 중에 잠깐 화장실 갈 때

잠시만.

0742

채팅 하다가 급히 인사하고 나갈 때

가야겠다.

0743

채팅 중에 자리를 비울 때

나중에 얘기해.

0744

메신저나 SNS에서 말을 걸 때

잘 지내?

0745

뭔가 애써서 이룬 것에 대한 축하 인사

축하해!

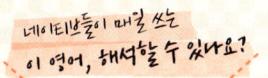

 0746

Why, sure, sport.

why는 '그야 물론'이라는 뜻으로 붙인 말입니다. 미국에서는 아빠가 아들을
sport(씩씩한 녀석), champ(대장) 등 애칭으로 불러요.
어른한테 쓸 때는 '이봐, 녀석'처럼 친근한 말로 해석합니다.

 0747

I'll tuck you in, kiddo.

kid에서 변형된 kiddo는 예쁜 막둥이를 부르는 느낌의 애칭이에요.
tuck in은 아이의 이불을 잘 덮어 주고 잘 자라는 인사를 하는 거랍니다.

0748

You're up early, pumpkin.

부모가 아이를 부를 때 sweetie나 darling도 자주 쓰지만
딸에게 특히 자주 쓰는 애칭으로 pumpkin이 있습니다.

 0749

I'm proud of you, bro.

bro는 brother의 준말로 남자를 친하게 부를 때 써요.
우리말로는 형이나, 오빠, 동생, 친구 등으로 해석하죠. sister는 sis라고 하고요.

 0750

Thanks, pal.

pal은 친구라는 뜻이에요. '펜팔 친구'에서 펜팔이 pen pal이거든요.
남자들끼리 친근하게 부를 때 pal, buddy, mate, man 등을 많이 써요.

0746

아랫사람을 친근하게 부를 때

녀석, 물론이지.

0747

이불을 꼭 덮어 주고 잘 자라고 뽀뽀해 줄 때

이불 덮어 줄게, 꼬맹아.

0748

웬일로 일찍 일어난 아이에게

우리 강아지, 일찍 일어났네.

0749

형제 또는 형제 같은 친구를 부를 때

형이 자랑스럽다.

0750

'이 친구야' 처럼 부를 때

고맙다, 친구야.

망각방지장치 1

하루만 지나도 학습한 내용의 50%는 잊어버립니다. 여러분은 몇 퍼센트나 잊어버렸을까요? 5분 안에 25개를 말해 보세요.

			○ × 복습
01	카톡에 나 추가해.	_____ me on KakaoTalk.	0702
02	난 페이스북 안 해.	I'm not _____ Facebook.	0703
03	페친 수락 감사해요.	Thank you for _____ me.	0704
04	이건 트위터에 올려야겠다.	I have to _____ this.	0707
05	전 애인을 차단했어.	I _____ my ex.	0710
06	난 항상 읽기만 해.	I always _____.	0711
07	방금 새로 사진 올렸어.	I just _____ a new photo.	0712
08	링크를 보내 줄래?	Could you send me the _____?	0713
09	방금 라인 깔았어.	I just _____ Line.	0715
10	인터넷으로 찾아봤어.	I _____ it.	0716
11	유튜브에 쫙 퍼졌어.	It went _____ on YouTube.	0718
12	셀카에 속지 마.	Don't let the selfies _____ you.	0720
13	컴퓨터가 다운됐어.	My computer _____ up.	0721
14	앉아서 매일 컴퓨터만 해.	I'm a mouse _____.	0723

정답 01 Add 02 on 03 friending 04 tweet 05 blocked 06 lurk 07 posted 08 link 09 installed
10 googled 11 viral 12 fool 13 froze 14 potato

			O	X	복습
15	사이버 폭력이 큰 문제야.	Cyber _____ is a big _____.	☐	☐	0724
16	나도 한때 악플러였어.	I used to be a keyboard _____.	☐	☐	0725
17	당장 여기로 와 줘.	I need you here _____.	☐	☐	0726
18	쟤가 제임스야, 내 전 남친.	That's James, _____ my ex.	☐	☐	0729
19	목요일까지 회답 주세요.	Please _____ by Thursday.	☐	☐	0731
20	그런데, 연락 왔어?	_____, any word?	☐	☐	0735
21	웃겨서 떡실신.	_____.	☐	☐	0738
22	잘 지내?	_____?	☐	☐	0744
23	축하해!	_____!	☐	☐	0745
24	이불 덮어 줄게, 꼬맹아.	I'll _____ you in, _____.	☐	☐	0747
25	형이 자랑스럽다.	I'm proud of you, _____.	☐	☐	0749

맞은 개수: 25개 중 _____개

당신은 그동안 _____%를 잊어버렸습니다.
틀린 문장들은 다시 한번 복습하고 넘어가세요.

정답 15 bullying, issue 16 warrior 17 ASAP 18 AKA 19 RSVP 20 BTW 21 rotfl 22 Wassup
23 Congrats 24 tuck, kiddo 25 bro

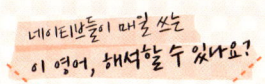

0751~0755. mp3

 0751

Don't cry, silly.

silly는 형용사로 '바보 같은, 어리석은'이란 뜻인데, '~하잖아, 바보야'처럼 부르는 말로도 써요. '바보 멍청아!'라는 느낌보다는 귀여운 느낌으로 쓰죠.

 0752

Good morning, sunshine.

사랑하는 사람을 a ray of sunshine이라고 할 때가 있는데 한 줄기 햇살 같은 존재라는 뜻이겠죠.

 0753

Don't worry, babe.

baby는 애인에게 '애기야' 할 때 쓰지만 실제 애기들을 부를 때도 많이 씁니다. babe는 애인한테 주로 써요. 능글맞은 남자가 '아가씨~'라고 부르는 느낌이죠.

 0754

Get up, lazybones!

'게으른 사람'을 lazybones라고 해요. 복수형처럼 생겼지만 He's a lazybones.처럼 한 명일 때도 -s를 붙이고 앞에는 a가 붙습니다.

 0755

You cheapskate!

'구두쇠'를 영어로 cheapskate라고 합니다. 치사하고 인색하게 구는 사람에게는 You are so cheap.이라고도 해요.

0751

모 아이돌 그룹 멤버끼리 애칭으로 사용하기도 했다죠.

울지 마, 바보야.

0752

다정하게 부를 때

일어났어?

0753

애기 말고 애인을 부를 때

걱정 마, 자기야.

0754

게으르거나 동작이 굼뜬 사람에게

게으름뱅이, 일어나!

0755

구두쇠라는 말

이런 짠돌이!

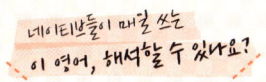

0756~0760. mp3

I know the feeling.

그게 어떤 느낌인지 잘 안다는 말이죠. 네가 어떤 느낌일지,
네 기분을 잘 안다고 할 때는 I know how you feel.이라고 해요.

Confusing, isn't it?

내가 혼란스럽다고 하면 I'm confused.처럼 사람을 주어로 말하지만
나를 혼란스럽게 하는 상황이 주어가 되면 It's confusing.입니다.

Take that as a compliment.

compliment가 '칭찬'이니, '그거 칭찬이야.', '칭찬으로 받아줘.'라는 말입니다.
그 유명한 대사 '특급 칭찬이야.'란 말을 영어로 하면? It's a special compliment for you.

Just wing it.

wing it은 '즉흥적으로 하다'라는 뜻이에요. 즉석에서 임기응변으로 대처하라는 말이죠.
'그때그때 사정 봐서 하다'라는 play it by ear도 알아 두세요.

You've still got it.

어떤 분야의 실력이든 '한 ~했다'고 할 때의 실력을 it으로 받습니다.
아직 옛날 실력이 죽지 않았다는 거죠.

0756

그 심정을 잘 안다는 말

느낌 아니까.

0757

뭐가 뭔지 잘 모르겠고 아리송한 상황

많이 당황하셨죠?

0758

칭찬으로 받아들이라는 말

그거 칭찬이야.

0759

대충 알아서 때우라는 말

(그까이꺼) 대충 해.

0760

아직 녹슬지 않은 예전 실력을 확인했을 때

살아 있네!

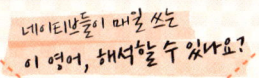

0761~0765. mp3

I just zoned out.

잠시 넋을 잃은 듯 멍하니 있을 때 zone out이나 space out을 씁니다.
내 정신이 이곳을 떠나서 우주 밖으로 잠깐 갔다 오는 거라고나 할까요.

I hit the jackpot.

jackpot은 도박이나 복권에서 얻은 '거액의 상금'을 말해요.
hit the jackpot이라고 하면 '대박을 터뜨렸다, 대박이다'가 되는 거죠.

Find out in sixty seconds.

모 프로그램에서 '60초 후에'를 유행시켰지만 보통 '광고 후에' 알려 주겠다는
말을 많이 하죠. 그럴 때는 in sixty seconds 대신 after the break를 쓰면 돼요.

I'm having a meltdown.

멘탈 붕괴는 영어로 mental breakdown인데 진짜 '신경 쇠약'일 때 쓰는 말이에요.
meltdown은 스트레스를 받거나 화가 나서 폭발 직전일 때 쓰는 표현입니다.

Hit me up.

hit me up은 연락을 때려 달라는(?) 말입니다. 구인 광고 등에서 '연락 주세요.' 할 때
이메일이나 메신저로 '연락 바란다.'고 할 때 자주 써요.

0761
잠시 넋을 놓고 멍청히 있었을 때
그냥 멍때렸어.

0762
돈벼락을 맞았을 때
대박이야.

0763
광고 후에 알려 주겠다는 말
60초 후에 공개합니다.

0764
머리에 뚜껑이 열리다가 폭발하게 생겼을 때
멘붕이 오네요.

0765
'만나자, 연락 줘' 등 데이트 신청 때 자주 쓰는 은어
연락해 줘.

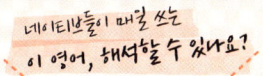

Can you talk right now?

통화하기 불편할 때 전화한 건 아닌지 확인하는 말입니다. 비슷한 표현으로
Is it okay to talk now? 또는 Is this a good time for you to talk?

Is this a bad time?

바쁜데 전화를 건 건 아닌지 조심스럽게 물을 때 쓰세요. Am I calling at a bad time?도
같은 말이에요. bad 대신 good을 넣으면 통화하기 괜찮은지 묻는 게 됩니다.

Am I interrupting anything?

다른 일을 하는 중인데 내가 전화를 해서 혹시 방해된 건 아닌지 묻는 말입니다.
interrupt는 말 등을 '도중에서 방해하다, 흐름을 가로막다'라는 뜻이에요.

I'm sorry for calling this late.

this late는 '이렇게 늦게'입니다. 반대로, 너무 일찍
전화를 걸었을 경우엔 late을 early로 바꾸기만 하면 되겠죠.

Put Mommy on.

전화로 누구를 바꿔 달라고 할 때는
〈Put 누구 on (the phone)〉이라고 하세요.

0766

전화 통화가 가능한지 물을 때

지금 통화 괜찮아?

0767

통화가 곤란한 상황은 아닌지 물을 때

바쁜데 걸었나?

0768

다른 일을 하던 중인데 방해된 건 아닌지 물을 때

제가 방해됐나요?

0769

밤늦게 전화 걸었을 때

늦은 시간에 전화해서 미안해.

0770

통화 중에 다른 사람을 바꿔 달라고 할 때

엄마 바꿔 봐.

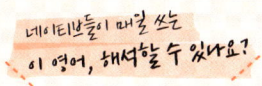

0771~0775. mp3

Are you there?

'거기 있어?'라는 말은 '아직 안 끊었어?', '내 말 들려?'라는 말이죠.
메신저로 대화할 때 상대방이 자리에 있는지 부를 때도 사용하면 좋습니다.

Can you hear me?

잘 안 들린다고 할 때는 I can't hear you.라고 합니다. 선생님이 뒤쪽에 앉은 학생들에게
잘 들리는지 물을 때는 Can you hear me at the back?이라고 하죠.

You're breaking up.

여기서 break up은 '소리가 잘 안 들리고,
끊길 것처럼 전화 상태가 나쁘다'는 뜻입니다.

Call me back in five minutes.

in five minutes는 '5분 후에'입니다. 잠시 후에 다시 하라는 거죠.
'5분 내로' 전화 달라고 할 때는 within five minutes를 써요.

It went straight to voice mail.

'전화기가 꺼져 있어 음성 사서함으로 연결됩니다.' 할 때
'음성 사서함'이 영어로 voice mail box입니다.

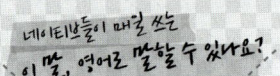

0771

거기 누구 없느냐고 물을 때

여보세요?

0772

전화 상태를 확인할 때

내 말 들려?

0773

상대방의 말이 들렸다 안 들렸다 할 때

소리가 끊기네.

0774

나중에 다시 전화 달라고 할 때

5분 후에 다시 걸어.

0775

고객님이 전화를 받지 않을 때

음성 사서함으로 바로 넘어갔어.

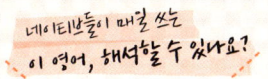

0776~0780. mp3

I'm in the middle of something.

in the middle of는 직역하면 '~의 한가운데 있는'이란 건데 한창 뭘 하는 중이라는 거죠.
'뭘 하던 중이라 전화 받기 곤란하다. 좀 바쁘다.'라는 말을 돌려서 하는 겁니다.

I can't talk long.

전화를 받긴 받았지만, 통화는 오래 못한다는 이야기죠.
그 뒤에 I'm on the subway.(지하철 안이야.)처럼 이유를 함께 말해 주면 좋겠죠.

My battery is low.

배터리가 얼마 없을 때는 low란 단어 하나면 됩니다. 충전된 배터리의 양이 적다는 거죠.
배터리가 이미 다 떨어졌다면 My battery ran out. 또는 My battery died.

The connection is bad.

통화 연결이 잘 안 될 때 'connection이 안 좋다'라고 표현합니다.
같은 뜻으로 We have a bad connection.이라고 말하기도 해요.

I'll get back to you later.

바쁠 때 전화 오면 지금 바쁘니까 '내가 나중에 전화할게.'란 말 많이 하죠?
I'll call you back later.나 Can I call you back? 등으로도 말합니다.

0776

전화 받기 곤란할 때

지금 뭐 하는 중인데.

0777

용건만 간단히 말하라고 할 때

오래 통화 못 해.

0778

배터리가 간당간당할 때

배터리가 얼마 없어.

0779

통화 연결이 안 될 때

연결 상태가 안 좋네.

0780

나중에 통화하자고 할 때

내가 나중에 전화할게.

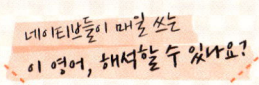

0781~0785. mp3

No signal here.

signal은 '신호'죠. 아예 전화가 안 걸릴 때는 I have/get no signal.
또는 There's no signal.이라고 해요.

Just a minute, please.

minute에는 1분, 2분, 3분… 할 때의 '분' 말고 '잠깐'이란 뜻이 있어요.
'1초만요.'라는 느낌으로 Just a second. 또는 더 간단히 Just a sec.이라고도 합니다.

Can you hold on?

Hold on.은 '가만있어 봐.'라는 뜻인데 전화 통화에선 끊지 말고 기다리라는 말입니다.
hold가 원래 붙잡는다는 말이니까 수화기를 꼭 붙들고 있으라는 거죠.

It can wait.

'그것은 기다릴 수 있다.'라는 말은 '지금 당장 하지 않아도 된다.',
'나중에 해도 된다.'라는 뜻이에요. 급한 게 아니니 신경 쓰지 말라는 말이죠.

Let's try voice chat.

메신저에서 음성 채팅 기능으로 통화할 때 voice chat이라고 하면 됩니다.
스카이프나 라인 같은 메신저로 영상 통화를 할 때는 video chat이라고 하고요.

0781

신호가 아예 안 잡힐 때

전화가 안 터져.

0782

잠깐만 기다리라고 할 때

잠시만요.

0783

끊지 말고 기다리라고 할 때

잠시만 기다리세요.

0784

기다릴 수 있다는 뜻으로

급한 건 아니야.

0785

음성 채팅으로 전화할 때

보이스톡으로 하자.

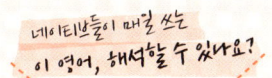

0786~0790. mp3

He's not answering.

'전화 걸다'는 call인데 '전화를 받다'는 answer (the phone)을 써요.
초인종 소리에 답하며 누가 왔는지 나가 볼 때는 answer the door라는 표현도 씁니다.

Pick up the phone.

'전화 받다'라는 말을 pick up the phone이라고도 합니다.
전화를 받으려면 수화기를 집어 들어야 하니까 pick up이 들어가네요.

Give me a call.

Call me.와 같은 말이에요. call to me처럼 to를 넣어 말하지 않도록 주의하세요.
영국식으로 Give me a ring.이라고도 많이 씁니다.

Text me.

휴대폰 문자는 text message인데 '문자를 보내다'는 동사로 그냥 text를 써도 됩니다.
Send me a text message.를 간단히 Text me.라고 하는 거죠.

How can I reach you?

reach는 전화로 '연락하다'라는 뜻이에요. 어떻게 연락하면 되느냐는 건
전화번호를 알려 달라는 말이지만 요즘은 SNS 연락처를 뜻하기도 하겠죠.

0786

신호만 가고 있을 때
전화를 안 받네.

0787

통화 연결음만 계속 들리면 혼잣말로 많이 하죠
전화 좀 받아.

0788

전화 달라는 말
전화해.

0789

문자 메시지로 보내 달라고 할 때
문자 해.

0790

전화번호를 알려 달라는 말
연락처를 알 수 있을까요?

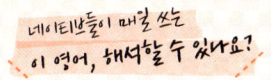

 0791

Sorry, I should take this.

누군가와 얘기 중에 부득이하게 전화를 받아야 할 때 쓰는 표현입니다.
예의가 아닌 줄은 알지만 중요한 전화라서 양해를 구하는 거죠.

 0792

We spoke on the phone.

'전화로'는 on the phone이라고 해요. 찾아가기 전에 미리 전화로 용건을 말한 뒤,
직접 만났을 때 자기소개를 하고 '전화 드렸죠.' 하며 상기를 시켜 주는 상황에서 써요.

 0793

Put your phone on mute.

mute는 '무언의, 말없는'이라는 뜻입니다. TV 리모컨에서
소리 없애는 버튼도 mute죠. 전화기를 '진동으로' 할 때는 on vibrate라고 해요.

 0794

She's ignoring my messages.

ignore는 '무시하다, 못 본 척하다'란 뜻이죠. 전화를 일부러 안 받을 때도,
문자나 카톡 메시지에 답문을 안 할 때도 ignore를 씁니다.

 0795

Why haven't you returned my calls?

누가 전화했더라는 말을 듣고, 또는 부재 중 전화가 찍힌 걸 보고
나중에 전화할 때 동사 return을 쓰는 거 알아 두세요.

0791
전화를 받느라 잠시 자리를 뜰 때
죄송한데, 전화 좀 받을게요.

0792
'전화 드렸던 사람입니다' 하고 인사할 때
전화 통화 했었죠?

0793
기차 같은 공공장소에서 자주 나오는 안내 방송
전화기를 무음으로 해 주세요.

0794
보고도 답장을 안 보낼 때
문자를 씹네.

0795
전화해 달라는 메시지를 여러 번 남겼는데 씹혔을 때
왜 전화 안 했어?

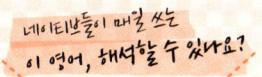

0796~0800. mp3

Bad news travels fast.

어떤 사람의 불행이나 문제에 관한 소식은
좋은 소식보다 빨리 번진다는 거죠.

There's a skeleton in every closet.

skeleton in the closet(옷장 안의 해골)은 소문날까 두려운
'집안의 수치'라는 뜻이에요. 어느 집이든 숨기고 싶은 비밀이 있다는 말이죠.

Ignorance is bliss.

ignorance는 '무지, 무식', bliss는 '더없는 기쁨'을 뜻합니다.
Knowledge is power.(아는 것이 힘이다.)와 반대되는 말이에요.

Let bygones be bygones.

bygones는 '지난 일, 과거의 일'입니다. 지난 일은 지난 일로 해 두자는 거죠.
예전 인기 미국 드라마 *Ally McBeal*(앨리 맥빌)에서 자주 나온 대사예요. Bygones!

Let sleeping dogs lie.

우리말에 '잠자는 사자를 건드리지 마라.'는 말이 있잖아요.
영어에서는 잠자는 개는 계속 잠자게 내버려 두라고 표현해요.

0796

안 좋은 말이 순식간에 퍼질 때

나쁜 소식은 빨리 돈다.

0797

누구나 비밀은 있다고 할 때

털어서 먼지 안 나는 사람 없다.

0798

모르는 편이 정신 건강에 좋을 때

모르는 게 약이다.

0799

지나간 일은 잊어버리자고 할 때

지난 일은 들추지 마라.

0800

괜히 벌집을 쑤시려는 사람에게

긁어 부스럼 만들지 마라.

망각방지 장치 1

하루만 지나도 학습한 내용의 50%는 잊어버립니다. 여러분은 몇 퍼센트나 잊어버렸을까요? 5분 안에 25개를 말해 보세요.

			O × 복습
01	울지 마, 바보야.	Don't cry, _____.	☐ ☐ 0751
02	게으름뱅이, 일어나!	Get up, _____!	☐ ☐ 0757
03	느낌 아니까.	I know the _____.	☐ ☐ 0756
04	많이 당황하셨죠?	_____, isn't it?	☐ ☐ 0757
05	그거 칭찬이야.	Take that as a _____!	☐ ☐ 0758
06	(그까이꺼) 대충 해.	Just _____ it.	☐ ☐ 0759
07	살아 있네!	You've still _____ it.	☐ ☐ 0760
08	그냥 멍때렸어.	I just _____ out.	☐ ☐ 0761
09	대박이야.	I hit the _____.	☐ ☐ 0762
10	멘붕이 오네요.	I'm having a _____.	☐ ☐ 0764
11	바쁜데 걸었나?	Is this a _____ time?	☐ ☐ 0767
12	제가 방해됐나요?	Am I _____ anything?	☐ ☐ 0768
13	엄마 바꿔 봐.	_____ mommy on.	☐ ☐ 0770
14	소리가 끊기네.	You're _____ up.	☐ ☐ 0773

정답 01 silly 02 lazybones 03 feeling 04 Confusing 05 compliment 06 wing 07 got 08 zoned
09 jackpot 10 meltdown 11 bad 12 interrupting 13 Put 14 breaking

			○	×	복습
15	지금 뭐 하는 중인데.	I'm in the _____ of something.			0776
16	배터리가 얼마 없어.	My battery is _____.			0778
17	연결 상태가 안 좋네.	The _____ is bad.			0779
18	급한 건 아니야.	It can _____.			0784
19	전화 좀 받아.	_____ up the phone.			0787
20	연락처를 알 수 있을까요?	How can I _____ you?			0790
21	죄송한데, 전화 좀 받을게요.	Sorry, I should _____ this.			0791
22	전화기를 무음으로 해 주세요.	Put your phone on _____.			0793
23	문자를 씹네.	She's _____ my messages.			0794
24	털어서 먼지 안 나는 사람 없다.	There's a _____ in every closet.			0797
25	지난 일은 들추지 마라.	Let _____ be bygones.			0799

맞은 개수: 25개 중 _____ 개

당신은 그동안 _____%를 잊어버렸습니다.
틀린 문장들은 다시 한번 복습하고 넘어가세요.

정답 15 middle 16 low 17 connection 18 wait 19 Pick 20 reach 21 take 22 mute 23 ignoring 24 skeleton 25 bygones

망각방지장치 2

일주일이 지나면 학습한 내용의 70%를 잊어버립니다. 여러분은 몇 퍼센트나 잊어버렸을까요? 대화문으로 확인해 보세요.

071 엉뚱한 사람을 페친으로 등록했을 때   conversation 071.mp3

A   Hey, sorry for not accepting your request sooner. I accepted you now.

B   What are you talking about? 난 페이스북 안 해. 0703

A   Are you sure? You sent me a friend request.

B   No, I didn't. I don't even have an account. 페친 수락 고마워 0704 though.

A   This Terri Jensen is not you?

B   That's not me. I'm Terry with a Y.

Words request 요청, 신청

072 특급 비밀을 트위터에 불어버리고 싶은데 비번이 생각 안 날 때   conversation 072.mp3

A   Do you know Melvin and Elly have been secretly dating for a month?

B   What? Oh, 이건 트위터에 올려야 해. 0707 Wait, 내 트위터 비번이 뭐더라? 0706

A   It's the same password for your KakaoTalk.

B   What's my KakaoTalk password?

A   It's same as Twitter's.

B   Are you kidding me?

071

A 친구 요청에 빨리 수락 못 해서 미안. 이제 수락했어.

B 무슨 말이야? **I'm not on Facebook.** 0703

A 확실해? 네가 친구 요청 보냈잖아.

B 안 보냈어. 난 계정도 없는데. 그래도 **Thank you for friending me.** 0704

A 여기 테리 젠슨이 너 아니라고?

B 나 아니야. 난 끝이 Y로 끝나는 **Terry**야.

072

A 멜빈이랑 엘리랑 한 달째 몰래 연애 중인 거 알아?

B 뭐라고? 아, **I have to tweet this.** 0707 잠깐, **what's my Twitter password?** 0706

A 카카오톡 비번하고 같잖아.

B 카카오톡 비번은 뭐지?

A 트위터 비번하고 같지.

B 나랑 장난해?

073 전 남친 페북을 어슬렁거리다 내 험담을 발견했을 때

conversation 073.mp3

A   What are you doing?

B   I'm lurking on Facebook. 얘가 제임스야, 내 전 남친. 0729

A   Is that his new girlfriend in the picture?

B   Yeah, and he wrote "She's a lot cuter, smarter, and sexier than my ex."

A   What an SOB! Do you want me to write some naughty comment? 나도 한 때 악플러였어. 0725

B   No, just ignore him.

Words   SOB (속어) 개자식(son of a bitch)   naughty 버릇없는, 무례한

074 파티에 초대하며 친구도 데려오라고 할 때

conversation 074.mp3

A   I'm throwing a party next Sunday. Make sure you're there.

B   I'm meeting Sunny that day. She's coming all the way from Chicago to see me.

A   Bring Sunny with you. Who's Sunny, by the way?

B   써니는 내 절친이야. 0730 I'll ask her if she wants to come to the party.

A   목요일까지 회답 줘, 0731 then.

B   No problem.

Words   throw a party 파티를 열다

073

A 뭐 하고 있어?

B 페이스북에서 눈팅 중이야. **This is James, AKA my ex.** 0729

A 사진에 있는 쟤가 새 여자 친구야?

B 응, '내 전 여친보다 훨씬 귀엽고 똑똑하고 섹시하다.'라고 적었네.

A 이런 개자식! 내가 험한 댓글 좀 달아 줄까? **I used to be a keyboard warrior.** 0725

B 아니, 그냥 무시해.

074

A 다음 일요일에 파티 열 건데. 꼭 와.

B 그날 써니 만나. 날 보러 시카고에서 오는 거거든.

A 써니도 데려와. 그런데, 써니가 누구야?

B **Sunny is my BFF.** 0730 파티에 올 생각이 있는지 물어봐야겠다.

A 그럼, **Please RSVP by Thursday.** 0731

B 알았어.

075 남편이 오늘 출발하는 해외여행 비행기표를 산 걸 알았을 때
conversation 075.mp3

A   Honey, you always said you wanted to travel abroad.

B   Yes. Let's go somewhere please. Anywhere.

A   Here, I bought us tickets to Peru.

B   Wow, Peru? Wait, we're leaving today?

A   In five hours. 많이 당황했지? 0757 But why wait when we have time and money? Let's just grab our passports and hit the road.

B   Oh my! You obviously watched TV too much. 나 멘붕 온다. 0764

Words   grab 붙잡다   hit the road 길을 나서다

076 집에 전화를 걸었는데 어린 딸이 받을 때
conversation 076.mp3

A   Hello.

B   Hello. Is this Sara? How come you picked up the phone? Where's Mom?

A   Hello.

B   Sara, is Mommy there? 엄마 바꿔 봐. 0770

A   Mama.

B   Yes, mama. Can you go get Mom? (pause) 여보세요? 0771

Words   how come 어째서, 왜   go get 가서 가져오다, 가서 데려오다

075

A 여보, 해외여행 가고 싶다고 노래를 불렀지?

B 그랬지. 제발 어디라도 가자. 어디든 괜찮아.

A 자, 페루 가는 비행기표를 샀어.

B 이야, 페루라고? 잠깐, 오늘 떠나는 거야?

A 5시간 뒤야. **Confusing, isn't it?** 0757 근데 시간도 있고 돈도 있는데 왜 기다려? 그냥 여권 들고 떠나면 되지.

B 세상에! 당신 텔레비전을 너무 많이 봤구나. **I'm having a meltdown.** 0764

076

A 여보세요.

B 여보세요? 새라니? 왜 네가 전화를 받았어? 엄마는 어디 있어?

A 여보세요.

B 새라, 엄마 있니? **Put Mommy on.** 0770

A 엄마.

B 그래, 엄마. 가서 엄마 좀 불러 올래? (잠시 후) **Are you there?** 0771

077 통화하기 곤란한데 긴급 전화가 왔을 때

conversation 077.mp3

A 지금 통화 괜찮아? 0766

B 지금 뭐 하는 중인데. 0776 Can you call me back?

A This can't wait. It's urgent.

B Okay. Be quick. What is it?

A Your mom missed the flight.

B What? Where is she now? Is she alone? Why didn't she call me?

Words urgent 긴급한

078 남친 전화를 계속 씹는 중일 때

conversation 078.mp3

A Your phone is ringing.

B I know. Let it ring.

A 전화 좀 받아. 0787 I'm trying to read but I can't concentrate.

B I'm ignoring my boyfriend to teach him a lesson.

A Then 전화기를 무음으로 해. 0793

B But I don't want to miss any other calls.

Words teach ~ a lesson 한 수 가르치다, 따끔한 맛을 보이다

077

A　**Can you talk right now?** 0766

B　**I'm in the middle of something.** 0776 좀 있다 전화할래?

A　나중에는 안 돼. 급한 일이야.

B　알았어. 용건만 간단히 해. 뭔데?

A　네 엄마가 비행기를 놓쳤대.

B　뭐라고? 지금 어디시래? 혼자 계신대? 왜 나한테 전화 안 하셨지?

078

A　네 전화 울리는데.

B　알아. 울리게 놔둬.

A　**Pick up the phone.** 0787 책 좀 보려고 하는데 집중이 안 돼.

B　남사친구 좀 혼내 수려고 일부러 안 받는 거야.

A　그럼 **put your phone on mute.** 0793

B　그렇게 하면 다른 전화도 못 받잖아.

079 여친 전화를 피하는 중에 다른 번호로 전화가 걸려왔을 때

conversation 079.mp3

A   Hello, Nicole?

B   왜 전화 안 했어? ⁰⁷⁹⁵

A   Molly? How come you're calling from this number?

B   Are you trying to avoid me?

A   Uh... hello? 소리가 끊겨. ⁰⁷⁷³ 연결 상태가 안 좋네. ⁰⁷⁷⁹

B   Don't you dare hang up on me!

Words   Don't you dare ~ ~하기만 했단 봐   hang up on (통화 중에 갑자기) ~의 전화를 끊어 버리다

---

080 통화가 길어져 배터리가 간당간당할 때

conversation 080.mp3

A   Hello?

B   Hey, Jackie. What's up?

A   I have been trying to install this printer program for an hour now. 차근차근 말해 줄래? ⁰¹⁴⁷

B   그럼! ⁰⁰⁰² It's easy. You have the CD, right? Uh-oh, 배터리가 얼마 없네. ⁰⁷⁷⁸ Can I call you back later?

A   Of course. 천천히 해. ⁰⁴⁹⁰ 급한 건 아니야. ⁰⁷⁸⁴

B   OK. I'll call you back in an hour.

175

079

A   여보세요, 니콜?

B   **Why haven't you returned my calls?** 0795

A   몰리? 네가 왜 이 번호로 전화해?

B   너 나 피하려고 하는 거야?

A   음… 여보세요? **You're breaking up.** 0773 **The connection is bad.** 0779

B   너 전화 끊기만 해 봐!

080

A   여보세요?

B   야, 재키. 무슨 일이야?

A   지금 한 시간째 이 프린터 프로그램을 설치하려고 하는데. **Can you walk me through it?** 0147

B   **Sure thing.** 0002 쉬워. 너한테 CD 있지? 이런… **my battery is low.** 0778 내가 좀 있다가 걸어도 돼?

A   당연하지. **Take your time.** 0490 **It can wait.** 0784

B   그럼 한 시간 후에 전화할게.

Part 9

네이티브가 연애할 때 쓰는 표현 100

Part 9 전체 듣기

세상의 반인 남자와 나머지 반인 여자가 만나면 꼭 일어나는, 아니 일어날 수 밖에 없는 사건이 바로 연애입니다. 첫 만남부터 작업 걸기, 밀당하며 연애질하기, 이어지는 본격 연애와 바람, 그리고 배신, 실연, 새출발, 마지막으로 해피엔딩이라 할 수 있는 프러포즈와 결혼까지! 남녀간의 모든 케미스트리를 콕 집어 나타낼 수 있는 온갖 표현들을 담았습니다.

01 첫 만남 · 대시 1   02 첫 만남 · 대시 2   03 첫 만남 · 대시 3   04 이상형   05 데이트 · 소개팅 1   06 데이트 · 소개팅 2   07 작업 · 밀당 1   08 작업 · 밀당 2   09 고백   10 천생연분 · 인연 1   11 천생연분 · 인연 2   12 오글오글 연애질 1   13 오글오글 연애질 2   14 오글오글 연애질 3   15 연애도 중간점검   16 프러포즈 · 결혼   17 바람 · 배신   18 실연   19 새출발   20 속담 · 인용구

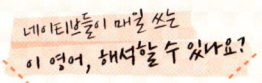

0801~0805. mp3

Let me buy you a drink.

직역하면 '내가 너에게 술 한잔을 사게 해 줘.'니까 '내가 술 한잔 살게.'란 말이 됩니다.
a drink 대신 a coffee나 a cup of coffee를 쓰면 '커피 한잔 살게.'가 되죠.

Are you seeing anyone?

요즘 사귀는 사람이 있는지 묻는 말입니다.
Are you single?(싱글이에요?)처럼 대놓고 물을 수도 있겠죠.

Do I know you?

'내가 당신을 아나요?'라고 직역하면 오히려 어색합니다. 누가 아는 척하는데 기억이 안 날 때
'우리가 아는 사이던가요? 저를 어떻게 아시죠?'와 같은 느낌으로 묻는 표현이에요.

Have we met before?

만난 적이 있는지 정말 기억이 안 나서 묻는 걸 수도 있고
남자가 예쁜 여자에게 말을 걸 때 흔히 쓰는 수법이기도 하죠.

Is this seat taken?

'여기 앉을 사람 있나요?'라는 말이죠. 자리를 맡아 둔 사람 입장에서 앉지 말라고 할 때는
'여기 사람 있어요.'라는 뜻으로 This seat is taken.이라고 합니다.

0801

술 한잔 대접하겠다는 말

제가 술 한잔 살게요.

0802

사귀는 사람이 있는지 물을 때

만나는 사람 있어요?

0803

모르는 사람이 아는 척할 때

저 아세요?

0804

얼굴이 낯익을 때, 괜히 말 걸고 싶을 때

우리 만난 적 있죠?

0805

슬쩍 옆에 앉고 싶어 빈자리인지 확인할 때

여기 자리 있나요?

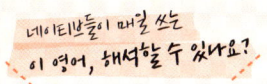

Are you here alone?

스키장에서 낯선 이와 리프트를 같이 타고는
뻘쭘해서 '혼자 왔어요?'라고 물어볼 때 이렇게 물어요.

Let's get some fresh air.

get some fresh air는 '신선한 공기를 쐬다, 바람 쐬다'란 뜻입니다.
북적북적한 파티에서 만난 여자에게 You want to get out of here?(여기서 나갈래요?)
하면서 연애가 시작되기도 하죠.

Will you take me home?

〈take 누구 home〉은 '~를 집에 데려다 주다'예요.
차로 데려다 주면 take 대신 drive를 쓰고, 걸어서 데려다 주면 walk를 써도 됩니다.

You want to come up for coffee?

남자가 여자를 집에 데려다 주고 good night kiss를 하고 돌아설 때
미국 영화에서 여주인공은 꼭 '올라가서 커피 마시고 갈래요?'라고 묻죠.

I'm asking you out.

데이트 신청을 하는 건 〈ask 누구 out〉이고
데이트를 하거나 사귀는 건 〈go out with 누구〉라고 합니다.

0806

클럽에서 혼자 있는 여자에게 말 걸 때

혼자 왔어요?

0807

나가서 맑은 공기를 마시자고 할 때

답답한데 나가죠.

0808

혼자 못 갈 정도로 취한 척하며

집에 데려다 줄래?

0809

그 유명한 대사 '라면 먹고 갈래?'의 영어 버전

커피 마시고 갈래?

0810

한번 만나 달라고 할 때

데이트 신청하는 거예요.

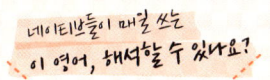

0811~0815. mp3

Will you go out with me?

go out with는 '누구와 만나서 외출하다'란 뜻인데
특히 '이성과 만나서 데이트하다'라는 뜻으로 많이 쓰죠.

Let's go steady.

go steady는 '고정적으로 만나다, 정식으로 사귀다'라는 말이에요.
즉, 오늘부터 내꺼 하자는 거죠.

I'd like that.

I'd는 I would를 줄인 겁니다. '~하실래요?', '~할래요?'라는 질문에
'괜찮겠네요.', '좋네요.', '그러죠.'라고 흔쾌히 수락할 때 써요.

I thought you'd never ask!

'절대 안 물어볼 거라고 생각했어!'인데 진짜 안 물어볼 줄 알았다는 게 아니라
'왜 이제야 물어보니? 기다렸잖아!' 하는 느낌으로 쓰죠.

I'm afraid you're not my type.

좀 미안한 얘기를 할 때는 I'm afraid ~로 시작하는 게 좋습니다.
'내 스타일이다, 내 스타일이 아니다'라고 할 때 style 말고 type을 쓰는 거 알아 두세요.

0811

만나자 혹은 사귀자는 말

나랑 만날래?

0812

오늘부터 1일

정식으로 사귀자.

0813

연애하자는 제안을 수락할 때

그러죠.

0814

내심 기다렸다는 걸 표현할 때

언제 물어보나 했어!

0815

내 이상형은 따로 있을 때

미안한데 내 스타일이 아니야.

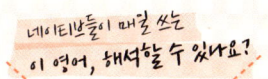

0816
She's my kinda girl.

a kind of는 '일종의'라는 뜻으로 '딱 내가 좋아하는 스타일'이라고 말할 때
my kind of ~라고 합니다. kind of를 빨리 말하면 kinda처럼 발음해요.

0817
I am attracted to older women.

attractive가 '매력적인, 멋진'이란 뜻인데, I'm attracted to ~라고 하면
'~에게 끌리다, ~에게 매력을 느끼다'라는 말이 돼요.

0818
He's got a soft spot for blondies.

soft spot이 '허술한 곳, 약점'이란 뜻이니까 have a soft spot for ~하면
'~에 약하다, ~을 좋아하다'라는 뜻이 돼요. have a thing for ~와 바꿔 써도 같은 말입니다.

0819
What do you look for in a guy?

남자의 어떤 면을 보는지 묻는 말이에요. 이상형의 남자를 물을 때는
What kind of guys do you like?라고 하면 돼요.

0820
I'm too picky.

남녀 관계에서 picky는 '너무 따지는, 눈이 높은'이란 뜻으로 쓰이죠.
I have a high standard.라고 해도 같은 말이에요. 기준이 높다는 뜻이니까요.

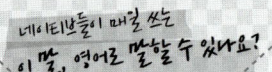

0816
좋아하는 스타일이라고 말할 때
걘 내 타입이야.

0817
누나들이 좋다는 말
난 연상한테 끌려.

0818
금발 머리만 보면 좋아라 할 때
걔는 금발 머리에 약해.

0819
외모, 성격, 재력 등등 중에서
남자를 볼 때 중요하게 보는 것은?

0820
이성을 보는 눈이 까다로울 때
난 눈이 너무 높아.

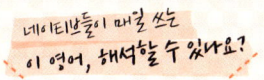

0821~0825. mp3

When is good for you?

시간 약속을 정하면서 상대방이 가능한 시간을 묻는 표현입니다.
What time works for you?라고 해도 돼요.

Let's meet up sometime.

약속해서 '만나자'고 할 때는 Let's meet up.을 많이 써요.
'언제 한번 보자', '조만간 보자'라고 하려면 뒤에 sometime이나 soon을 붙입니다.

I got plans this weekend.

새끼손가락 걸고 하는 약속은 promise를 쓰고,
친구랑 약속이 있다고 할 때의 약속은 plans를 씁니다.

Are we still on?

'우리 점심 약속 유효한 거지?' 하려면 끝에 for lunch만 넣어 말하면 됩니다.
'내일 만나는 거 맞지?'는 Are we still on for tomorrow?라고 하죠.

I got stood up!

stand up은 '기다리게 만들다, 바람맞히다'란 뜻이 있어요.
그 사람이 나를 바람맞히면 나를 세워 놓은 것이니 He/She stood me up!이라고도 합니다.
안 나타났다고 하려면 He/She didn't show up.

0821

가능한 시간을 물을 때

넌 언제가 좋아?

0822

얼굴 좀 보자고 할 때

언제 한번 보자.

0823

그날은 벌써 다른 약속이 있을 때

이번 주말엔 약속이 있어.

0824

약속한 걸 잊지 않았는지 확인할 때

우리 약속 유효한 거지?

0825

약속 장소에 상대방이 안 나왔을 때

나 바람맞았어!

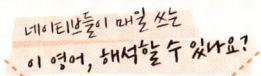

I'll fix you up with my roommate.

fix A up with B는 A를 B랑 소개해 주는 거예요. 소개팅은 blind date이고
'소개팅시켜 주다'라고 하면 set ~ up on a blind date라고 해요.

How did it go with Kate?

데이트 나갔다 온 친구에게 어떻게 되었는지 묻는 말이죠.
How did your interview go?(면접 어떻게 됐어?)처럼 응용도 해 보세요.

We had a lot in common.

have ~ in common은 '공통으로 ~을 가지고 있다'란 뜻인데
a lot을 넣으면 '공통점이 많다'가 되고, nothing을 넣으면 '공통점이 없다'가 돼요.

We had good chemistry.

남녀가 만났는데 공통점도 많고 찌지직 하고 잘 통했을 때 have good chemistry란
표현을 씁니다. '케미 돋는다'고 할 때 그 케미가 이 chemistry예요.

We really hit it off.

처음 만난 사람끼리 잘 통해서 금방 친해졌을 때 hit it off를 씁니다.
hit it off는 '죽이 잘 맞다, 뜻이 맞다'라는 뜻이죠.

0826

소개팅을 주선할 때
내 룸메이트 소개해 줄게.

0827

후기가 궁금할 때
케이트랑 어떻게 됐어?

0828

여러 가지로 통하는 게 많았을 때
나랑 공통점이 많더라.

0829

남녀 사이에 화학작용이 활발히 일어났을 때
잘 통하더라.

0830

초면에 십년지기처럼 죽이 잘 맞을 때
정말 금방 친해졌어.

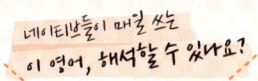

0831~0835. mp3

Stop hitting on me!

hit on이라고 해서 때리는 걸로 생각하면 안 됩니다.
이성에게 작업을 걸며 사귀어 보려고 하는 행동을 hit on이라고 해요.

No flirting.

flirt는 사전에 '바람피우다, 희롱하다'라고 나오는데 이러면 왠지 범죄 같은 느낌이 들죠?
하지만 실은 연애 걸려는 목적으로 시시덕거리며 말 거는 걸 연상하면 됩니다.

Don't play hard to get.

이성이 접근할 때 일부러 관심이 없는 척하는 것을
play hard to get이라고 합니다. 쉬운 사람이 아닌 척한다는 뜻이죠.

Henry came on to me first.

come on to는 '~에게 유혹의 눈길이나 몸짓 등을 보내다'라는 뜻입니다.
비슷한 표현으로 '~에게 수작을 걸다'인 make a move on도 있어요.

He's a player.

player는 여기서 '바람둥이'입니다. 우리말로도 속어로 '선수'라고 하죠.
바람둥이의 다른 표현으로 womanizer도 알아 두세요.

0831

너무 집적대지 말라고 할 때

그만 추근대!

0832

끼 부리거나 흘리지 말라는 말

작업 걸기 없어.

0833

괜히 내숭 떠는 사람에게

튕기지 마.

0834

상대가 먼저 꼬리 친 거라고 말할 때

헨리가 먼저 유혹했어.

0835

바람둥이라고 귀띔해 줄 때

걔 선수야.

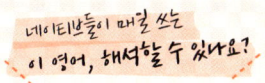

He's keeping you on the hook.

직역하면 널 낚싯바늘에 걸어 두고 있다는 뜻인데, 요즘 말로 '어장 관리하다'란 표현이에요.
네가 어장 관리를 당하는 거라고 할 때는 You're on the hook.이라고 하죠.

She's stringing you along.

string은 원래 '줄, 끈'이죠. string ~ along은 좋아하는 것처럼, 혹은 뭔가 해 줄 것처럼
기다리게 하고 믿게 하는 거예요. 결국은 꼭두각시처럼 줄을 매달아서 가지고 놀았던 거죠.

She's giving me mixed signals.

신호를 섞어서 준다는 건데, 호감이 있다는 표시를 그린라이트라고 한다면
대체 그린라이트를 주는 건지 아닌 건지 헷갈린다는 말이에요.

I want to play the field.

play the field는 '많은 남자(여자)와 만나 보다, 놀아나다'란 뜻입니다.
반대로, 마음을 잡고 한 남자(여자)와 결혼해서 자리를 잡는다고 할 때는 settle down을 쓰죠.

There's something going on.

그냥 '뭔가 있다' 싶은 상황에는 다 쓰는 말이지만, 썸 타는 느낌일 때는
뒤에 'between 누구(them, him and me 등)'까지 넣어 주면 확실하죠.

네이티브들이 매일 쓰는 이 말, 영어로 말할 수 있나요?

0836

사귈 생각이 없으니 정신 차리라고 말해 줄 때

걔가 어장 관리 하는 거야.

0837

어장 관리일 뿐 진심이 아닐 때

널 가지고 노는 거야.

0838

그린라이트를 켰다 껐다 할 때

걔가 날 헷갈리게 해.

0839

여러 사람과 교제를 해 보고 싶다는 말

난 많이 만나 보고 싶어.

0840

썸 타는 듯한 분위기가 풍길 때

뭔가 있어.

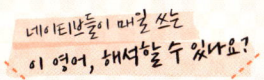

0841~0845. mp3

I have feelings for Jason.

have feelings for는 '~에게 특별한 감정을 느끼다'라는 뜻입니다.
이성으로 좋아한다는 거죠.

You are the girl of my dreams.

the girl of my dreams는 '내가 꿈에 그리던 여성'이니
즉, '나의 이상형'이란 말입니다.

I had a crush on her.

have a crush on은 '~에게 홀딱 반하다'란 뜻이에요.
학교 다닐 때 좋아했던 친구나 연예인에 대해 말할 때 자주 쓰는 표현이죠.

It was love at first sight.

처음 만난 순간에 바로 사랑에 빠지는 것을
love at first sight라고 표현합니다.

I'm falling in love with him.

fall in love with는 '~와 사랑에 빠지다'란 뜻입니다.
간단히 I'm in love.라고만 해도 되죠.

0841

친구 이상의 감정이 있을 때

제이슨한테 마음이 있어.

0842

이상형에 가깝다는 말

내가 꿈꾸던 여자예요.

0843

예전에 짝사랑했던 사람을 얘기할 때

내가 걔한테 반했지.

0844

처음 보자마자 눈에 하트가 뿅뿅

첫눈에 반했어.

0845

그 남자와 사랑에 빠져 버렸을 때

그를 사랑하게 됐어.

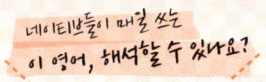

0846~0850. mp3

We're perfect for each other.

우린 서로에게 완벽하다고 할 때 We're made for each other.라고도 하는데, '천생연분'이라는 뜻으로 자주 씁니다.

We're meant to be together.

직역하면 '함께하기로 되어 있다'는 말이니, 함께하기로 처음부터 정해져 있었다는 거니까 이 말 역시 '천생연분'이란 뜻이죠.

A match made in heaven.

여기서 match는 결혼 상대인데 heaven, 즉 하늘이 맺어 준 짝이라는 말로 '잘 어울리는 한 쌍, 천생연분'이란 뜻입니다.

You're the one.

당신이 the one, 즉 바로 그 사람, 세상에 딱 하나뿐인 나의 반쪽인 거죠. '반쪽'이란 말을 그대로 쓴 my other half라는 표현도 있습니다.

We belong together.

You belong to me. I belong to you.(넌 나의 것. 난 너의 것.) 우린 하나의 세트이고 함께해야 한다는 말이에요.

0846

잘 어울리는 커플일 때
우린 완벽한 한 쌍이야.

0847

운명적으로 정해진 사이라는 말
우린 천생연분이야.

0848

천생연분이라고 할 때
하늘이 맺어 준 인연이야.

0849

내가 찾아 헤맸던 바로 그 사람
내 반쪽은 너야.

0850

우리는 하나라는 말
우린 함께해야 해.

망각방지 장치 1

하루만 지나도 학습한 내용의 50%는 잊어버립니다. 여러분은 몇 퍼센트나 잊어버렸을까요? 5분 안에 25개를 말해 보세요.

01	만나는 사람 있어요?	Are you _____ anyone?	0802
02	여기 자리 있나요?	Is this seat _____ ?	0805
03	커피 마시고 갈래?	You want to come _____ for coffee?	0809
04	데이트 신청하는 거예요.	I'm asking you _____ .	0810
05	정식으로 사귀자.	Let's go _____ .	0812
06	언제 물어보나 했어!	I thought you'd _____ ask!	0814
07	미안한데 내 스타일이 아니야.	I'm afraid you're not my _____ .	0815
08	걘 내 타입이야.	She's my _____ girl.	0816
09	걔는 금발 머리에 약해.	He's got a soft _____ for blondies.	0818
10	남자를 볼 때 중요하게 보는 것은?	What do you _____ for in a guy?	0819
11	난 눈이 너무 높아.	I'm too _____ .	0820
12	이번 주말엔 약속이 있어.	I got _____ this weekend.	0823
13	우리 약속 유효한 거지?	Are we still _____ ?	0824

정답 01 seeing 02 taken 03 up 04 out 05 steady 06 never 07 type 08 kinda 09 spot
10 look 11 picky 12 plans 13 on 14 stood

199

			O	X	복습
14	나 바람맞았어!	I got _____ up!	☐	☐	0825
15	내 룸메이트 소개해 줄게.	I'll _____ you up with my roommate.	☐	☐	0826
16	잘 통하더라.	We had good _____.	☐	☐	0829
17	그만 추근대!	Stop _____ on me!	☐	☐	0831
18	작업 걸기 없어.	No _____.	☐	☐	0832
19	튕기지 마.	Don't play _____ to get.	☐	☐	0833
20	널 가지고 노는 거야.	She's _____ you along.	☐	☐	0837
21	걔가 날 헷갈리게 해.	She's giving me _____ signals.	☐	☐	0838
22	뭔가 있어.	There's something _____ on.	☐	☐	0840
23	제이슨한테 마음이 있어.	I have _____ for Jason.	☐	☐	0841
24	내가 걔한테 반했지.	I had a _____ on her.	☐	☐	0843
25	내 반쪽은 너야.	You're the _____.	☐	☐	0849

맞은 개수: 25개 중 _____ 개

당신은 그동안 _____%를 잊어버렸습니다.

틀린 문장들은 다시 한번 복습하고 넘어가세요.

정답 14 stood 15 fix 16 chemistry 17 hitting 18 flirting 19 hard 20 stringing 21 mixed
22 going 23 feelings 24 crush 25 one

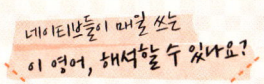

0851~0855. mp3

0851
He's a good catch.
외모로 보나, 능력으로 보나, 성격으로 보나 나무랄 데가 없을 때
'그 사람을 잡으면 참 잘 잡는 거다.'라는 뜻으로 쓰는 표현이에요.

0852
She's a keeper.
얼핏 보기엔 그 여자가 지키는 사람 같죠. keeper는 '지키는 사람'도 되지만
구어체에서 '지킬 만한 가치가 있는 사람'이란 뜻도 있어요.

0853
She's out of my league.
그 여자는 나랑은 '급이 다른 사람'이라는 말이죠. I'm out of your league.처럼
반대로 말하면 '난 너랑 노는 물이 다르니 꿈 깨.'란 말이 됩니다.

0854
I'm not good enough for her.
good enough는 '적합한, 자격이 있는'이란 뜻이에요.
자신이 그녀의 짝으로 자격이 없고 부족하다는 생각이 들 때 하는 말이죠.

0855
You're too good to be true.
너무 좋아서 믿어지지 않을 때 too good to be true라고 한다는 거 알아 두세요.
그렇게 예쁜 여자가, 멋진 남자가 나를 택하다니 몰래카메라인가 의심될 때 하는 말이죠.

0851

결혼 상대자로 적당하다고 할 때
신랑감으로 괜찮네.

0852

꽉 잡으라는 뜻으로
그 여자 놓치지 마.

0853

언감생심
나한테는 과분해.

0854

쓸데없는 자격지심으로 한없이 작아질 때
난 그 사람에게 부족해.

0855

완전 훈남이 내게 그린라이트를 보낼 때
너무 좋아서 믿어지지 않아.

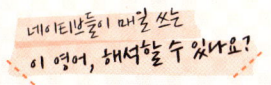

0856~0860. mp3

0856

My heart is pounding.

여기서 pound는 동사로 '가슴이 쿵쿵 뛰다'란 뜻입니다.
'심장 뛰는 소리가 들렸다.'고 하려면 I could hear my heart beating.

0857

I felt butterflies in my stomach.

직역하면 뱃속에서 나비가 파닥거리는 것 같은 느낌을 느꼈다는 뜻이죠.
조마조마하거나 흥분해서 떨렸을 때 쓰는 표현이에요.

0858

Mike and I made out.

make out (with)은 그냥 '키스하다'라고 번역할 수밖에 없을 때도 있지만
사실 키스도 하고 포옹도 하고 찐한 스킨십이 있었을 때 쓰는 표현입니다.

0859

Get a room.

방을 잡으라는 말인데, '남세스럽다. 안 보는 데서 좀 해라.'처럼 놀리는 느낌일 수도 있고
'오, 둘이 잘 나가네~'라고 축하해 주는(?) 말일 수도 있겠네요.

0860

Keep PDA to a minimum.

여기서 PDA는 PDA폰이 아니고, Public Display of Affection의 약자로 '공공장소에서의
애정 표현'이란 뜻인데 그것을 minimum(최소한)으로 유지하라는, 즉 자제하라는 말입니다.

0856
떨려서 심장이 요란하게 뛸 때
가슴이 콩닥콩닥 뛰네.

0857
두근두근 안절부절못했을 때
너무 떨렸어.

0858
결정적인 진도가 나가기 직전까지 갔을 때
마이크랑 키스했어.

0859
애정행각을 눈뜨고 못 봐 줄 때
아예 방을 잡지.

0860
버스나 지하철에서 연애질하지 말라는 말
공공장소에서 애정 표현은 자제하세요.

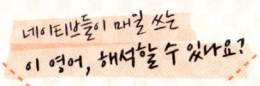

Take my hand.

'손을 잡다'는 take/hold one's hand라고 해요.
그럼 '팔짱을 끼다'는? 팔을 잡는 거니까 take one's arm이라고 하면 되죠.

Give me a hug.

Hug me. 해도 되지만 Give me a hug.를 더 많이 씁니다.
양팔을 벌려 귀요미 표정을 지으며 I need a hug. 하고 들이대기도 하고요.

Hold me tight.

Hold me.는 날 잡아 달라는 건데 안아 달라는 뜻으로 써요.
tight가 들어가서 갈비뼈가 부서지도록 '꽉' 안아 달라는 말이 됐어요.

I hugged her from behind.

백허그는 '뒤에서' 안는 거니까 hug ~ from behind라고 하면 돼요.
사실 영어로 back hug라는 말은 잘 쓰지 않으니 유의하세요.

Let's just cuddle.

cuddle은 '끌어안다, 바싹 달라붙다'라는 뜻인데 연인끼리 팔베개를 해 주거나
소파에 앉아 꼭 붙어서 TV를 보는 그림을 상상하면 그게 바로 cuddle이에요.

0861

한 손을 내밀면서

손을 잡아 줘.

0862

줘요, 주세요, 지금 달라니까요

안아 줘요.

0863

꽉 붙잡아 달라는 말

꼭 안아 줘.

0864

여자들의 로망이라는

백허그 했어.

0865

품에 꼭 안고만 있자는 말

꼭 안고 자자.

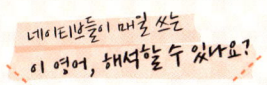

0866~0870. mp3

I miss you already.

I miss you.는 '당신이 그립고, 당신이 보고 싶다.'라는 말이죠.
헤어질 생각을 하니 '벌써 보고 싶네.'라는 뜻으로 끝에 already를 붙였어요.

I wish you were here.

I wish 다음에 과거형 문장이 오면 현재 상황은 그 반대인 거죠.
You are not here. 당신이 여기 없어서 '여기 있었으면…' 하고 간절히 바라는 겁니다.

I can't wait to see you!

can't wait to ~는 '~하는 것을 못 기다리다'가 아니라
'빨리 ~하고 싶다'라고 번역하세요.

I'm looking forward to seeing you.

look forward to -ing는 '~하는 것을 기대하다, 고대하다'입니다.
즐거운 마음으로 널 만나기를 기다리고 있다는 말이죠.

I'm dying to see you.

'~하고 싶어 죽겠다'라고 할 때 영어도 우리말과 비슷하게 I'm dying to ~를 씁니다.
'~하고 싶어 안달이 나다, 몹시 ~하고 싶다'라는 뜻이죠.

네이티브들이 매일 쓰는
이 말, 영어로 말할 수 있나요?

0866

닭살 커플이 헤어질 때 하는 말

벌써 보고 싶다.

0867

어쩔 수 없이 떨어져 있을 때

지금 같이 있으면 좋을 텐데.

0868

보고 싶어서 못 참을 때

빨리 보고 싶어!

0869

만나기로 한 날을 손꼽아 기다릴 때

만나는 게 기대돼.

0870

못 보면 죽을 것 같을 때

보고 싶어 죽겠어.

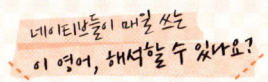

0871~0875. mp3

Did you go all the way?

go all the way는 '갈 수 있는 한 끝까지 가다'라는 뜻이죠.
남녀관계에 적용하면 진도가 끝까지 나갔느냐는 말이니까 결국 잤느냐는 얘기예요.

I don't kiss and tell.

I 대신 남자는 gentlemen, 여자는 ladies를 넣어서 말하기도 해요.
신사, 숙녀라서 연애사를 남들에게 자랑질하지 않는다는 말이에요.

Let's take it slow.

남녀관계에서는 진도를 너무 빨리 나가지 말고 천천히 진행하자는 뜻으로 쓰죠.
말 그대로 '서두르지 말자.'는 Let's not rush into things.라고 합니다.

What's the rush?

'서두를 거 뭐 있나?'라는 말인데 남녀관계 진도를 떠나
어떤 상황에서든 급하게 서두르는 사람에게 쓰면 좋은 말입니다.

Let's get to know each other better.

get to know each other는 '서로에 대해 잘 알게 되다, 친해지다'라는 표현이에요.
better를 붙이면 '더 잘 알아 가자'는 말이 되죠.

0871

만리장성을 쌓았는지(?) 물을 때

끝까지 갔어?

0872

남의 연애 생활을 꼬치꼬치 캐묻는 사람에게

그런 자랑은 안 해.

0873

천천히 신중하게 하자는 이야기

서두르지 말자.

0874

허둥대지 말라는 뜻으로

뭐가 그렇게 급해?

0875

차근차근 알아 가자고 할 때

서로에 대해 더 알아 가자.

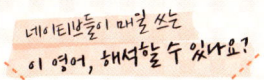

0876
Will you marry me?

상남자(?)답게 명령문으로 Marry me.(결혼해 줘.)라고만 해도 됩니다.
'~와 결혼하다'라고 생각해서 marry with me라고 with를 넣지 않도록 주의하세요.

0877
He finally popped the question.

남자가 용기를 내어 Will you marry me?라는 질문을 팡!
터트리는 걸 pop the question이라고 해요. '청혼하다, 구혼하다'라는 뜻이죠.

0878
We're tying the knot.

'우리 결혼해요.' 할 때 가장 일반적인 표현은 I'm getting married.입니다.
'부부의 연을 맺다' 같은 느낌으로 결혼한다고 말할 땐 tie the knot이나 get hitched를 써요.

0879
Marriage is a crazy thing.

동명 소설 원작이었던 영화 〈결혼은 미친 짓이다〉의 영어 제목입니다.
It's crazy to get married. 또는 Getting married is crazy.라고 할 수도 있어요.

0880
I'm happily married.

I'm married.는 '결혼했다.', '기혼이다.'라는 표현인데 happily가 들어가서
'결혼해서 행복하게 살고 있다.', '우리 부부는 금실이 좋다.'라는 뜻으로 씁니다.

0876

반지 상자를 열고 한쪽 무릎을 꿇고

나랑 결혼해 줄래?

0877

프러포즈를 받았을 때

드디어 청혼받았어.

0878

전격적으로 결혼 발표할 때

우리 결혼해요.

0879

어느 한국 영화 제목처럼

결혼은 미친 짓이다.

0880

결혼해서 행복하게 잘 살고 있다는 말

행복한 결혼생활을 하고 있어요.

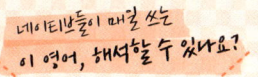

0881~0885. mp3

He's a real ladies' man.

ladies' man이라는 말에는 '여자에게 호감을 사려는 남자, 여자가 잘 따르는 남자, 여자와의 교제를 좋아하는 사람'이라는 뜻이 들어 있어요.

I think he's having an affair.

affair에는 '사건, 일, 불륜의 연애 사건, 정사' 등 다양한 뜻이 있습니다. have an affair는 '해서는 안 될 사람과 연애를 하다, 바람을 피우다'라는 말이죠.

He's two-timing me.

two-time은 구어체로 남편, 아내, 연인 등을 '배반하다, 속이다'란 뜻입니다. 흔히 '양다리를 걸치다'라고 하죠. 양다리를 걸치는 사람은 two-timer라고 해요.

She cheated on me.

cheat은 '속이다, 사기 치다'라는 뜻으로 시험에서는 '부정행위를 하다'란 뜻이 되죠. 〈cheat on 사람〉은 '~ 몰래 바람을 피우다'라는 뜻으로 쓰입니다.

It wasn't just a fling.

fling은 가볍게 한번 해 보는 걸 말합니다. 남녀관계에선 일시적인 바람기나 외도의 상대를 뜻하죠.

0881

여자가 많이 따르는 사람이란 표현

주위에 여자가 넘쳐.

0882

애인이 나 몰래 누구를 만나는 것 같을 때

바람피우는 것 같아.

0883

남자 친구의 배신을 확신할 때

양다리야.

0884

애인이 다른 사람을 만났을 때

여자 친구가 바람피웠어.

0885

단순한 불장난이 아니었다고 할 때

그냥 바람이 아니었어.

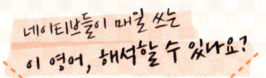

0886
I broke it off with him.

break off는 '관계를 끊다'라는 뜻으로 I broke it off with him.은
I broke up with him.과 같은 뜻이에요. 사귀다가 '헤어졌다'는 거죠.

0887
It didn't work out.

work out은 '일이 잘 풀리다, 진행되다'라는 건데
이 상황에서는 청춘사업이 잘되지 않았다는 얘기죠.

0888
He dumped me.

dump는 '털썩 내려놓다, 사귀는 사람을 차다'란 뜻으로
쓰레기처럼 '내버리다'란 의미입니다. 차이는 사람 입장에서는 get dumped라고 하죠.

0889
She walked out on me.

walk out은 '자리를 뜨다, 급히 떠나다'인데 뒤에 〈on 누구〉가 붙으면
'~를 버리다'가 됩니다. She dumped me.와 같아요.

0890
Just like that?

7년간 사귄 애인이 아무런 설명도 없이 헤어지자고 할 때
쓰면 딱 좋은 표현입니다.

0886

그만 만나자고 했다는 말

개랑 끝냈어.

0887

연애 관계가 틀어졌다는 말

잘 안 됐어.

0888

일방적인 이별 통보를 받았을 때

내가 차였어.

0889

여자 친구에게 차였을 때

그녀가 날 버렸어.

0890

예고도 없이 폭탄선언을 들었을 때

그냥 그렇게 끝이야?

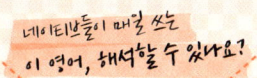

0891~0895. mp3

0891
Plenty of fish in the sea.

앞에 There's가 생략되어 있습니다. 듣는 사람에 따라
fish를 '여자'로도 '남자'로도 해석할 수 있겠죠.

0892
I'm going to move on.

move on은 '다음으로 넘어가다'란 뜻이죠.
툴툴 털어 버리고 '다시 시작하다'라는 의미로 쓰는 표현입니다.

0893
I got over him.

get over는 '극복하다, 회복되다'란 뜻이죠. get over a cold라고 하면 감기가 다 낫는 것이고
〈get over 사람〉은 실연에 대한 상처가 다 낫는 거죠.

0894
I'm still hung up on her.

be hung up on은 '누군가에게 신경 쓰다, 마음을 쓰다, 열중하다'라는 뜻이에요.
그 누군가가 헤어진 연인일 경우 '아직 잊지 못하고 있다'는 말이 되죠.

0895
You need a fresh start.

fresh start는 '새로운 출발, 산뜻한 출발'을 의미합니다.
따라서 이 표현은 새로운 기분으로 시작해야 한다는 뜻이 되죠.

0891

남자에게 차이고 슬퍼하는 친구에게

세상에 남자는 많아.

0892

정리하고 잊겠다는 말

다 잊고 새로 시작할 거야.

0893

실연의 상처를 극복했을 때

그 남자 다 잊었어.

0894

옛사랑을 아직 떨치지 못했을 때

아직 그녀를 못 잊었어.

0895

산뜻하게 백지에서 다시 시작하라는 뜻

새 출발이 필요해.

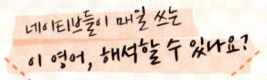

Out of sight, out of mind.

눈에서 멀어지면 마음에서도 멀어진다고 하죠. 군대나 유학 때문에
애인과 멀리 떨어질 때 주위에서 자주 듣게 되는 표현이죠.

Absence makes the heart grow fonder.

없으면 더 그립다는 얘기니, 앞에서 나온 표현과 정반대네요.
absence는 '결석, 부재'란 뜻이고 fond는 '애정을 느끼는'이란 뜻입니다.

Love is blind.

... and lovers cannot see. '사랑은 장님이고 연인들은 못 본다.'는 말이에요.
셰익스피어의 희곡에서 나온 표현이라고 합니다.

Every Jack has his Jill.

우리 식대로 표현하면 '모든 갑돌이에게는
자기만의 갑순이가 있다.'가 됩니다.

Faint heart never won fair lady.

faint heart는 '겁쟁이'이고, fair lady는 '미인'이죠.
풀이하면 '겁쟁이는 미인을 절대 차지하지 못한다.'입니다.

0896

자주 보이지 않으면 잊히기 쉽다고 할 때

안 보면 멀어진다.

0897

만나지 못하면 그리움이 더해진다는 얘기

떨어져 있으면 더 애틋해진다.

0898

사랑하면 눈에 콩깍지가 쓰인다는 뜻으로

사랑에 빠지면 장님이 된다.

0899

잘났든 못났든 누구에게나 짝이 있다는 뜻으로

짚신도 짝이 있다.

0900

여자에게 말 붙여 보라고 옆에서 부추길 때

용기 있는 자만이 미인을 차지한다.

망각방지장치 1

하루만 지나도 학습한 내용의 50%는 잊어버립니다. 여러분은 몇 퍼센트나 잊어버렸을까요? 5분 안에 25개를 말해 보세요.

			O X 복습	
01	신랑감으로 괜찮네.	He's a good _____.		0851
02	나한테는 과분해.	She's out of my _____.		0853
03	너무 좋아서 믿어지지 않아.	You're too good to be _____.		0855
04	가슴이 콩닥콩닥 뛰네.	My heart is _____.		0856
05	너무 떨렸어.	I felt _____ in my stomach.		0857
06	공공장소에서 애정 표현은 자제하세요.	Keep _____ to a minimum.		0860
07	백허그 했어.	I hugged her from _____.		0864
08	꼭 안고 자자.	Let's just _____.		0865
09	끝까지 갔어?	Did you go all the _____?		0871
10	서두르지 말자.	Let's take it _____.		0873
11	뭐가 그렇게 급해?	What's the _____?		0874
12	드디어 청혼받았어.	He finally _____ the question.		0877
13	우리 결혼해요.	We're tying the _____.		0878

정답 01 catch 02 league 03 true 04 pounding 05 butterflies 06 PDA 07 behind 08 cuddle 09 way 10 slow 11 rush 12 popped 13 knot

				복습
14	바람피우는 것 같아.	I think he's having an _____ .	○ ✗	0882
15	양다리야.	He's _____ me.	○ ✗	0883
16	여자 친구가 바람피웠어.	She _____ on me.	○ ✗	0884
17	그냥 바람이 아니었어.	It wasn't just a _____ .	○ ✗	0885
18	걔랑 끝냈어.	I _____ it off with him.	○ ✗	0886
19	내가 차였어.	He _____ me.	○ ✗	0888
20	세상에 남자는 많아.	Plenty of _____ in the sea.	○ ✗	0891
21	다 잊고 새로 시작할 거야.	I'm going to _____ on.	○ ✗	0892
22	그 남자 다 잊었어.	I got _____ him.	○ ✗	0893
23	안 보면 멀어진다.	Out of _____ , out of mind.	○ ✗	0896
24	짚신도 짝이 있다.	Every Jack has his _____ .	○ ✗	0899
25	용기 있는 자만이 미인을 차지한다.	_____ heart never won fair lady.	○ ✗	0900

맞은 개수: 25개 중 _____ 개

당신은 그동안 _____%를 잊어버렸습니다.

틀린 문장들은 다시 한번 복습하고 넘어가세요.

정답 14 affair 15 two-timing 16 cheated 17 fling 18 broke 19 dumped 20 fish 21 move
22 over 23 sight 24 Jill 25 Faint

망각방지 장치 2

일주일이 지나면 학습한 내용의 70%를 잊어버립니다. 여러분은 몇 퍼센트나 잊어버렸을까요? 대화문으로 확인해 보세요.

081 커피숍에서 예쁜 여자를 보고 작업 걸 때
conversation 081.mp3

A   우리 만난 적 있죠? 0804 **You look familiar.**

B   아닌 것 같은데. 0161 **This is my first time in Vancouver.**

A   혼자 왔어요? 0806

B   I'm expecting someone.

A   What kind of jerk keeps a beautiful woman waiting?

B   That would be my dad.

Words expect (오기로 되어 있는 대상을) 기다리다   jerk 얼간이

082 드디어 데이트 신청을 받았을 때
conversation 082.mp3

A   나랑 만날래? 0811

B   언제 물어보나 했어. 0814 **I'd love to.**

A   That's a relief. I thought you liked George.

B   George and I are just friends.

A   So, how about tomorrow at 6? I'll pick you up at your place.

B   Sounds great.

Words That's relief. 정말 다행이다. 안심이야.

081

A	**Have we met before?** ⁰⁸⁰⁴ 낯이 익은데.
B	**I doubt it.** ⁰¹⁶¹ 전 밴쿠버가 처음이거든요.
A	**Are you here alone?** ⁰⁸⁰⁶
B	누굴 기다리고 있어요.
A	어떤 자식이 이렇게 아름다운 여성분을 기다리게 하죠?
B	우리 아빠예요.

082

A	**Will you go out with me?** ⁰⁸¹¹
B	**I thought you'd never ask.** ⁰⁸¹⁴ 좋아.
A	다행이다. 난 네가 조지를 좋아하는 줄 알았거든.
B	조지랑 나는 그냥 친구야.
A	그럼 내일 6시 어때? 집으로 데리러 갈게.
B	좋아.

083　이상형을 만나 좋아했는데 유부녀일 때

conversation 083.mp3

A　I'm doomed.

B　Why? What happened?

A　I met someone at the bar last night. 내 타입이었어. ⁰⁸¹⁶ 정말 금방 친해졌지! ⁰⁸³⁰ I thought I finally met the one.

B　So, what's wrong with her?

A　I saw her putting her wedding ring back on before she left the bar.

B　Yikes.

Words　doomed 운이 다한, 불운한　Yikes 이크

084　작업 거는 남자가 선수인 걸 알고 거절할 때

conversation 084.mp3

A　Penny, 만나는 사람 있어? ⁰⁸⁰²

B　I warned you. 작업 걸기 없어. ⁰⁸³²

A　Easy there. I just wanted to ask you out on a date.

B　I know you're a player. I won't go out with you ever. So 그만 추근대! ⁰⁸³¹

A　튕기지 마. ⁰⁸³³ You don't know what you're missing.

B　Don't worry. I won't regret it.

Words　ask ~ out on a date 데이트를 신청하다

083

A   난 이제 끝장이야.

B   왜? 무슨 일이야?

A   어제 술집에서 누굴 만났거든. **She was my kinda girl.** 0816 **We really hit it off!** 0830 내 반쪽을 만난 줄 알았다고.

B   그래서, 뭐가 문젠데?

A   술집을 나가기 전에 결혼반지를 다시 끼는 걸 봤지.

B   어이쿠!

084

A   페니, **are you seeing anyone?** 0802

B   내가 경고했지. **No flirting.** 0832

A   진정해. 난 그냥 데이트 한번 하자는 건데.

B   너 바람둥이인 거 알아. 난 절대 너랑 안 만날 거니까 **stop hitting on me.** 0831

A   **Don't play hard to get.** 0833 뭘 놓치는 건지도 모르면서.

B   걱정 마. 후회 안 할 테니.

085 맘에 드는 여자가 동생의 학교 선생님일 때

conversation 085.mp3

A 케이트랑 어떻게 됐어? 0827

B It was great. 잘 통하더라. 0829

A So, are you planning to go steady with her?

B I don't know. I wish I could.

A What do you mean? Is there a problem?

B It turned out she's my baby sister's school teacher. Do you think it's okay?

Words chemistry 화학 반응, 남녀 사이의 끌림

086 첫눈에 반한 남학생을 소개 받고 싶을 때

conversation 086.mp3

A You know William, don't you?

B Yeah, we study art together. Why?

A Can you set me up with him? 걔한테 마음이 있거든. 0841

B But you hardly know him.

A Let's just say 첫눈에 반했다. 0844

B I can't promise you anything but I'll try to talk to him.

Words hardly 거의 ~ 아니다

085

A　How did it go with Kate? 0827

B　좋았어. We had good chemistry. 0829

A　그럼 사귀기로 한 거야?

B　모르겠어. 그랬으면 좋겠는데.

A　무슨 말인데? 문제 있어?

B　케이티가 내 여동생 학교 선생님이더라고. 그래도 괜찮을까?

086

A　너 윌리엄 알지?

B　응, 같이 미술 수업 들어. 왜?

A　나 소개해 줄 수 있어? I have feelings for him. 0841

B　근데 걔 잘 알지도 못하잖아.

A　it was love at first sight 0844 라고 해 두자.

B　무슨 약속은 못하지만 얘기는 해 볼게.

087 정말 괜찮은 여자를 만났는데 너무 과분할 때   conversation 087.mp3

A   Who were you talking to on the phone?
B   It was Ashley. She called to wish me luck. My exam's tomorrow.
A   That's so sweet of her. 그 여자 놓치지 마. 0852
B   We're just friends.
A   You and I are just friends. I know you like her. Ask her out on a date.
B   But 나한테는 과분하잖아. 0853

Words   wish ~ luck ~에게 행운을 빌다

---

088 철없는 아내가 그새 보고 싶다고 회사로 전화했을 때   conversation 088.mp3

A   Darling, 벌써 보고 싶다. 0866
B   Honey, is that why you called me? I left home only one hour ago.
A   I know. But it felt like a year to me.
B   I gotta go, hon. I have an important meeting soon.
A   Can't you come home early? 보고 싶어 죽겠어. 0870
B   Sweetheart, if I ruin this meeting, my boss will make sure I'll stay home forever.

Words   hon 사랑스러운 사람(honey)   ruin 망치다   make sure 반드시 ~하도록 하다

087

- A 누구랑 통화했어?
- B 애슐리였어. 행운을 빌어 준다고 전화했대. 내일 시험이잖아.
- A 정말 착하네. **She's a keeper.** 0852
- B 그냥 친구야.
- A 그냥 친구는 너랑 나랑이지. 네가 걔 좋아하는 거 알아. 데이트 신청해 봐.
- B 근데 **she's out of my league.** 0853

088

- A 자기야, **I miss you already.** 0866
- B 여보, 그 말 하려고 전화했어? 집에서 나온 지 한 시간 밖에 안 됐어.
- A 알아. 그래도 나한텐 1년 같았어.
- B 이만 끊을게, 여보. 곧 중요한 회의가 있어.
- A 집에 일찍 오면 안 돼? **I'm dying to see you.** 0870
- B 자기야, 내가 이 회의를 망치면, 사장님이 평생 집에 있게 만들걸?

089 오랜 연인이 드디어 결혼한다고 할 때

conversation 089.mp3

A   Tell her.

B   No, you tell her.

C   What is it, you two?

A   우리 결혼해! 0878

C   Congratulations! Finally, after all those years.

B   I know! 드디어 청혼받았어. 0877

Words   tie the knot 결혼하다   pop the question 구혼하다

090 실연 후 마음 정리할 때

conversation 090.mp3

A   What's with the box?

B   Put everything John left in this box. And you will burn them.

A   Anything that reminds me of him? Do I have to do this?

B   My friend, 넌 새 출발이 필요해. 0895 This is the first step.

A   Yeah, I guess you're right. 다 잊고 새로 시작할 거야. 0892

B   옳지. 0007 And don't forget. 세상에 남자는 많아. 0891

Words   remind ~ of ... ~에게 …을 연상하게 하다

089

A   말해.

B   아니, 네가 말해.

C   너희 둘, 뭐냐?

A   **We're tying the knot!** 0878

C   축하해! 그렇게 오래 버티더니 드디어…

B   내 말이! **He finally popped the question.** 0877

090

A   그 상자는 뭐야?

B   존이 남긴 건 다 이 상자에 넣어. 그리고 그걸 태우는 거야.

A   존이 생각나는 건 뭐든지? 이걸 꼭 해야 해?

B   친구야, **you need a fresh start.** 0895 이게 첫 번째 단계야.

A   그래, 네 말이 맞을 거야. **I'm going to move on.** 0892

B   **That's my girl.** 0007 그리고 잊지 마. **There are plenty of fish in the sea.** 0891

Part 10

네이티브가 직장에서 쓰는 표현 100

Part 10 전체 듣기

하루의 대부분을 일터에서 보내는 직장인들. 직장에서 하는 공적·사적 대화 중 일부라도 영어로 말할 수 있다면 얼마나 좋을까요? 이번 파트에서는 상사가 부하 직원에게, 부하 직원이 상사에게 쓸 수 있는 각종 표현부터 직장 동료들끼리 커피 한잔하면서 나눌 수 있는 가벼운 담소까지 직장 생활 전반에서 활용 가능한 문장들을 모았습니다. 칼퇴근한다, 일이 너무 많아서 꼼짝을 못한다, 직업병이다, 끝나고 한잔 어때? 등 생생한 표현들을 익혀 보세요.

01 실직 · 취업 준비   02 출퇴근 · 휴가 1   03 출퇴근 · 휴가 2   04 회사 방침   05 업무 · 스트레스 1   06 업무 · 스트레스 2   07 업무 · 스트레스 3   08 신입에게   09 상사에게 1   10 상사에게 2   11 부하 직원에게 1   12 부하 직원에게 2   13 부하 직원에게 3   14 칭찬 · 면박 1   15 칭찬 · 면박 2   16 칭찬 · 면박 3   17 휴식 · 잡담 1   18 휴식 · 잡담 2   19 휴식 · 잡담 3   20 속담 · 인용구

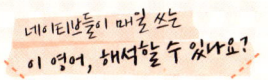

0901~0905. mp3

I'm looking for a part-time job.

아르바이트는 '시간제 일, 부업'이란 뜻의 part-time job을 쓰면 됩니다.
full-time job은 '정규직, 전임직'이죠.

I'm taking some time off.

직장에서 해고되어 놀고 있다기보다는 건강 등 개인적인 이유로
잠시 자발적으로 쉬고 있다는 느낌을 주는 표현입니다.

I'm out of work.

'현재' 실직 상태라는 의미에서 뒤에 at the moment를 붙여 말하기도 합니다.
비슷한 의미로, 실업자라고 할 때 I'm unemployed.나 I'm jobless.도 많이 씁니다.

I sent out tons of resumes.

send out이 '발송하다, 파견하다'란 뜻이고, tons of가 '엄청나게 많은'이란 뜻이니까
말 그대로 수십, 수백 통의 이력서를 보냈다는 말이네요.

I'm writing my cover letter.

'이력서'는 영어로 resume라고 하는데, 영국식으로는 curriculum vitae의 약자 CV라고 하죠.
'자기소개서'는 cover letter라고 합니다.

0901

시간제 일을 찾고 있다는 말

아르바이트를 구하고 있어요.

0902

현재 일을 안 하고 있을 때

잠시 쉬는 중이에요.

0903

현재 직장이 없는 상태일 때

실직했어요.

0904

이력서를 엄청나게 보냈다고 할 때

이력서를 많이 뿌렸어요.

0905

취업 준비생은 이걸 잘 써야 해!

자기소개서를 쓰고 있어.

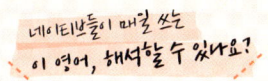

0906~0910. mp3

I'm off at five o'clock sharp.

'퇴근하다'는 get/be off입니다. 그럼 칼퇴근은? 영어에는 따로 '칼퇴근'이란 말이 없어서 뒤에 sharp(정각)를 붙여 표현합니다.

I'd like to take a day off.

take a day off는 월차를 내고 '하루 쉬다'라는 말이에요. 며칠 동안 휴가를 낼 때는 a day 대신 three days, two weeks처럼 기간을 넣으면 돼요.

I've got a family emergency.

집에 급한 사정이 생겼다는 말이죠. 이보다 약한 표현으로 그냥 집에 일이 좀 있을 때는 family matter, family stuff라고 해요.

Jess called in sick.

아파서 출근을 못하겠다고 전화가 왔다는 뜻이죠. '병가를 냈다'고 할 때는 be on sick leave라고 합니다. 여기서 leave는 '휴가'의 뜻.

Bree's on maternity leave.

'출산 휴가'는 maternity leave라고 합니다. 요즘은 아빠가 육아 휴가를 내기도 하잖아요. 그럴 때 '육아 휴가'는 paternity leave라고 해요.

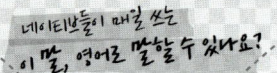

0906

다섯 시 땡! 하면 집에 간다고 할 때

다섯 시에 칼퇴근해요.

0907

하루 쉬고 싶을 때

월차를 내려고요.

0908

아이가 갑자기 아파서 가 봐야 할 때

집에 급한 일이 생겨서요.

0909

아파서 결근했다고 할 때

제스는 아파서 못 온대요.

0910

산후 조리 중인 직원에 대해

브리는 출산 휴가 중이에요.

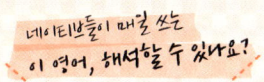

0911~0915. mp3

Dean comes in early every day.

'출근하다'는 go to work인데 회사 쪽에서 보면 오는 거니까 come in으로 썼어요.
'출근 도장을 찍다'라는 느낌으로 punch in이라고도 합니다.

He doesn't leave until nine.

직역하면 '9시가 될 때까지 퇴근하지 않는다.'이지만
'늘 9시가 넘어야 퇴근한다.'라고 번역하는 게 자연스럽다는 거 알아 두세요.

He's gone for the day.

He's gone. 하면 어디 가고 '여기 없다'는 말인데, for the day가 붙어
오늘 할 일을 다 끝내고 '퇴근했다'가 됩니다. gone 대신 left를 넣어도 되고요.

We work every other Saturday.

'토요일마다'는 every Saturday이고, '한 주 건너 토요일마다'는
every other Saturday라고 합니다. 즉 '격주 토요일마다'라는 말이에요.

Tardiness is my middle name.

'지각하다'는 be late인데 late 대신 tardy도 자주 씁니다. 명사형은 tardiness죠.
~ is my middle name 하면 '~을 아주 잘 알다, ~을 자주 하다'라는 뜻이에요.

0911

다른 사람보다 언제나 먼저 나올 때

던은 매일 일찍 출근해요.

0912

늘 늦게까지 일한다고 말할 때

9시 전에 퇴근하는 법이 없어.

0913

집에 가고 없는 사람을 찾을 때

퇴근하셨어요.

0914

놀토가 격주로 있을 때

토요일은 격주로 근무해요.

0915

지각을 밥 먹듯이 할 때

지각 하면 저죠.

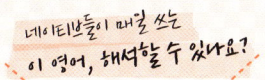

0916~0920. mp3

We should reprimand him.

reprimand는 '징계하다'라는 뜻입니다. discipline, punish를 쓰기도 하죠.
모두 질책하거나 처벌을 내린다는 뜻이에요.

It's a company policy.

company policy는 '회사 방침, 회사 규정'을 뜻하는 표현입니다.
회사 방침에 어긋난다고 할 때는 It's against the company policy.라고 하면 돼요.

We have casual Fridays.

금요일에는 넥타이를 매지 않고 편하게 입어도 된다는 거죠.
간편한 옷을 입는다는 뜻으로 dress-down Fridays라고도 합니다.

I'm gonna ask for a raise.

여기서 raise는 '월급 인상'이라는 뜻이에요.
'월급을 올려 달라고 하다'는 ask for a raise죠. gonna는 going to.

I don't get paid overtime.

overtime은 스포츠 경기에서는 '연장전'을 뜻하고,
회사에서는 '시간 외 근무 수당' 또는 '규정 시간 외에' 등의 뜻으로 쓰입니다.

0916

그냥 넘어갈 수 없는 큰 실수를 저질렀을 때

징계가 불가피합니다.

0917

규정상 안 된다고 할 때

회사 방침이 그래요.

0918

청바지를 입고 출근해도 된다고 할 때

금요일은 편하게 입어도 돼요.

0919

하는 일에 비해 월급이 적을 때

월급을 올려 달라고 해야겠어.

0920

야근은 야근대로 하고 돈도 못 받을 때

야근 수당도 안 나와.

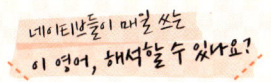

I'm swamped at work.

swamp은 원래 '늪에 빠지다'라는 뜻인데 be swamped로 쓰면
'궁지에 빠지다, 꼼짝달싹 못하다'라는 말이 됩니다.

I've got no time to blink.

눈코 뜰 새 없이 바쁘다는 말을 영어로 하면 '눈 깜박거릴(blink) 시간도 없다.'는 식으로 표현해요.
blink 대신 sit을 넣으면 자리에 앉을 틈도 없이 바쁘다는 말이 되죠.

I'm tied up at work.

be tied up은 직역하면 '묶여 있다'는 뜻인데 일상 회화에서는 '~ 때문에 바쁘다,
~으로 꼼짝 못하다'라는 의미로 쓰입니다.

I've got a lot to catch up on.

여기서 a lot은 a lot of work입니다. catch up on은 '뒤떨어진 일을 따라잡다'죠.
해야 할 일이 서류 작업이면 work 대신 paperwork를 써요.

My phone's ringing off the hook.

여기서 hook은 '전화의 수화기 걸이'인데, 쉴 틈을 주지 않고 전화기가 연속으로 울릴 때
ring off the hook이라는 표현을 씁니다.

0921

바빠서 화장실 갈 시간도 없을 때

너무 바빠서 꼼짝도 못해.

0922

정신없이 바쁠 때

눈코 뜰 새 없이 바빠.

0923

꼼짝 않고 일만 해야 할 때

일이 많아서 꼼짝 못해.

0924

며칠 쉬었더니 처리할 일이 많을 때

일이 많이 밀렸어.

0925

전화통이 쉴 새 없이 울릴 때

전화통이 불나네.

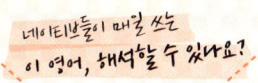

I'm a little stressed out.

'스트레스를 받다'라고 할 때 be/get stressed out이라는 표현을 씁니다. '스트레스를 풀다'는 relieve stress 또는 스트레스를 없앤다는 느낌으로 get rid of stress를 쓰죠.

How do you handle stress?

힘든 업무로 스트레스가 쌓일 때 어떻게 대처하는지 묻는 거죠. handle 대신 동사 relieve를 쓰면 스트레스를 어떻게 '푸는지' 묻는 거예요.

It's an occupational hazard.

occupational hazard는 원래 '직업 재해'라는 심각한 표현이지만 '이 바닥에서 일하다 보니 이런 애로사항도 있다.'는 식으로 표현할 때에도 쓸 수 있습니다.

I'm working late again.

'야근하다'는 work overtime, 또는 늦게까지 일하니까 work late이라고도 하죠. 근무가 원래 야간 근무라면 work the night shift라고 합니다.

My vision is blurry.

vision은 '비전이 있다'고 할 때의 '비전'도 되지만 '시력'이란 뜻도 있어요. blurry는 '흐릿한'이라는 뜻이죠. blurry 대신 blurred를 써도 됩니다.

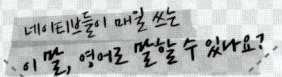

0926

정신적으로 압박감을 느낄 때
스트레스를 받아서 그래.

0927

스트레스에 어떻게 대처하는지 물을 때
스트레스는 어떻게 다스려?

0928

개인 전화인데 회사 전화처럼 받을 때
직업병이야.

0929

날이면 날마다 야근일 때
또 야근이구나.

0930

모니터나 스마트폰을 오래 봐서 눈앞이 흐릿할 때
눈이 침침해.

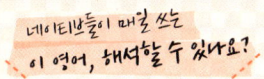

Will you be done on time?

on time은 '늦지 않게, 정해진 기한 내에'라는 뜻이에요. 이 on time 대신 구체적인 날짜를 넣을 수도 있습니다. by Tuesday를 넣으면 '화요일까지 끝낼 수 있겠어?'

When do you need it?

직역하면 '그게 언제 필요합니까?'이므로, 언제까지 하면 되느냐는 말입니다. 돌아오는 대답은 As soon as possible.(빠르면 빠를수록 좋다.)일 때가 많죠.

Finish this by the end of the day.

'오늘 중으로'라는 표현은 by the end of the day라고 합니다. day라고 해서 밤 12시 전까지라는 건 아니고 퇴근 전까지를 말하는 거예요.

I'm halfway through.

be through는 '끝마치다'는 뜻인데 앞에 halfway(중도에, 중간에)가 있으니까 '중간까지 끝마쳤다, 중간쯤 와 있다'라는 뜻이 되죠. through 대신 done을 넣어도 됩니다.

One down, nine to go!

'하나는 됐고, 이제 아홉 개 남았다.'라는 뜻입니다. 〈숫자 to go〉라고 하면 '앞으로 가야 할 게 몇'이라는 말이니까 '~가 남았다'는 뜻으로 이해하면 돼요.

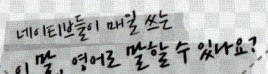

0931
마감을 지킬 수 있는지 물을 때
기한 내에 끝낼 수 있겠어?

0932
언제까지 주면 되는지 물을 때
언제까지 필요하세요?

0933
퇴근 전까지 마치라고 할 때
오늘 중으로 끝내요.

0934
일을 반 정도 끝냈을 때
절반쯤 했습니다.

0935
장난스럽게 진행 상황을 외칠 때
하나 끝냈고, 아홉 개 남았다!

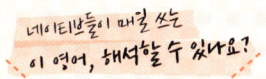

0936~0940. mp3

I'll show you around the office.

〈show 누구 around〉는 '데리고 다니며 보여 주다'라는 뜻입니다.
'(집) 구경시켜 줄게.'라고 할 땐 I'll give you the grand tour.라고도 해요.

Don't hesitate to ask.

hesitate는 '망설이다'죠. 궁금한 게 있을 때는
망설이지 말고 뭐든지 물어보라는 말이에요.

Let me show you how it's done.

어떤 기계의 사용법을 알려 준다거나 할 때 시범을 보이면서 하는 말이죠. how it's done은
'어떻게 하는 건지, 어떻게 사용하는지' 정도로 이해하면 됩니다.

Watch and learn.

'잘 보고 배워. 이런 건 이렇게 하는 거야.'라는 식으로 말하면서
어깨에 힘이 좀 들어간 느낌이죠.

You're a fast learner.

fast learner는 말 그대로 '빨리 배우는 사람'입니다. 눈썰미가 좋아서 금방 배운다는 뜻으로
You pick things up quickly.라는 표현도 알아 두세요.

0936

신입사원을 데리고 사무실을 둘러볼 때

사무실 안내를 해 줄게요.

0937

어렵게 생각하지 말고 뭐든 물어보라고 할 때

모르는 건 언제든 물어요.

0938

직접 시범을 보여 줄 때

어떻게 하는지 잘 보세요.

0939

잘난 척 시범을 보일 때

잘 보고 배워.

0940

업무 파악이 빠른 사람에게

일을 빨리 배우시네요.

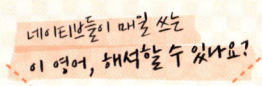

0941~0945. mp3

You wanted to see me?

'저를 보고 싶어 하셨나요?'라고 직역하면 좀 어색하죠.
'저를 보자고 하셨어요?'라는 뜻입니다. 편한 사이에 쓰면 '나 찾았어?' 또는 '나 불렀어?'

I need your signature here.

'서명하다'라는 동사는 sign이고, 명사로 '서명'은 signature예요.
유명인에게 부탁하는 사인은 autograph라고 하죠.

Your wish is my command.

직역하면 '당신의 바람이 나에겐 명령이다.'니까 원하는 대로 해 드리겠다는 말이죠.
동료나 후배에게 '아무렴요, 해 드려야죠.'처럼 장난스런 느낌으로 쓰기도 합니다.

At your service.

앞에 I'm이 생략돼 있어요. 자기소개를 할 때 I am James, at your service.라고 하면
'뭐든 도와드리겠으니, 마치 하인처럼 부려 주세요.' 하는 느낌의 인사가 됩니다.

That's a tall order.

tall은 여기서 '터무니없는, 말도 안 되는, 어려운'이란 뜻입니다.
tall order라고 하면 '어려운 주문'이란 말이 되죠.

0941
나를 찾았다는 직장 상사에게 가서
저 찾으셨어요?

0942
결재 서류에 서명을 받을 때
여기 사인해 주세요.

0943
원하는 대로 해 주겠다고 할 때
분부만 내리세요.

0944
알라딘 램프에서 요정 지니가 나와서 하는 말
뭐든 시켜만 주세요.

0945
상대가 무리한 요구를 할 때
그건 좀 힘들겠는데요.

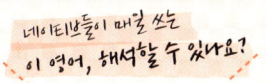

This is beyond my ability.

'힘에 부치다', '일이 내 수준에 벅차다'라는 말입니다. '이런 일에 잘 맞지 않다.'
라는 뜻의 I'm not cut out for this.도 같이 알아 두세요.

I can't work like this.

like this는 '이렇게, 이런 식으로'라는 뜻입니다. 여기서 I can't는
능력이 없다는 뜻이 아니라 '이렇게는 못 해.'처럼 '못 하겠다'는 말이에요.

It's not in my job description.

job description은 '직무 내용 설명서'라는 뜻이에요. 어떤 직위나 업무를 맡으면
구체적으로 무슨 일을 하게 되는지에 대한 내용을 담고 있죠.

I can't stand it any longer.

여기서 stand는 '참다'라는 뜻이에요. 꾹 참고 참다가
뚜껑이 열릴 때 자주 쓰는 표현입니다.

I quit.

'일 그렇게 할 거면 때려치워'라는 말이 나오기 직전에
선수 쳐서 그만둘 때에는 딱 이 두 마디면 됩니다.

0946

그만한 능력이 안 된다고 할 때
제 능력 밖의 일이에요.

0947

일하는 방식이나 조건이 맘에 안 들 때
이런 식으로는 못 하겠습니다.

0948

일을 배우러 들어갔는데 커피만 탈 때
이런 일을 하러 들어온 게 아닌데.

0949

참다 참다 못 참아서 터질 때
더는 못 참겠습니다.

0950

결재 서류를 집어 던지면서
그만두겠습니다.

망각방지 장치 1

하루만 지나도 학습한 내용의 50%는 잊어버립니다. 여러분은 몇 퍼센트나 잊어버렸을까요? 5분 안에 25개를 말해 보세요.

			○ × 복습
01	실직했어요.	I'm _____ of work.	0903
02	이력서를 많이 뿌렸어요.	I sent out _____ of resumes.	0904
03	다섯 시에 칼퇴근해요.	I'm _____ at five o'clock.	0906
04	월차를 내려고요.	I'd like to take a day _____.	0907
05	집에 급한 일이 생겨서요.	I've got a family _____.	0908
06	브리는 출산 휴가 중이에요.	Bree's on maternity _____.	0910
07	퇴근하셨어요.	He's gone for the _____.	0913
08	토요일은 격주로 근무해요.	We work every _____ Saturday.	0914
09	징계가 불가피합니다.	We should _____ him.	0916
10	회사 방침이 그래요.	It's a company _____.	0917
11	월급을 올려 달라고 해야겠어.	I'm gonna ask for a _____.	0919
12	눈코 뜰 새 없이 바빠.	I've got no time to _____.	0922
13	일이 많이 밀렸어.	I've got a lot to _____ up on.	0924
14	스트레스는 어떻게 다스려?	How do you _____ stress?	0927

정답 01 out 02 tons 03 off, sharp 04 off 05 emergency 06 leave 07 day 08 other
09 reprimand 10 policy 11 raise 12 blink 13 catch 14 handle

255

			○	×	복습
15	직업병이야.	It's an occupational _____ .	☐	☐	0928
16	눈이 침침해.	My vision is _____ .	☐	☐	0930
17	절반쯤 했습니다.	I'm _____ through.	☐	☐	0934
18	하나 끝냈고, 아홉 개 남았다!	One _____ , nine to _____ !	☐	☐	0935
19	사무실 안내를 해 줄게요.	I'll show you _____ the office.	☐	☐	0936
20	모르는 건 언제든 물어요.	Don't _____ to ask.	☐	☐	0937
21	분부만 내리세요.	Your wish is my _____ .	☐	☐	0943
22	그건 좀 힘들겠는데요.	That's a _____ order.	☐	☐	0945
23	제 능력 밖의 일이에요.	This is _____ my ability.	☐	☐	0946
24	이런 일을 하러 들어온 게 아닌데.	It's not in my job _____ .	☐	☐	0948
25	더는 못 참겠습니다.	I can't _____ it any longer.	☐	☐	0949

맞은 개수: 25개 중 _____ 개

당신은 그동안 _____ %를 잊어버렸습니다.
틀린 문장들은 다시 한번 복습하고 넘어가세요.

정답 15 hazard 16 blurry 17 halfway 18 down, go 19 around 20 hesitate 21 command 22 tall
23 beyond 24 description 25 stand

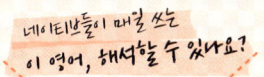

0951
Everyone, gather around.
Attention, everyone.이라고 하면 현재 있는 자리에서 주목해 달라는 말이고
gather around/up 하면 말하는 사람이 있는 곳으로 와 보라는 말이죠.

0952
Stop whatever you're doing.
you는 한 사람일 수도 있고 여러 사람일 수도 있습니다. 네가 뭘 하고 있든,
아니면 각자 뭘 하고 있든지 간에 하던 일을 잠깐 멈추라는 거죠.

0953
Back to work.
할 말 다 끝났으니까 다시 가서 일하라는 말이에요. 쉬는 시간이 끝났으니
일하라는 말이기도 하죠. 앞에 Go가 생략되어 있어요.

0954
Look who's finally here.
출근 시간이 훨씬 지나서야 나타나는 직원에게 하는 말입니다.
'드디어 행차하시는군.' 하고 비꼬는 듯한 느낌의 표현이죠.

0955
Stop goofing off.
goof off는 하는 일 없이 빈둥거리는 걸 말해요. 특히 회사에서 농땡이를 칠 때는
뒤에 on the job이나 at work를 넣어 말하기도 하죠.

0951

흩어져 일하고 있는 직원들을 한 곳으로 모을 때

모두 모이세요.

0952

중요한 발표가 있을 때

다들 하던 거 멈춰요.

0953

다시 자리로 돌아가 일하라고 할 때

일들 해.

0954

직원이 너무 늦게 출근했을 때

이제야 나타나시는군.

0955

일은 안 하고 뺀질거리는 사람에게

그만 빈둥거리지.

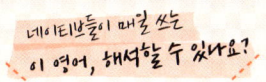

0956~0960. mp3

Business is business.

개인적인 감정이 있어서가 아니라 비즈니스를 하다 보면 어쩔 수 없다는 말이죠.
공과 사를 구분하라는 뜻으로 Don't mix business with pleasure.도 많이 써요.

Do as I tell you.

as I tell you 부분이 '내가 너에게 하라고 한 대로'에 해당합니다.
하라는 대로 안 하고 잔말이 많은 부하 직원에게 쓰기 좋은 표현입니다.

You think this is a joke?

'자네 생각에는 이게 장난인 거 같나?', '회사 일이 장난이야?' 하고 버럭 화를 내는 말입니다.
일을 엉터리로 해놓았을 때 자주 쓰는 말이죠.

Clean out your desk.

책상이 지저분하니 치우라는 말이 될 수도 있겠지만
책상의 개인 물건을 챙겨서 '나가라'는 말이 될 수도 있습니다.

You're fired.

미국의 부동산 재벌 도널드 트럼프가 *Apprentice*라는 TV 쇼에서 탈락자에게 하던 대사죠.
반대로 '내 밑에서 일해.'라고 일자리를 줄 때는 You're hired.라고 합니다.

0956
일은 어디까지나 일이라는 말
공과 사는 구분해야지.

0957
시키는 건 안 하고 토를 달 때
시키는 대로나 해.

0958
일 처리한 것이 시원찮을 때
이게 장난인 줄 아나?

0959
그런 식으로 할 거면 나가라고 할 때
책상 치우게.

0960
직원에게 회사를 그만두라고 할 때
자넨 해고야.

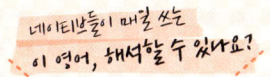

0961~0965. mp3

Don't bother sucking up.

suck up (to 누구) 하면 '~에게 아첨하다, ~에게 비위를 맞추다'라는 뜻이에요.
kiss one's ass라는 표현도 있습니다. 둘 다 비속어에 가까우니 주의하세요.

Nobody likes a brown-nose.

brown-nose는 남에게 '알랑거리다'라는 동사도 되고
'아첨쟁이, 아부쟁이'라는 명사도 됩니다.

Keep buttering me up.

butter up은 '아부하다, 사탕발림하다, 알랑거리다'라는 뜻이에요.
'쟤 지금 너한테 아부 떠는 거야.'라고 할 땐 He's buttering you up.이라고 하면 됩니다.

Flattery will get you nowhere.

flattery는 '아첨, 추켜세우기', get nowhere는 '효과가 없다'는 뜻이에요.
nowhere 대신 everywhere를 넣으면 '아부만 잘하면 뭐든 된다.'는 뜻이 되죠.

Are you giving me attitude?

attitude는 원래 '태도'라는 뜻이지만 '삐딱한 태도'라는 의미로도 쓰입니다.
〈give 누구 attitude〉라고 하면 삐딱한 자세를 보인다는 말이니까 반항한다는 뜻이 되는 거죠.

0961

잘 보일 생각은 하지 말라고 할 때

아부 떨 생각은 하지도 마.

0962

아부하지 말라고 할 때

아부쟁이 좋아하는 사람은 없어.

0963

상대방이 나를 띄울 때 더 하라는 뜻으로

계속 아부해 봐.

0964

아부한다고 해서 되는 게 아닐 때

아부해 봐야 소용없다.

0965

상대가 건방진 태도를 보일 때

지금 반항하는 건가?

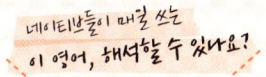

0966~0970. mp3

You always put others first.

풀어 보면 others '다른 사람들을', put first '먼저 놓는다'는 뜻이 되는데요. 자기 자신보다 남들을 먼저 배려한다는 말이에요.

You're a great multitasker.

multitask는 '한꺼번에 여러 일을 처리하다'라는 뜻이고, -er이 붙으면 그런 '사람'을 뜻하는 거죠. great multitasker는 '한꺼번에 여러 일을 처리하는 데 능숙한 사람'이라는 말이죠.

You've got brilliant ideas.

brilliant는 '빛나는, 눈부신'이니까 반짝이는 아이디어를 가졌다는 말이죠. 창의력이 있다고 할 때는 He's really creative.라고 말해요.

You've come a long way.

직역하면 '너 참 먼 길 왔구나.'입니다. 실력이 많이 늘었다는 뜻인데, '너 많이 컸다. 이제 막 까부네.' 이런 느낌으로도 써요.

What is it that you can't do?

What is it은 '뭐니?', that you can't do는 '네가 할 수 없는 것'이죠. 둘이 합쳐져서 '네가 할 수 없는 건 뭐야?'라는 말이 됐어요. '넌 못하는 게 없구나.'라는 의미죠.

0966

자신보다 늘 남을 먼저 챙기는 사람에게

늘 남을 먼저 생각하는군.

0967

한 번에 여러 가지 일을 해내는 사람을 가리켜

멀티태스킹에 능하군.

0968

늘 아이디어가 반짝반짝 빛나는 사람이라고 할 때

참신한 아이디어가 많네요.

0969

장족의 발전을 보인 사람에게

너 많이 컸다.

0970

무슨 일을 맡겨도 척척 해내는 사람에게

자네는 못 하는 게 뭐야?

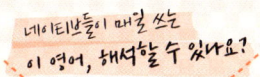

0971~0975. mp3

It's less than I expected.

'(결과가) 기대에 못 미치다.'라는 표현입니다. 과거형 expected를 쓴 것에 주의하세요.
less 대신 more를 쓰면 정반대의 뜻이 되죠.

You call that typing?

오타(typo)를 많이 냈거나 문서 작업에 실수가 많았던 모양이네요.
You call that ~?은 '그걸 ~라고 했나?'처럼 누군가를 혼낼 때 요긴하게 쓸 수 있습니다.

Is that the best you can do?

최선을 다한 게 겨우 이거냐고 혼내는 말이죠.
'더 잘할 순 없어?', '그것밖에 못 해?'라는 의미입니다.

Who came up with that?

come up with는 '어떤 생각을 해내다, 아이디어를 내다'라는 뜻입니다.
누가 이런 생각을 해냈느냐는 말인데 말투나 표정에 따라 비난이 될 수도, 칭찬이 될 수도 있겠죠?

Use your head.

'머리를 써라.', '머리는 뒀다가 뭐하니?'처럼 혼내는 말입니다. 생각 좀 하고
말이나 행동을 하라는 얘기죠. Use your brain.이라고 하기도 해요.

0971
결과가 실망스러울 때
기대에 못 미치는군.

0972
문서 작업이 실수투성이일 때
그걸 타이핑이라고 했나?

0973
실적이 기대에 못 미칠 때
그렇게 밖에 못 해?

0974
누가 생각해 낸 건지 물을 때
누구 아이디어야?

0975
생각하거나 고민한 흔적이 없을 때
머리를 좀 써.

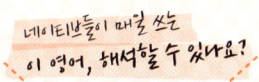

What's it like to work with him?

What's he like? 하면 '어떤 사람이야?'라고 성격을 묻는 말입니다.
여기서는 그 사람과 같이 일하는 게 어떤지 묻는 거죠.

He's not a team player.

team player는 화려한 개인기는 없어도 여럿이 일할 때 일을 잘하는 사람입니다.
not을 붙여 부정형으로 쓰면 비협조적이고 독단적인 사람이라는 뜻이 되죠.

She's a pretty tough cookie.

tough cookie는 '강인하고 고집 세고 자신만만한 사람, 호락호락하지 않은 사람'을
가리키는 말이에요. 악착같고 터프한 여자나 어리지만 만만치 않은 사람에게도 이 표현을 씁니다.

It's either his way or no way.

뭐든 자기가 하고 싶은 대로 하지 않으면 직성이 안 풀리는 사람을 가리켜 이렇게 표현합니다.
자기가 원하는 방식이 아니면 하지 않는 사람이죠.

She loves to stir things up.

stir up은 '휘젓다, 문제를 일으키다, 선동하다'라는 뜻이에요.
그냥 넘어가도 될 것을 괜히 들쑤셔서 일을 크게 만드는 거죠.

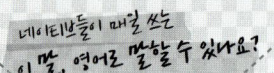

0976

같이 일하기에 어떤 사람인지 물을 때

그 친구 같이 일하기 어때?

0977

팀 작업에 적합한 사람이 아니라고 할 때

팀에 협조적인 사람은 아니에요.

0978

띄엄띄엄 봤다가는 큰코다치기 쉽다고 할 때

보통내기가 아니야.

0979

독단적으로 일을 처리한다고 할 때

순 자기 맘대로야.

0980

사소한 일도 문제로 삼고 크게 만들 때

문제 일으키는 걸 좋아해.

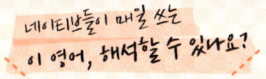

0981~0985. mp3

I feel drowsy after lunch.

drowsy는 '졸리는, 꾸벅꾸벅 조는'이란 뜻이에요.
감기약을 먹고 나른한 상태일 때도 drowsy를 씁니다.

I'll be in the break room.

잠깐 쉬는 걸 break라고 하죠. 커피 마시면서 쉬면 coffee break, 담배 피우면서 쉬면
cigarette break가 되죠. 쉬라고 마련된 공간인 '휴게실'은 break room입니다.

Thank god, it's Friday!

'또 일주일 무사히 지났구나, 일주일도 거의 다 끝났구나' 이런 느낌으로 하는 말입니다.
앞 글자를 따서 TGIF를 인사말처럼 쓰기도 하죠.

How about a drink after?

'한잔하러 갈 사람?'이라고 물을 때 Who's up for a drink?라고 해도 돼요.
여기서 after는 '끝나고'인데 after work 즉, '퇴근 후에'라는 뜻입니다.

Don't be a wet blanket.

'흥을 깨는 사람'을 wet blanket이라고 해요. 신나게 놀고 있는데
젖은 담요를 휙 던지는 상상을 해 보세요. 그래서 그런 행동을 throw a wet blanket이라고 합니다.

0981

식곤증을 느낄 때

점심 먹으면 졸려.

0982

커피 마시러 휴게실에 갈 때

휴게실에 있을게.

0983

불금에 직장인들이 외치는 소리

아싸, 주말이다!

0984

일 끝나고 술 한잔 하자고 할 때

끝나고 한잔 어때?

0985

즐겁게 노는 분위기를 망치는 사람에게

분위기 깨지 마.

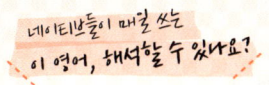

0986~0990. mp3

I worked like a dog.

work like a dog은 '열심히 일하다, 땀 흘려 일하다'라는 뜻입니다.
dog 대신 부지런한 동물의 상징인 beaver를 넣기도 해요.

What if I don't get promoted?

What if ~?는 '~하면 어떡해?, ~하면 어떻게 하지?' 하고 걱정하는 표현입니다.
get promoted는 '승진하다'이고 〈give 누구 a promotion〉은 '~를 승진시키다'죠.

You deserve a promotion.

deserve 다음에 좋은 말이 나오면 '~ 받을 만하다'라는 긍정적인 뜻이고
나쁜 말이 나오면 '그거 쌤통이다'라는 느낌입니다.

My job is at stake.

at stake는 '위험에 처해 있는'이라는 말입니다. in jeopardy도 같은 뜻이에요.
my job 대신 my life를 넣으면 '내 생명이 왔다 갔다 하는 문제'라는 말이 됩니다.

I handed in my notice.

hand in은 '제출하다', notice는 '통지, 통보'라는 뜻입니다. 회사 측에
그만두겠다고 말했다는 뜻으로 쓰는 말이죠. '사표를 내다'는 hand in one's resignation입니다.

0986

정말 개처럼 일했을 때
나 죽도록 일했다.

0987

승진 기회를 놓칠까 걱정이 될 때
승진 못 하면 어떡하지?

0988

열심히 일해서 승진한 사람에게
넌 승진할 만해.

0989

직장을 잃을 수도 있는 위험한 상황에서
잘하면 잘리겠어.

0990

회사에 사표를 냈다고 할 때
그만둔다고 얘기했어.

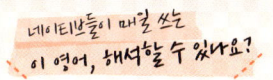

0991~0995. mp3

Rumor has it he's taken.

'~라던데'처럼 들은 얘기를 전할 땐 Rumor has it ~, Word is ~, I hear ~ 다음에 소문의 내용을 넣어 말하면 됩니다. taken은 '임자가 있다' 즉 품절남이라는 소리예요.

A little bird told me.

정보의 출처를 밝히기 곤란할 때
'어떤 작은 새가 말해 주고 갔다.'고 둘러대는 거죠.

He got in through connections.

말단부터 차근차근 시작한 게 아니라 connections, 즉 연줄을 타고 들어왔다는 뜻이죠. 우리말에서처럼 '낙하산'을 타고 내려왔다는 느낌으로 He was parachuted in.이라고도 해요.

He was nothing like his reputation.

reputation은 '평판'이라는 뜻이죠. 누군가가 싸가지 없다는 소문만 듣다가 직접 보니 전혀 다를 때 이렇게 말할 수 있습니다.

Don't believe everything you hear.

everything you hear는 '네가 듣는 모든 것', 즉 '사람들이 하는 말 모두'를 말합니다. hear를 read로 바꾸면 '신문 기사도 다 믿을 건 못 된다.'란 뜻으로 쓸 수 있어요.

0991
소문을 전할 때
소문에 그 남자 임자 있다던데.

0992
어디선가 들은 말을 전할 때
어디선가 들었어.

0993
실력이 아니라 연줄로 입사했다고 할 때
낙하산이래.

0994
실제로 만나 보니 듣던 것과 전혀 다를 때
소문하곤 딴판이던데요.

0995
소문은 소문일 뿐, 오해하진 말라고 할 때
들리는 말이라고 다 믿지는 마.

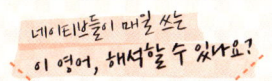

0996~1000. mp3

Better bend than break.

직역하면 '부러지는 것보다는 구부리는 게 낫다.' bend는 '의지를 굽히다'란
뜻으로도 쓰여요. 부러지는 것보단 구부러지는 융통성이 있으면 오래 살아남는다는 거죠.

Know when to fold.

fold는 '접다'인데 구어로는 '항복하다'란 뜻이 있습니다.
자기 뜻을 접고 물러설 때를 알라는 거죠.

Opportunity seldom knocks twice.

풀이하면 '기회가 문을 두 번 두드리는 일은 좀처럼 없다.'는 뜻이니
기회가 왔을 때 잡아야 한다는 말이에요.

A watched pot never boils.

물을 끓일 때 옆에서 지켜보고 있으면 그 시간이 더 길게 느껴지죠.
옆에서 재촉한다고 일이 되는 게 아니라는 말입니다.

Slow and steady wins the race.

slow '느리지만', steady '꾸준히 하는' 사람이
결국에는 이기게 되어 있다는 말입니다.

0996

융통성을 가지라는 뜻으로

지는 게 이기는 것이다.

0997

포기할 줄도 알아야 한다고 할 때

물러설 때를 잘 알아라.

0998

날이면 날마다 오는 기회가 아니라는 의미로

기회는 두 번 오지 않는다.

0999

마음을 조급하게 먹지 말라고 할 때

바라보는 냄비는 끓지 않는다.

1000

성실한 자세를 강조할 때

천천히 꾸준히 하는 자가 이긴다.

망각방지장치 1

하루만 지나도 학습한 내용의 50%는 잊어버립니다. 여러분은 몇 퍼센트나 잊어버렸을까요? 5분 안에 25개를 말해 보세요.

		복습
01 모두 모이세요.	Everyone, _____ around.	0951
02 일들 해.	_____ to work.	0953
03 그만 빈둥거리지.	Stop _____ off.	0955
04 책상 치우게.	_____ out your desk.	0959
05 아부쟁이 좋아하는 사람은 없어.	Nobody likes a _____.	0962
06 아부해 봐야 소용없다.	Flattery will get you _____.	0964
07 지금 반항하는 건가?	Are you giving me _____?	0965
08 늘 남을 먼저 생각하는군.	You always _____ others _____.	0966
09 참신한 아이디어가 많네요.	You've got _____ ideas.	0968
10 너 많이 컸다.	You've come a long _____.	0969
11 기대에 못 미치는군.	It's _____ than I expected.	0971
12 누구 아이디어야?	Who _____ up _____ that?	0974
13 그 친구 같이 일하기 어때?	What's it _____ to work with him?	0976
14 보통내기가 아니야.	She's a pretty tough _____.	0978

정답 01 gather 02 Back 03 goofing 04 Clean 05 brown-nose 06 nowhere 07 attitude 08 put, first 09 brilliant 10 way 11 less 12 came, with 13 like 14 cookie

		○ × 복습
15 문제 일으키는 걸 좋아해.	She loves to ___ things ___.	0980
16 점심 먹으면 졸려.	I feel ___ after lunch.	0981
17 휴게실에 있을게.	I'll be in the ___ room.	0982
18 분위기 깨지 마.	Don't be a wet ___.	0985
19 승진 못 하면 어떡하지?	What ___ I don't get ___.	0987
20 넌 승진할 만해.	You ___ a promotion.	0988
21 잘하면 잘리겠어.	My job is at ___.	0989
22 낙하산이래.	He got in through ___.	0993
23 소문하곤 딴판이던데요.	He was nothing like his ___.	0994
24 지는 게 이기는 것이다.	Better ___ than break.	0996
25 물러설 때를 잘 알아라.	Know when to ___.	0997

맞은 개수: 25개 중 ___ 개
당신은 그동안 ___%를 잊어버렸습니다.
틀린 문장들은 다시 한번 복습하고 넘어가세요.

정답 15 stir, up 16 drowsy 17 break 18 blanket 19 if, promoted 20 deserve 21 stake
22 connections 23 reputation 24 bend 25 fold

망각방지장치 2

일주일이 지나면 학습한 내용의 70%를 잊어버립니다. 여러분은 몇 퍼센트나 잊어버렸을까요? 대화문으로 확인해 보세요.

091 야근 수당이 안 나와 칼퇴근 할 때
conversation 091.mp3

A   What time do you get off work?

B   다섯 시에 칼퇴근하지. 0906

A   Wow, I wish I had your job.

B   It's not what you think.

A   What do you mean?

B   야근 수당이 안 나와. 0920 That's why I try to get off work as early as possible.

Words   get off 퇴근하다   sharp 정각   overtime 초과 근무 수당   as early as possible 최대한 일찍

092 집에 급한 일이 생겨 월차 낼 때
conversation 092.mp3

A   Victoria, 월차를 내려고요. 0907 tomorrow.

B   I'm afraid you can't. You know everyone's working overtime these days.

A   집에 급한 일이 생겨서요. 0908 My father had a stroke.

B   Oh, I'm sorry to hear that. In that case, you can take a day off.

A   Thanks.

B   I hope your father gets well soon.

Words   stroke 뇌졸중

091

A 몇 시에 퇴근해?

B **I'm off at five o'clock sharp.** 0906

A 우와, 나도 그랬으면 좋겠다.

B 네가 생각하는 그런 게 아니거든.

A 무슨 말이야?

B **I don't get paid overtime.** 0920 그래서 최대한 일찍 퇴근하려고 하는 거야.

092

A 빅토리아, 내일 **I'd like to take a day off.** 0907

B 미안하지만 안 돼요. 요즘 다들 야근하는 거 알잖아요.

A **I've got a family emergency.** 0908 아버지가 뇌졸중을 일으키셨어요.

B 어머, 안됐군요. 그렇다면야, 월차를 내도록 해요.

A 고맙습니다.

B 아버님이 쾌차하시길 바랄게요.

093 아파서 한 결근에 진단서가 필요하다고 할 때

conversation 093.mp3

A Boss, 제스는 아파서 못 온대요. 0909

B Again? It's three days in a row.

A She said she got stomach flu.

B Tell her to bring a doctor's note when she comes to work.

A Doctor's note? Is that really necessary?

B Yes, 회사 방침이 그래. 0917

Words in a row 연달아 stomach flu 위장염 doctor's note 의사 진단서

094 남편과 아내 둘 다 회사일로 꼼짝 못할 때

conversation 094.mp3

A Henry, can you pick up Michelle today? 난 너무 바빠서 꼼짝 못해. 0921

B 절대 못 해. 0114 나도 눈코 뜰 새 없이 바빠. 0922

A What are we going to do? Our babysitter's out of town.

B Don't we have a backup babysitter? What was her name… Brenda?

A Yeah, right. I totally forgot about her. I should call her right away.

B I hope she can help us out with such short notice.

Words out of town 도시를 떠나서, 출장 중인 on short notice 갑자기, 충분한 예고 없이

093

A   사장님, **Jess called in sick.** 0909

B   또야? 3일 연속이네.

A   위장염에 걸렸대요.

B   출근할 때 진단서 가져오라고 해.

A   진단서요? 정말 그래야 돼요?

B   그래요, **it's a company policy.** 0917

094

A   헨리, 오늘 미셸 데리러 갈 수 있어? **I'm swamped at work.** 0921

B   **No can do.** 0114 **I've got no time to blink.** 0922

A   우리 어떻게 하지? 애 봐 주는 사람이 여기 없는데.

B   예비로 한 명 더 있지 않나? 이름이 뭐더라⋯ 브렌다?

A   맞다. 완전 까먹고 있었네. 당장 전화해 봐야겠어.

B   갑자기 연락해도 도와주면 좋겠다.

095 밤샘 비디오 게임에 몸이 여기저기 아플 때

conversation 095.mp3

A 눈이 침침해, 0930 and my wrists hurt.
B 직업병이네, 0928 isn't it?
A I'm afraid it's more like an avocational hazard.
B What do you mean?
A I got these from doing video games all night.
B Video games all night? 철 좀 들어라. 0266

Words wrist 손목 avocational 부업의, 취미 삼아 하는

096 신입에게 사무실을 안내해 줄 때

conversation 096.mp3

A Hi, you must be our newbie. I'm Jamin Parker.
B Hello, Ms. Parker.
A 그냥 J라고 부르세요. 0503 사무실 안내를 해 줄게요. 0936
B Thank you. My name is Ben.
A If you have any question, 모르는 건 언제든 물어요. 0937
B When do we have lunch?

Words newbie 초보자, 신입

095

A **My vision is blurry,** 0930 손목도 아프고.

B **It's an occupational hazard,** 0928 안 그래?

A 취미병에 더 가까운 것 같은데.

B 그게 무슨 말이야?

A 밤새 비디오 게임 하다가 그런 거거든.

B 밤새 비디오 게임을 했다고? **Grow up.** 0266

Words vision 시력   blurry 흐릿한   occupational hazard 직업상의 위험, 직업 재해, 직업병

096

A 안녕하세요, 신입사원이죠? 저는 재민 파커예요.

B 안녕하세요, 파커 씨.

A **Just call me J.** 0503 **I'll show you around the office.** 0936

B 감사합니다. 제 이름은 벤입니다.

A 질문이 있으면 **don't hesitate to ask.** 0937

B 점심은 언제 먹나요?

097 상사가 사적인 일을 시킬 때

conversation 097.mp3

A   저 찾으셨어요? 0941

B   Tina, come on in. My daughter and her friend are visiting us from Japan. Can you show them around Seoul this Saturday?

A   You mean like a tour guide?

B   Yeah, I heard you speak Japanese fluently.

A   But 이런 일 하려고 들어온 게 아닌데. 0948 You can't ask me to do that.

B   I'm not asking you. It's an order.

Words fluently 유창하게

098 부하 직원의 책상이 너저분할 때

conversation 098.mp3

A   Your desk is so messy. 자넨 해고야. 0960

B   What? Pardon me?

A   Ha ha, I got ya! I was kidding.

B   Kidding? That was a good one. You almost fooled me.

A   People always admire my amazing sense of humor. 가서 일해 0953 now.

B   It surely is amazing.

Words messy 지저분한, 엉망인   good one 재미있는 농담

097

A **You wanted to see me?** 0941

B 티나. 들어와요. 내 딸이 친구랑 일본에서 올 건데. 이번 토요일에 서울 구경 좀 시켜 줄래요?

A 여행 가이드처럼요?

B 그래, 일본어를 유창하게 한다고 들었어.

A 그런데, **it's not in my job description.** 0948 그런 걸 부탁하시면 안 되죠.

B 부탁이 아니라 명령이야.

Words job description 직무 내용

098

A 책상이 너무 지저분하군. **You're fired.** 0960

B 네? 뭐라고요?

A 하하, 속았지? 장난이야.

B 장난이라고요? 재미있네요. 깜빡 속을 뻔했어요.

A 사람들이 늘 내 유머감각이 대단하다고 하더라고. 이제 **Back to work.** 0953

B 정말로 대단하네요.

099 상사가 누구는 칭찬하고 누구는 갈굴 때

conversation 099.mp3

A   Stephanie, 자네는 참신한 아이디어가 많군. ⁰⁹⁶⁸ Including this one.

B   Actually this was not my idea.

A   Then 누구 아이디어야? ⁰⁹⁷⁴

C   I...

A   Was it you, Jack? 그렇게 밖에 못 하나? ⁰⁹⁷³ 머리를 좀 쓰게. ⁰⁹⁷⁵

C   I think it was your idea, sir.

100 동료가 사표 낸 걸 알았을 때

conversation 100.mp3

A   Is it true that you're quitting?

B   Where did you hear that?

A   어디선가 들었어. ⁰⁹⁹²

B   Yes, you heard it correctly. 그만둔다고 얘기했어. ⁰⁹⁹⁰

A   What are you going to do?

B   I want to go back to school and study law.

Words correctly 정확하게   go back to 다시 ~를 시작하다

099

A 스테파니, you've got brilliant ideas. 0968 이것도 그렇고.

B 사실 이건 제 아이디어가 아니었어요.

A 그럼 who came up with it? 0974

C 저…

A 잭, 자넨가? Is that the best you can do? 0973 Use your head. 0975

B 죄송한데 사장님 아이디어였어요.

Words come up with (해답, 아이디어 등을) 생각해 내다

100

A 너 그만둔다는 게 사실이야?

B 어디서 들었어?

A A little bird told me. 0992

B 그래, 정확하게 들었네. I handed in my notice. 0990

A 뭐 할 건데?

B 공부를 다시 시작할 건데 법을 전공할 거야.

찾아보기

ㄱ

가득이요. 86
가슴이 콩닥콩닥 뛰네. 204
가야겠다. 140
가정주부예요. 20
가족이 우선이야. 22
각자 내자. 102
감기에 걸리려나 봐. 46
'강남스타일'이 조회 수 20억을 넘었어. 130
강력 추천할게. 76
같은 걸로 주세요. 98
걔 선수야. 192
걔가 날 헷갈리게 해. 194
걔가 어장 관리 하는 거야. 194
걔는 금발 머리에 약해. 186
걔는 너한테 관심 없어. 70
걔는 여행 중독이야. 82
걔랑 끝냈어. 216
걘 내 타입이야. 186
거의 거저예요. 106
거짓말은 잘 못 해. 30
걱정 마, 자기야. 146
건배! 94
건배합시다. 94
게으름뱅이, 일어나! 146
결혼은 미친 짓이다. 212
경제적으로 좀 어려워. 50
계속 아부해 봐. 262
고맙다, 친구야. 142
고생 없이 얻는 건 없다. 108

고약한 주사가 있어. 44
공공장소에서 애정 표현은 자제하세요. 204
공과 사는 구분해야지. 260
공무원입니다. 18
공상 과학물이라면 미치지. 74
과속으로 딱지 뗐어. 86
(그까이꺼) 대충 해. 148
그 남자 다 잊었어. 218
그 여자 놓치지 마. 202
그 친구 같이 일하기 어때? 268
그거 칭찬이야. 148
그건 좀 힘들겠는데요. 252
그걸 타이핑이라고 했니? 266
그게 불티나게 팔린다네. 70
그냥 J라고 부르세요. 12
그냥 그렇게 끝이야? 216
그냥 둘러보는 중이에요. 106
그냥 멍때렸어. 150
그냥 바람이 아니었어. 214
그냥 아이쇼핑만 했어. 104
그냥 채널 돌려 보고 있어. 80
그녀가 날 버렸어. 216
그러죠. 184
그런 것까진 내가 몰라도 되는데. 134
그런 자랑은 안 해. 210
그런데, 연락 왔어? 136
그럴 형편이 안 돼. 50
그렇게 밖에 못 해? 266
그를 사랑하게 됐어. 196
그만 빈둥거리지. 258

그만 추근대! 192
그만두겠습니다. 254
그만둔다고 얘기했어. 272
글쿤. 138
긁어 부스럼 만들지 마라. 164
금요일은 편하게 입어도 돼요. 242
급한 건 아니야. 158
기대에 못 미치는군. 266
기한 내에 끝낼 수 있겠어? 248
기회는 두 번 오지 않는다. 276
김치 생각이 간절하네. 40
꼭 안고 자자. 206
꼭 안아 줘. 206
끝까지 갔어? 210
끝나고 한잔 어때? 270

ㄴ

나 몸치야. 78
나 바람맞았어! 188
나 안 취했어. 96
나 죽도록 일했다. 272
나도 한때 악플러였어. 132
나랑 결혼해 줄래? 212
나랑 공통점이 많다니. 190
나랑 만날래? 184
나쁜 소식은 빨리 돈다. 164
나이는 숫자에 불과하다. 14
나중에 얘기해. 140
나한테는 과분해. 202
낙하산이래. 274

난 '런닝맨' 팬이야. 80
난 공짜라면 껌뻑 죽잖아. 36
난 귀가 얇지 않아. 26
난 그 사람에게 부족해. 202
난 까탈스럽지 않아. 26
난 눈이 너무 높아. 186
난 늘 낙관적이야. 26
난 많이 만나 보고 싶어. 194
난 반전 결말이 좋아. 76
난 스포일러 상관없어. 76
난 시간 날 때 책을 읽어. 34
난 연상한테 끌려. 186
난 음치야. 78
난 정치에 관심 없어. 70
난 카메라광이야. 72
난 페이스북 안 해. 124
난 항상 읽기만 해. 128
남은 음식은 싸 주세요. 102
남자 보는 눈이 왜 그래? 36
남자를 볼 때 중요하게 보는 것은? 186
낯을 좀 가립니다. 28
내 룸메이트 소개해 줄게. 190
내 말 들려? 154
내 반쪽은 너야. 198
내 취향은 아니야. 36
내 트위터 비번이 뭐더라? 126
내가 같이 있어 줄게. 24
내가 걔한테 반했지. 196
내가 꿈꾸던 여자예요. 196
내가 나중에 전화할게. 156
내가 낼게. 102
내가 손 좀 썼어. 24

내가 앞자리! 84
내가 제일 좋아하는 영화야. 74
내가 차였어. 216
낼모레면 마흔이야. 14
너 많이 컸다. 264
너 정말 영화광이구나. 74
너 진짜 취했구나. 96
너무 떨렸어. 204
너무 바빠서 꼼짝도 못해. 244
너무 좋아서 믿어지지 않아. 202
넌 승진할 만해. 272
넌 싫은 게 뭐야? 38
넌 언제가 좋아? 188
널 가지고 노는 거야. 194
녀석, 물론이지. 142
농담이야. 138
누구 아이디어야? 266
누구한테 메신저 하는 거야? 132
눈물 없이는 볼 수 없어. 74
눈이 침침해. 246
눈코 뜰 새 없이 바빠. 244
느낌 아니까. 148
늘 남을 먼저 생각하는군. 264
늦은 시간에 전화해서 미안해. 152

ㄷ

다 왔어요? 86
다 잊고 새로 시작할 거야. 218
다들 하던 거 멈춰요. 258
다리가 저려. 46
다섯 시에 칼퇴근해요. 238
다이어트는 항상 하지. 90

단것을 좋아해. 40
답답한데 나가죠. 182
당장 여기로 와 줘. 134
대박이야. 150
대학원 다녀요. 20
댄하고는 안 지 꽤 됐어. 24
더는 못 참겠습니다. 254
데이트 신청하는 거예요. 182
도착 예정 시간은? 136
돈이 하늘에서 뚝 떨어지니? 50
돈이 한 푼도 없어. 50
동안이시네요. 14
뒤끝은 없어. 26
뒤척이느라 잠을 못 잤어. 48
드디어 王자가 생겼어. 92
드디어 청혼받았어. 212
드라이브하러 가자. 84
들리는 말이라고 다 믿지는 마. 274
딘은 매일 일찍 출근해요. 240
따로 계산해 주세요. 100
떨어져 있으면 더 애틋해진다. 220
또 멜로 영화야? 74
또 야근이구나. 246

ㄹ

로마는 하루아침에 이루어지지 않았다. 108
링크를 보내 줄래? 128

ㅁ

마음은 청춘이야. 14

마이크랑 키스했어. 204
마지막으로 딱 한 잔만. 96
마케팅 쪽에 있어요. 18
만나는 게 기대돼. 208
만나는 사람 있어요? 180
많이 당황하셨죠? 148
말이 없는 편이구나. 28
머리가 깨질 것 같아. 46
머리를 좀 써. 266
멀티태스킹에 능하군. 264
멘붕이 오네요. 150
몇 분이세요? 98
몇 살로 보여요? 14
모두 모이세요. 258
모르는 건 언제든 물어요. 250
모르는 게 약이다. 164
목요일까지 회답 주세요. 136
몸매가 끝내줘. 92
몸이 좋으신데요. 90
무슨 생각해? 124
무슨 영화를 추천해? 76
무슨 일 하세요? 18
문자 해. 160
문자를 씹네. 162
문제 일으키는 걸 좋아해. 268
물러설 때를 잘 알아라. 276
뭐가 그렇게 급해? 210
뭐든 시켜만 주세요. 252
뭐라고 부를까? 12
뭔가 있어. 194
뭔가 내 눈을 끌었지. 70
뭘 위해 건배하지? 94
미안한데 내 스타일이 아니야. 184

ㅂ
바가지 썼네. 106
바라보는 냄비는 끓지 않는다. 276
바람피우는 것 같아. 214
바쁜데 걸었나? 152
밟아. 86
방금 라인 깔았어. 128
방금 새로 사진 올렸어. 128
배터리가 얼마 없어. 156
백허그 했어. 206
벌써 보고 싶다. 208
벨트 매. 84
보고 싶어 죽겠어. 208
보이스톡으로 하자. 158
보통내기가 아니야. 268
복근이 멋지네. 92
복숭아 알레르기가 있어. 40
분부만 내리세요. 252
분위기 깨지 마. 270
분위기 맞추는 정도예요. 44
분위기메이커야. 28
브리는 출산 휴가 중이에요. 238
비 오는 건 질색이야. 38
빨리 보고 싶어! 208
빵 터짐. 138

ㅅ
사내가 그렇지 뭐. 52
사람들하고 잘 어울리지 못해. 24
사랑에 빠지면 장님이 된다. 220
사무실 안내를 해 줄게요. 250
사이버 폭력이 큰 문제야. 132

사진 찍히는 걸 싫어해. 72
사진을 잘 찍네요. 72
사진이 이상하게 나왔네. 72
사진이 정말 잘 받네. 72
살아 있네! 148
새 출발이 필요해. 218
서두르지 말자. 210
서로에 대해 더 알아 가자. 210
서비스로 드리는 겁니다. 100
서울 근교에 살아요. 16
서울 어디요? 16
세 살 버릇 여든 간다. 52
세상에 남자는 많아. 218
세일할 때 샀어. 104
셀카에 속지 마. 130
소름 돋았어. 76
소리 좀 줄여. 80
소리가 끊기네. 154
소문에 그 남자 임자 있다던데. 274
소문하곤 딴판이던데요. 274
손을 잡아 줘. 206
손재주가 좋아요. 34
순 자기 맘대로야. 268
술고래예요! 44
술은 많이 안 마셔요. 44
술이 아직 덜 깼어. 44
쉬고 있어요. 20
쉽게 얻은 건 쉽게 잃는다. 108
스카이프 계정이 있긴 있어. 128
스트레스는 어떻게 다스려? 246
스트레스를 받아서 그래. 246
스파게티는 끝내주게 만들어. 42
습관은 쉽게 못 바꾸는 편이죠. 52

승진 못 하면 어떡하지? 272
시간 날 때 뭐 해? 68
시차 때문에 고생이에요. 82
시키는 대로나 해. 260
식습관이 그 사람을 만든다. 52
신랑감으로 괜찮네. 202
실직했어요. 236
싸이가 나를 팔로우했어. 126
써니는 내 절친이야. 134
CL은 뭐의 약자예요? 12

ㅇ

아르바이트를 구하고 있어요. 236
아버지를 똑 닮았구나. 22
아부 떨 생각은 하지도 마. 262
아부쟁이 좋아하는 사람은 없어. 262
아부해 봐야 소용없다. 262
아싸, 주말이다! 270
아예 방을 잡지. 204
아직 그녀를 못 잊었어. 218
아직 초저녁이야. 94
아침형 인간이야. 48
9시 전에 퇴근하는 법이 없어. 240
악기 연주하는 거 있어? 78
안 보면 멀어진다. 220
안목 있으시네! 36
안아 줘요. 206
앉아서 매일 컴퓨터만 해. 132
야근 수당도 안 나와. 242
야행성인 편이야. 48
양다리야. 214
어감이 좋네요. 12

어느 나라에서 왔어요? 16
어디를 삐끗했나 봐. 46
어디선가 들었어. 274
어떻게 하는지 잘 보세요. 250
어제 필름이 끊겼어. 96
언제 물어보나 했어! 184
언제 한번 보자. 188
언제까지 필요하세요? 248
얼마 나왔어요? 100
얼마나 기다려야 해요? 98
엄마 바꿔 봐. 152
LP판을 수집해요. 34
여기 사인해 주세요. 252
여기 자리 있나요? 180
여기 토박이예요. 16
여름마다 배낭여행 가. 82
여보세요? 154
여자 친구가 바람피웠어. 214
여행 좋아해? 82
연결 상태가 안 좋네. 156
연락처를 알 수 있을까요? 160
연락해 줘. 150
연습을 하면 완벽해진다. 108
예뻐? 92
예산이 빠듯하네. 50
오늘 중으로 끝내요. 248
오래 통화 못 해. 156
5분 후에 다시 걸어. 154
완벽주의자야. 30
완전 킹카야. 92
왜 전화 안 했어? 162
요리는 그럭저럭 해. 42
요리는 자신 없어요. 42

요즘 관심사는 뭐야? 68
요즘 우쿨렐레 배워. 78
요즘 운동했어? 90
용기 있는 자만이 미인을 차지한다. 220
우리 가족은 끈끈해요. 22
우리 강아지, 일찍 일어났네. 142
우리 결혼해요. 212
우리 만난 적 있죠? 180
우리 약속 유효한 거지? 188
우리 공통점이 많네요. 36
우리 완벽한 한 쌍이야. 198
우리 천생연분이야. 198
우린 함께해야 해. 198
욱하는 성질이 있어. 30
운동이나 뭐 그런 거 해요? 90
울지 마, 바보야. 146
웃겨서 떡실신. 138
원래 고향이 서울이에요? 16
원샷! 94
월급을 올려 달라고 해야겠어. 242
월차를 내려고요. 238
위험에 도전하는 편이야. 30
유머감각이 좋은 편이야. 26
유튜브에 쫙 퍼졌어. 130
60초 후에 공개합니다. 154
음성 사서함으로 바로 넘어갔어. 154
음식은 안 가려. 40
음악은 안 가리고 들어. 78
이 병이 요즘 인기래. 70
이 일은 나한테 안 맞아. 42
이 집 뭐 잘해요? 98
이건 내가 쏠게. 102

이건 죽어도 안 입을 거야. 38
이건 트위터에 올려야겠어. 126
이게 장난인 줄 아나? 260
이런 식으로는 못 하겠습니다. 254
이런 일을 하러 들어온 게 아닌데. 254
이런 짠돌이! 146
이력서를 많이 뿌렸어요. 236
이름이 뭐라고 했죠? 12
이번 주말엔 약속이 있어. 188
이번엔 내가 살게. 102
이불 덮어 줄게, 꼬맹아. 142
이제야 나타나시는군. 258
인터넷으로 찾아봤어. 130
일 들 해. 258
일어났어? 146
일을 빨리 배우시네요. 250
일이 많아서 꼼짝 못해. 244
일이 많이 밀렸어. 244
일자리를 알아보고 있어요. 20
일찍 일어나는 새가 벌레를 잡는다. 52

ㅈ

자고 나니 목이 뻐근해. 46
자기 전에 한잔 할래? 96
자기소개서를 쓰고 있어. 236
자네는 못 하는 게 뭐야? 264
자넨 해고야. 260
자영업이에요. 18
작업 걸기 없어. 192
잘 보고 배워. 250
잘 안 됐어. 216
잘 지내? 140

잘 통하더라. 190
잘하면 잘리겠어. 272
잠귀가 밝아. 48
잠시 쉬는 중이에요. 236
잠시만 기다리세요. 158
잠시만. 140
잠시만요. 158
쟤가 제임스야, 내 전 남친. 134
저 사람 정말 싫어. 38
저 아세요? 180
저 찾으셨어요? 252
적당할 때 말해. 100
적당히 놀기도 해야지. 68
전 애인을 차단했어. 126
전화 좀 받아. 160
전화 통화 했었죠? 162
전화가 안 터져. 158
전화기를 무음으로 해 주세요. 162
전화를 안 받네. 160
전화통이 불나네. 244
전화해. 160
절반쯤 했습니다. 248
점심 먹으면 졸려. 270
정말 금방 친해졌어. 190
정식으로 사귀자. 184
제 능력 밖의 일이에요. 254
제가 방해됐나요? 152
제가 술 한잔 살게요. 180
제스는 아파서 못 온대요. 238
제이슨한테 마음이 있어. 196
죄송한데, 전화 좀 받을게요. 162
주문 좀 받아 주세요. 98
주위에 여자가 넘쳐. 214

지각 하면 저죠. 240
지고는 못 살아. 30
지금 같이 있으면 좋을 텐데. 208
지금 뭐 하는 중인데. 156
지금 반항하는 건가? 262
지금 통화 괜찮아? 152
지난 일은 들추지 마라. 164
지는 게 이기는 것이다. 276
직업병이야. 246
집밥이 그립다. 40
집안 내력이에요. 22
집에 급한 일이 생겨서요. 238
집에 데려다 줄래? 182
징계가 불가피합니다. 242
징그러워! 38
짚신도 짝이 있다. 220
쪼오옥! 138

ㅊ

차 멋진데! 84
차가 막혔어. 86
참고로, 오늘 내 생일이야. 134
참신한 아이디어가 많네요. 264
채널 고정! 80
책상 치우게. 260
천천히 꾸준히 하는 자가 이긴다. 276
첫눈에 반했어. 196
최후에 웃는 자가 승자다. 108
축하해! 140
충동구매는 인제 그만. 104
취미가 뭐야? 68
취미를 하나 가져 봐. 68

293

치즈케이크는 꼭 먹어 봐. 100
친구들 만나는 걸 좋아해. 34

ㅋ

카톡 해요? 124
카톡에 나 추가해. 124
커피 마시고 갈래? 182
컴퓨터 공학을 전공했어요. 20
컴퓨터가 다운됐어. 132
케이트랑 어떻게 됐어? 190
코를 심하게 골아. 48
큰맘 먹고 카메라 하나 샀어. 106

ㅌ

타. 84
타고난 요리사야. 42
털어서 먼지 안 나는 사람 없다. 164
텍사스는 처음이세요? 82
토요일은 격주로 근무해요. 240
퇴근하셨어요. 240
튀는 걸 좋아해. 28
팅기지 마. 192
트위터에 그 얘기로 도배됐어. 126
TV 보면서 푹 쉬죠. 34
TV에서 뭐 재밌는 거 해? 80
팀에 협조적인 사람은 아니에요. 268

ㅍ

페친 수락 감사해요. 124
편히 잠드세요, 로빈. 136

폭풍 쇼핑하고 왔어. 104
폴은 잠수 탔어. 136
프로필 사진 멋지네요. 130

ㅎ

하나 끝냈고, 아홉 개 남았다! 248
하나 사면, 하나 더 드려요. 104
하늘이 맺어 준 인연이야. 198
행복한 결혼생활을 하고 있어요. 212
헨리가 먼저 유혹했어. 192
헬스 등록했어. 90
형이 자랑스럽다. 142
형제가 없어요. 22
혼자 왔어요? 182
혼자 있는 걸 좋아하는 편이에요. 24
활발한 아이예요. 28
회사 다녀요. 18
회사 방침이 그래요. 242
휴게실에 있을게. 270
흥정할 줄 아시네. 106